“十三五”高等职业院校经济与贸易类融岗式示范教材

报关实务

主　编　王瑞华　孙　康
副主编　赵　毅　张牧华

中国财富出版社

图书在版编目（CIP）数据

报关实务 / 王瑞华，孙康主编．—北京：中国财富出版社，2017.5

（“十三五”高等职业院校经济与贸易类融岗式示范教材）

ISBN 978－7－5047－6480－5

Ⅰ.①报…　Ⅱ.①王…　②孙…　Ⅲ.①进出口贸易—海关手续—中国—高等职业教育—教材　Ⅳ.①F752.5

中国版本图书馆 CIP 数据核字（2017）第 114981 号

策划编辑　栗　源　　**责任编辑**　谷秀莉

责任印制　梁　凡　　**责任校对**　孙丽丽　　**责任发行**　杨　江

出版发行　中国财富出版社

社　　址　北京市丰台区南四环西路 188 号 5 区 20 楼　　**邮政编码**　100070

电　　话　010－52227588 转 2098（发行部）　　010－52227588 转 321（总编室）

010－52227588 转 100（读者服务部）　　010－52227588 转 305（质检部）

网　　址　http://www.cfpress.com.cn

经　　销　新华书店

印　　刷　北京九州迅驰传媒文化有限公司

书　　号　ISBN 978－7－5047－6480－5/F·2756

开　　本　787mm×1092mm　1/16　　**版　　次**　2020 年 8 月第 1 版

印　　张　17.75　　**印　　次**　2020 年 8 月第 1 次印刷

字　　数　389 千字　　**定　　价**　49.00 元

前　言

在实现中国梦这个伟大的时代背景下，国际贸易便利化措施不断推出，我国海关监管制度的改革步伐也不断加快。特别是自2013年以来，我国报关行业发生了一系列新的变化，包括在2014年取消了报关员资格全国统一考试，2015年推出了报关水平测试，2017年修正了《中华人民共和国海关法》，2018年修改了《中华人民共和国海关报关单位注册登记管理规定》，2019年修订了新版报关单填制规范等。这些变化对报关人才的职业胜任能力提出了新的要求。

《教育部关于全面提高高等职业教育教学质量的若干意见》（教高〔2006〕16号）指出“课程建设与改革是提高教学质量的核心，也是教学改革的重点和难点”“改革教学方法和手段，融‘教、学、做’为一体，强化学生能力的培养”。《国家中长期教育改革和发展规划纲要（2010—2020年）》指出，职业教育要“以服务为宗旨，以就业为导向，推进教育教学改革。实行工学结合、校企合作、顶岗实习的人才培养模式”。为了贯彻教育部对高职教育的文件精神及适应报关行业新变化对人才的新要求，汲取教学经验及报关实践经验，我们邀请相关高职院校骨干教师及报关企业人员共同编写了本教材。

本教材的编写有如下特色：

（1）内容新颖，体系完整。本教材的编写依据国家最新政策法规和数据，整合现行报关作业流程，采用模块化、任务驱动教学方法编排体例，内容共包括8个模块：报关与海关管理、我国对外贸易管制的措施、一般进出口货物报关、保税进出口货物报关、其他进出口货物报关、进出口商品归类、进出口税费核算和进出口货物报关单填制。

（2）结构新颖，知识学习、技能训练及素质培养一体化。每个模块下均设有学习目标，并以导读案例提出任务，引起学生兴趣，之后根据需要适时引入知识介绍、经典案例、延伸阅读和相关的职场技能训练。另外，设有同步训练帮助学生巩固练习。本书注重培养学生实际操作和应用的能力，符合“教中做、做中学、学中练”的职业教育教学要求。

（3）本教材的定位突出强调的是“以就业为导向”的高职教育理念，将“以能力为本位，以学生为中心”贯穿始终。本教材编写思路清晰，体例结构安排符合报关业务规律，知识内容有序衔接，符合我国高职教育的“以应用为目的，以必需、够用为度”的原则要求。本教材专业基础知识结构合理、内容全面准确，编写形式上采用了流程图和表格的形式，语言通俗易懂，生动的任务情境使繁杂、抽象的报关知识学习起来变得更轻松、愉悦。本教材不仅适用于高等职业院校国际货运、国际经济与贸易专业学生，也适用于对报关实务感兴趣的自学者。

本教材由辽宁经济职业技术学院的王瑞华老师、江苏联合职业技术学院苏州建设交通分院的孙康老师担任主编，中国外运辽宁有限公司业务经理赵毅、辽宁经济职业技术学院的张牧华老师担任副主编。具体分工如下：模块一、模块二、模块三、模块七、模块八由王瑞华编写，模块六由孙康编写，模块四、模块五（任务三）由赵毅编写，模块五（任务一、任务二）由张牧华编写，最后由王瑞华老师总纂定稿。

在编写过程中，我们借鉴、吸收了同类教材和著作以及众多网站的内容，引用了其中一些观点和资料，并得到了沈阳佳航国际货运代理公司、中国外运辽宁有限公司等企业的大力支持，在此一并表示感谢。

受编者水平所限，书中难免有疏漏和不妥之处，敬请广大读者和专家批评指正。

编　者

2020年3月

目　录

模块一　报关与海关管理

学习目标

▲ 知识目标

1. 掌握报关的概念及报关的基本内容；
2. 了解海关的性质、任务；
3. 熟悉海关的组织机构、管理体制及设关原则；
4. 掌握报关单位注册登记流程及海关对报关单位分类管理的措施。

▲ 技能目标

1. 能够选择适用的海关权力；
2. 能够办理报关单位和报关员的注册登记手续。

任务一　解读报关基本内容

任务导入

三聚氰胺事件后，中国奶粉行业屡次爆出质量问题，消费者对国产奶粉质量的信心大减，他们把目光投向了进口奶粉，因此带动了“洋奶粉”在中国的繁荣。国内的年轻妈妈们直接从国外邮递或随身带回自用罐装奶粉。海关总署公告2010年第43号（关于调整进出境个人邮递物品管理措施有关事宜）规定，个人邮寄进境物品，海关依法征收进口税，但应征进口税税额在人民币50元（含50元）以下的，海关予以免征。个人寄自或寄往港、澳、台地区的物品，每次限值为800元人民币；寄自或寄往其他国家和地区的物品，每次限值为1000元人民币。

深圳市安赛德国际货运代理有限公司是专业代理报关企业，李明为该企业新来的报关员，公司经理安排李明为一票进口邮递奶粉报关。

思考：1. 李明应如何为邮递物品报关？

2. 除了邮递物品，还有哪些物品进出境需要报关？

相关知识

国际贸易与国际交流活动往往是通过运输工具、货物、物品在各国之间的流动来实现的。这种流动不可避免地会对其他国家的经济、法律和政治体系造成一定影响，为了维护国家主权和利益，世界各国政府都会对进出本国关境的各类相关行为实行报关管理制度。

一、报关与通关

根据《中华人民共和国海关法》（以下简称《海关法》）第八条规定，进出境运输工具、货物、物品，必须通过设立海关的地点进境或者出境。因此，由设立海关的地点进出境并办理规定的海关手续，是进出境运输工具、货物、物品进出境的基本规则，也是进出境运输工具负责人、进出境货物收发货人、进出境物品所有人应履行的一项基本义务。报关是与进出境运输工具、货物、物品进出境密切相关的一个概念。

报关是指进出境货物收发货人、进出境运输工具负责人、进出境物品所有人或者他们的代理人向海关办理进出境货物、物品或运输工具进出境手续及相关海关事务的过程。

在进出境活动中，我们还经常使用“通关”这一概念。通关与报关既有联系又有区别。两者都是对进出境运输工具、货物、物品的进出境而言的，但报关是从海关行政管理相对人的角度而言的，仅指向海关办理进出境及有关手续，而通关不仅包括海关行政管理相对人向海关办理有关手续，还包括海关对进出境运输工具、货物、物品依法进行监督管理，核准其进出境的管理过程。

在商品进出境过程中，有时还需要办理报检、报验手续。与报关不同，报检、报验指的是按照国家有关法律、行政法规的规定，向进出口检验检疫部门办理进出口商品检验、卫生检疫、动植物检疫和其他检验检疫手续。一般而言，报检、报验手续的办理要先于报关手续。

二、报关的分类

1. 按照报关的对象分类

按报关的对象分类，报关可分为进出境运输工具报关、进出境货物报关和进出境物品报关。

海关对进出境运输工具、货物、物品的监管要求各不相同。其中，进出境运输工具作为进出境货物、进出境人员及其携带物品的进出境载体，其报关主要是向海关直接交验随附的，符合国际商业运输惯例，能反映进出境运输工具进出境合法性及其所承运进出境货物、物品情况的合法证件、清单和其他运输单证，其报关手续较为简单。进出境物品由于其非贸易性质，且一般限于自用、合理数量，其报关手续也很简单。进出境货物的报关就较为复杂，为此，海关根据对进出境货物的监管要求，制定了一系列报关管理规范，并要求必须由具备一定专业知识和技能且经海关核准的专业人员代表报关单位专门办理。

2. 按照报关的目的分类

按报关目的分类，报关主要可分为进境报关和出境报关。

由于海关对进出境运输工具、货物、物品的进境和出境有不同的管理要求，进出境运输工具、货物、物品根据进境或出境的目的，分别形成了一套进境报关和出境报关手续。

3. 按照报关行为的性质分类

按报关行为的性质分类，报关可分为自理报关和代理报关。

进出境运输工具、货物、物品的报关是一项专业性较强的工作，尤其是进出境货物的报关，比较复杂，一些进出境运输工具负责人、进出境货物收发货人或者进出境物品所有人，由于经济、时间、地点等方面的原因，不能或者不愿意自行办理报关手续，进而委托代理人代为报关。

（1）自理报关

进出境货物收发货人自行办理报关业务称为自理报关。根据我国海关相关法律法规，进出境货物收发货人必须依法向海关注册登记后方能办理报关业务。

（2）代理报关

代理报关是指接受进出境货物收发货人的委托，代理其办理报关业务的行为。《海关法》把有权接受他人委托办理报关业务的企业称为报关企业。报关企业必须依法取得报关企业注册登记许可，并向海关注册登记后方能从事代理报关业务。根据代理报关法律行为责任承担者的不同，代理报关又分为直接代理报关和间接代理报关。目前，我国报关企业大多采取直接代理形式代理报关，经营快件业务的营运人等国际货物运输代理企业适用间接代理报关。

代理报关的属性与法律责任对比，如表 1－1 所示。

表 1－1　　代理报关的属性与法律责任对比

代理方式	行为属性	法律责任
直接代理	以委托人的名义办理报关手续	法律后果直接作用于进出境货物收发货人，报关企业承担相应的法律责任
间接代理	以报关企业自身的名义办理报关手续	法律后果直接作用于代理人（报关企业），报关企业承担与进出境货物收发货人自己报关时所应承担的相同的法律责任

三、报关的基本内容

1. 进出境运输工具报关的基本内容

我国《海关法》规定，所有进出我国关境的运输工具必须经设立海关的港口、车站、机场、国界孔道、国际邮件互换局（交换站）及其他可办理海关业务的场所申报进出境。进出境运输工具申报和进出境运输工具舱单申报的主要内容如表 1-2 所示。根据海关监管要求不同，不同类型的进出境运输工具报送所需要递交的单证及所要申明的具体内容也不尽相同。进出境运输工具舱单是指反映进出境运输工具所载货物、物品及旅客信息的载体，包括原始舱单、预配舱单和装载舱单。

表 1-2　　进出境运输工具申报和进出境运输工具舱单申报的主要内容

进出境运输工具申报	进出境运输工具舱单申报
①运输工具进出境的时间、航次； ②运输工具进出境时所载运货物包括过境货物、转运货物、通运货物的情况，溢短卸（装）货物的基本情况； ③运输工具服务人员名单及其自用物品、货币、金银情况； ④运输工具所载旅客情况； ⑤运输工具所载邮递物品、行李物品的情况； ⑥其他需要向海关申报清楚的情况，如由于不可抗力，运输工具被迫在未设关地点停泊、降落或者抛掷、起卸货物、物品等	①原始舱单：舱单传输人向海关传输的，反映进境运输工具装载货物、物品或者乘载旅客信息的舱单。 ②预配舱单：反映出境运输工具预计装载货物、物品或者乘载旅客信息的舱单。 ③装载舱单：反映出境运输工具实际配载货物、物品或者载有旅客信息的舱单

2. 进出境货物报关的基本内容

根据海关相关法律法规，进出境货物的报关业务应由依法取得报关从业资格并在海关注册的报关员办理。进出境货物的报关业务，包括按照规定填制报关单，如实申报进出口货物的商品编码、实际成交价格、原产地及相应的优惠贸易协定代码，并办理提交报关单证等与申报有关的事宜；申请办理缴纳税费和退税、补税事宜；申请办理加工贸易合同备案、变更和核销及保税监管等事宜；申请办理进出境货物减税、免税等事宜；办理进出境货物的查验、结关等事宜；办理应当由报关单位办理的其他事宜。

3. 进出境物品报关的基本内容

海关监管进出境物品包括行李物品、邮递物品和其他物品，三者在报关要求上有所不同。《海关法》规定，个人携带进出境的行李物品、邮寄进出境的物品，应当以自用、合理数量为限。所谓自用、合理数量，对于行李物品而言，“自用”指的是进出境旅客本人自用、馈赠亲友而非出售或出租，“合理数量”是指海关根据进出境旅客旅行目的和居留时间所规定的正常数量；对于邮递物品，则指的是海关对进出境邮递物品规定的征免税限制。

（1）进出境行李物品的报关

和其他国家一样，我国海关也采用“红绿通道”制度。带有绿色标识的通道（又称无申报通道），适用于携运物品在数量和价值上均不超过免税限额，且无国家限制或禁止进出境物品的旅客；带有红色标识的通道（又称申报通道）则适用于携运上述绿色通道适用物品以外其他物品的旅客。选择红色通道的旅客，必须填写中华人民共和国海关进出境旅客行李物品申报单（以下简称申报单，如图 1－1 所示），向海关做书面申报。自 2008 年 2 月 1 日起，海关在全国各对外开放口岸实行新的进出境旅客申报制度。除海关免予监管的人员以及随同成人旅行的 16 周岁以下旅客外，进出境旅客携带应向海关申报物品的均须填写申报单。

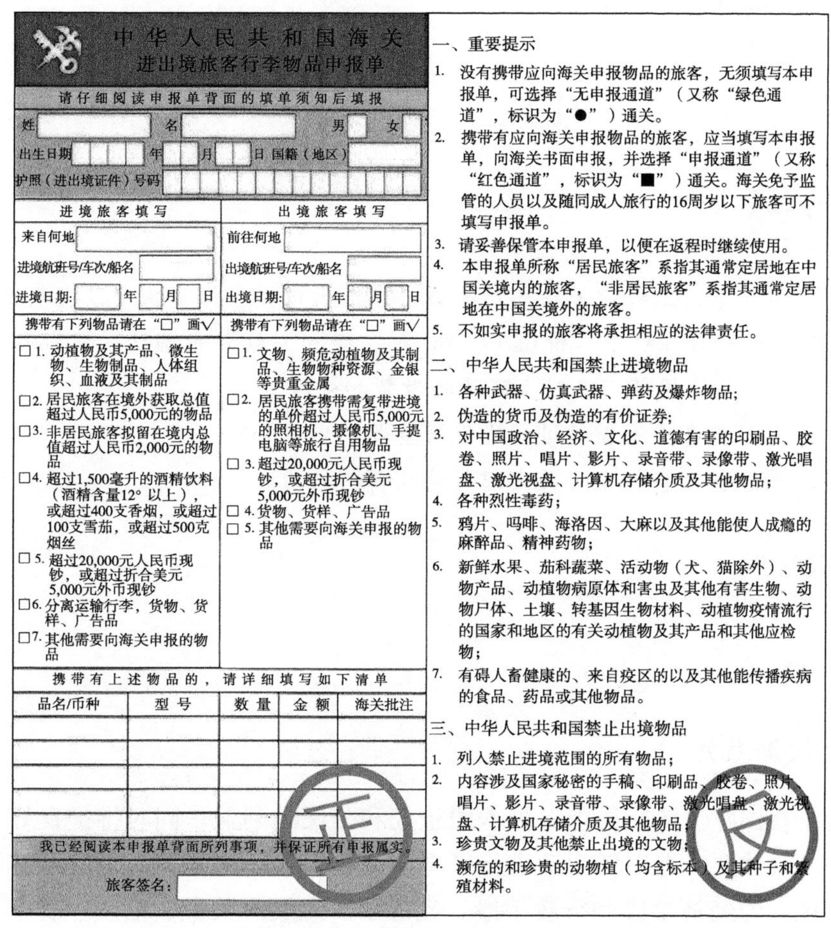
中华人民共和国海关
进出境旅客行李物品申报单

请仔细阅读申报单背面的填单须知后填报

姓　　名　　男　　女
出生日期　　年　　月　　日　国籍（地区）
护照（进出境证件）号码

进境旅客填写	出境旅客填写
来自何地	前往何地
进境航班号/车次/船名	出境航班号/车次/船名
进境日期：　年　月　日	出境日期：　年　月　日
携带有下列物品请在“□”画√	携带有下列物品请在“□”画√
□1. 动植物及其产品、微生物、生物制品、人体组织、血液及其制品	□1. 文物、濒危动植物及其制品、生物物种资源、金银等贵重金属
□2. 居民旅客在境外获取总值超过人民币5,000元的物品	□2. 居民旅客携带需复带进境的单价超过人民币5,000元的照相机、摄像机、手提电脑等旅行自用物品
□3. 非居民旅客拟留在境内总值超过人民币2,000元的物品	□3. 超过20,000元人民币现钞，或超过折合美元5,000元外币现钞
□4. 超过1,500毫升的酒精饮料（酒精含量12° 以上），或超过400支香烟，或超过100支雪茄，或超过500克烟丝	□4. 货物、货样、广告品
□5. 超过20,000元人民币现钞，或超过折合美元5,000元外币现钞	□5. 其他需要向海关申报的物品
□6. 分离运输行李，货物、货样、广告品	
□7. 其他需要向海关申报的物品	

携带有上述物品的，请详细填写如下清单

品名/币种	型号	数量	金额	海关批注

我已经阅读本申报单背面所列事项，并保证所有申报属实。

旅客签名：

正

一、重要提示

1. 没有携带应向海关申报物品的旅客，无须填写本申报单，可选择“无申报通道”（又称“绿色通道”，标识为“●”）通关。
2. 携带有应向海关申报物品的旅客，应当填写本申报单，向海关书面申报，并选择“申报通道”（又称“红色通道”，标识为“■”）通关。海关免予监管的人员以及随同成人旅行的16周岁以下旅客可不填写申报单。
3. 请妥善保管本申报单，以便在返程时继续使用。
4. 本申报单所称“居民旅客”系指其通常定居地在中国关境内的旅客，“非居民旅客”系指其通常定居地在中国关境外的旅客。
5. 不如实申报的旅客将承担相应的法律责任。

二、中华人民共和国禁止进境物品

1. 各种武器、仿真武器、弹药及爆炸物品；
2. 伪造的货币及伪造的有价证券；
3. 对中国政治、经济、文化、道德有害的印刷品、胶卷、照片、唱片、影片、录音带、录像带、激光唱盘、激光视盘、计算机存储介质及其他物品；
4. 各种烈性毒药；
5. 鸦片、吗啡、海洛因、大麻以及其他能使人成瘾的麻醉品、精神药物；
6. 新鲜水果、茄科蔬菜、活动物（犬、猫除外）、动物产品、动植物病原体和害虫及其他有害生物、动物尸体、土壤、转基因生物材料、动植物疫情流行的国家和地区的有关动植物及其产品和其他应检物；
7. 有碍人畜健康的、来自疫区的以及其他能传播疾病的食品、药品或其他物品。

三、中华人民共和国禁止出境物品

1. 列入禁止进境范围的所有物品；
2. 内容涉及国家秘密的手稿、印刷品、胶卷、照片、唱片、影片、录音带、录像带、激光唱盘、激光视盘、计算机存储介质及其他物品；
3. 珍贵文物及其他禁止出境的文物；
4. 濒危的和珍贵的动物植（均含标本）及其种子和繁殖材料。

反

图 1－1　中华人民共和国海关进出境旅客行李物品申报单

（2）进出境邮递物品的报关

进出境邮递物品的申报方式由其特殊的邮递运输方式决定。我国是《万国邮政公约》的签约国，《万国邮政公约》规定，进出口邮包必须由寄件人填写报税单（小包邮件填写绿色标签），列明所寄物品的名称、价值、数量，向邮包寄达国家的海关申报。进出境邮递物品的报税单和绿色标签，随同物品通过邮政企业或快递公司呈递给海关。

（3）进出境其他物品的报关

进出境其他物品主要包括暂时免税进出境物品、享有外交特权和豁免权的外国机构或者人员的进出境物品等。

个人携带暂时免税进出境物品进出境的，须由物品携带者在进境或出境时向海关做出书面申报，并经海关批准登记，而且应由本人复带出境或进境。享有外交特权和豁免权的外国机构或者人员的进出境物品，包括外国驻中国使馆和使馆人员，以及外国驻中国领事馆、联合国及其专门机构和其他国际组织驻中国代表机构及其人员进出境的公务用品和自用物品。外国驻中国使馆和使馆人员进出境公务用品和自用物品，应当以海关核准的直接需用数量为限。

任务二　认知海关

任务导入

2016 年 5 月 9 日，上海海关在郑州某公司申报出口的一批货物中，查获使用 LV 及其图形的商品箱包共计 500 个，价值 175240 元，经相关权利人确认，该批箱包全部为假冒侵权商品，海关法规部门已对上述货物做暂扣处理。

思考： 1. 海关任务中有监管进出境假冒货物的内容吗？

2. 请分析该事件中海关部门行使了哪些权力。

相关知识

一、海关

（一）认识海关

一国为了在国际经济交往中保护本国企业和公民的利益，同时维护良好、公平的进出境秩序，必然要对进出境活动进行管理。一般而言，国家对进出境经济活动的管理有两种手段，即经济手段和行政手段。经济手段主要有关税、汇率、利率等；行政手段主要有进出口许可、出入境检验检疫等。

在世界贸易组织（World Trade Organization，WTO）的框架制度下，除了一般例外规定，关税是保护国内经济的唯一合法手段，且各国均由海关行使这一主权。从上述基本认识出发，国际上对海关的经济管理职能具有高度一致的认识。目前，世界多数国家普遍接受《关于简化和协调海关业务制度的国际公约》（以下简称《京都公约》）

中关于海关的解释。1999 年 6 月海关合作理事会①通过的《京都公约》总附约载："海关"指负责海关法的实施、税费的征收并负责执行与货物的进口、出口、移动或储存有关的其他法律、法规和规章的政府机构。也就是说，海关是依据本国（地区）的海关法律法规和本国（地区）所承担的国际义务，代表国家统一行使关税征收和进出关境监督管理职权的行政机关。

海关的基本职责是保证国家以关税为代表的经济手段和以贸易管制为代表的涉外经济管理措施有效实施，为此，国家需要设立一系列的海关管理制度，将进出境活动置于海关的有效控制之下。例如，要求一切进出境的人员、运输工具、货物、个人行李和邮递物品，除另有规定者外，都必须从设立海关的地点进出境并接受海关的监管。报关人员无论是自理性质还是代理性质，都必须遵守各项海关管理的法律要求。就进出境监督管理职权而言，海关并不完全等同于国家的出入境管理部门，如中华人民共和国公安部出入境管理局，其亦属于出入境管理部门，负责对出入境个人的管理，行使检查旅客旅行相关文件、逮捕国际通缉在逃犯以及阻止被视为危险人物的个人进入国境等职权。海关通常属于政府的财政部门，例如，日本就称海关为"税关"，并设在财务省之下。当今世界各国海关的职能与隶属关系，除征收关税职能一致之外，其余各异。例如，美国在"9·11"事件后改组涉及国土安全和反恐的各个联邦政府部门，海关被分为两个部分设在国土安全部之内，即海关与边境保护局（U. S. Customs and Border Protection，CBP）、移民与海关执法局（U. S. Immigration and Customs Enforcement，ICE），分别负责边境执法与案件调查，出入境管理和海关管理仍由不同的公务人员负责。

由于近代航空和铁路运输的发展，对外贸易货物、行李物品、邮递物品可以从国外直达内地，因而各国家和地区在有国际航空站、国际联运火车站的内地也设立了海关，或在国际邮包、邮件交换地点设置了海关办事机构。这些设在开放口岸的沿海海关、边境陆关或内地陆关，凡有对进出境货物、物品、运输工具和人员执行监督检查及征收关税等职能的，一般统称为海关。

（二）中国海关

我国的"关"起初建立于内陆交通要道，是指"关塞"，也就是具有军事和商贸意义的交通要道。后来，随着社会经济的发展，其逐渐从边疆移往内地，从陆地推向沿海。

我国在海上对外贸易比较发达的唐、宋、元时期，东南沿海各口岸均设立有专管对外贸易、检查进出口船舶并征收商税的机构。康熙二十四年（1685 年），清廷在广州、漳州（今厦门）、宁波、江南（今上海）四处设关，分别称粤海关、闽海关、浙

① 海关合作理事会在 2000 年后改称世界海关组织。

海关、江海关。这是我国历史上首次开始使用“海关”一词。

第一次鸦片战争后，《中英南京条约》强行开放上海、福州、厦门、宁波、广州五地为对外通商口岸，订立片面协定税则，剥夺了我国海关的关税自主权。自1859年英国人李泰国出任中国海关总税务司起至1949年，历任海关总税务司均为外国人，中国海关的控制权被帝国主义国家霸占了近100年之久。这一时期的海关也被称为“洋关”。

中华人民共和国成立之后，在周恩来总理和陈云同志的直接领导下，中华人民共和国海关总署于1949年10月25日正式成立，这标志着“中国大门的金钥匙”回到了我国人民手中。1951年3月23日，周恩来总理主持政务院第77次会议，会议讨论通过了《中华人民共和国暂行海关法》，并决定于当年5月1日起正式施行。这是中华人民共和国成立后最早颁布的正式法令之一。

中华人民共和国成立后，随着国内外政治、经济形势的发展变化，中国海关经历了曲折的发展过程。尤其是在不同时期，海关职能及内涵也有所变化和发展。党的十一届三中全会后，1980年2月，《国务院关于改革海关管理体制的决定》指出，海关是代表国家在口岸行使监督管理职权的机关。1987年7月1日开始实施的《海关法》第二条规定，中华人民共和国海关是国家的进出关境监督管理机关。海关依照《海关法》和其他有关法律、行政法规，监管进出境的运输工具、货物、行李物品、邮递物品和其他物品，征收关税和其他税、费，查缉走私，并编制海关统计和办理其他海关业务。该法律条文对海关的性质、执法依据和职能任务进行了明确的表述。

我国海关是中央国家行政机关的组成部分。国家行政机关通常简称为政府，是指依照宪法和有关法律设置的、行使国家权力、组织管理国家行政事务的机关。在我国，各级人民政府组成的国家行政机关是行政管理最主要的主体。我国的国家行政机关由各级立法机关产生，相应地，国家行政机关包括中央国家行政机关和地方国家行政机关。我国的中央国家行政机关是中华人民共和国国务院。根据法律规定，国务院的机构设置根据职能分为国务院办公厅、国务院组成部门、国务院直属特设机构、国务院直属机构、国务院办事机构、国务院直属事业单位、国务院部委管理的国家局和国务院议事协调机构。《海关法》第三条规定，国务院设立海关总署，统一管理全国海关。海关在国务院机构序列中属于国务院直属机构。

国务院直属机构是国务院直接领导下主办各项专门业务的机构，地位低于各部委。但是，国务院直属机构一般具有相对独立的行政管理职能，具有独立的职权和专门的职责，可以在主管事项的范围内对外发布命令和指示。换言之，国务院直属机构可以成为行政主体。《海关法》通过“海关是国家的进出关境监督管理机关”明确了海关的主管事项是“进出关境”的“监督管理”，并对监督管理的对象作了规定，明确了海关“进出关境监督管理”的职能、职权和职责。

二、海关的任务

《海关法》第二条规定："中华人民共和国海关是国家的进出关境（以下简称进出境）监督管理机关。海关依照本法和其他有关法律、行政法规，监管进出境的运输工具、货物、行李物品、邮递物品和其他物品（以下简称进出境运输工具、货物、物品），征收关税和其他税、费，查缉走私，并编制海关统计和办理其他海关业务。"因此，海关有四项基本任务，即监管进出境的运输工具、货物、物品（以下简称海关监管）；征收关税和其他税、费（以下简称海关征税）；查缉走私；编制海关统计（以下简称海关统计）。随着社会发展和国家形势的变化，尤其是我国加入世界贸易组织以后，海关肩负的任务更加艰巨，维护贸易安全与便利、保护知识产权、履行原产地管理职责、协助解决国际贸易争端、实施贸易救济和贸易保障、参与反恐和防止核扩散等非传统职能任务不断加重。

（一）海关监管

海关监管是指海关在规定的时间期限和特定地域范围内，依法对进出境货物、物品和运输工具进出境活动所实施的行政执法活动。

为了保证关税的征收和其他进出境贸易管制措施的实施，海关必须对进出境货物、物品实施监管，保证它们在海关的监管下进出境。而进出境货物和物品主要是由进出境运输工具装载进出境的，因此，海关监管就必须延伸至进出境运输工具。传统的海关监管职能主要是在货物、物品实际进出境时，通过货物、物品的申报、查验等管理行为实现。现代的海关监管建立在海关对进出口货物供应链的风险控制基础之上，除了传统的海关监管，还延伸到保税货物和减免税货物海关放行后的合规管理，以及对进出口货物收发货人经营活动的规范性风险评估。

根据监管对象的不同，监管制度分为运输工具监管、货物监管和物品监管三大制度体系，每个体系都有一整套规范的管理程序与方法。海关为了实现"严密监管与高效运作"的统一，还不断从监管的工作模式、组织机构及人员、监管的技术设备、计算机网络科技等方面进行改革和科学配置，推出了快速通关、便捷通关、无纸通关、区域通关等一系列举措，成立了审单、物流监控、查验等中心，以增强监管的能力和水平，提高监管的工作质量，保证履行监管的职能。

（二）海关征税

海关征税的主要内容是依据《海关法》《中华人民共和国进出口税则》（以下简称《进出口税则》）及其他有关法律、行政法规来确定税率、计税办法和完税价格，征收关税，以及进口环节海关代征税。国家通过对境外生产的货物征收进口关税，提高其进口成本，降低其竞争能力，从而达到保护国内经济的目的。各国通常只对出口的资源性产品征收关税，以达到保护目的，对其他出口货物基本不征收出口关税。因此，人们通常说的关税均指进口关税。

关税可以分为正税和附加税。正税，即我们通常所说的关税，按照《进出口税则》的规定，对不同种类货物按不同税率征收。附加税是在正税的基础上征收的，一般也只对进口货物征收。进口附加税一般包括反倾销税、反补贴税、保障措施特别关税和报复关税等。

反倾销税（Antidumping Duty）是为了对付和抵制倾销货物进口而征收的一种进口附加税。所谓“倾销”，是指一国的出口商以低于其在国内市场的价格在外国市场竞销货物，以便占领市场，通过垄断国内、国外两个市场的价格谋取超额利润的行为。对倾销行为，人们一般认为它是一种不公平竞争行为，根据世界贸易组织有关协议的规定，如果存在倾销且倾销对进口国国内产业造成实质性损害或损害威胁，则进口国可以对倾销的进口货物征收不超过倾销幅度的反倾销税。

反补贴税（Countervailing Duty）是对接受补贴的进口货物征收的一种税，是为了抵消出口国政府或公共机构对出口产品给予补贴从而形成与进口国产品的不公平竞争的。根据世界贸易组织有关协议规定，如果存在出口补贴，且对进口国国内产业造成实质性损害或损害威胁，则进口国可以对接受补贴的进口货物征收不超过给予补贴接受者利益的反补贴税。

当某一产品在短时间内进口数量增加，以致对进口国生产的同类产品或者直接竞争产品的国内产业造成严重损害或者严重损害威胁时，进口国可以采取提高关税、限制数量等限制该产品进口数量的措施。因实施保障措施征收的关税，被称为保障措施特别关税。为了防止一些国家滥用这些措施，乌拉圭回合贸易谈判专门针对这些“保障措施”（Safeguards Measures）达成了一个协议。

报复关税（Retaliatory Duty）原来是指当他国对本国输出的货物有不利的或歧视性的待遇时，对从该国输入的货物加重征收的报复性的、惩罚性的关税。现在，报复关税的征收已经扩大到更为广泛的贸易领域。《中华人民共和国进出口关税条例》（以下简称《进出口关税条例》）明确规定，任何国家或者地区违反与我国签订或者共同参加的贸易协定及相关协定，对我国在贸易方面采取禁止、限制、加征关税或者其他影响正常贸易措施的，则原产于该国家或地区的进口货物适用报复关税税率，可以对其征收报复关税。报复关税的适用对象、适用国别、税率、期限和征收办法，由我国国务院关税税则委员会决定并公布。

根据世界贸易组织的国民待遇原则，进口货物、物品在征收关税后应享有与国产货物相同的待遇。由于国产货物在境内流通要征收国内税（我国为增值税、消费税），故对进口货物也应征收与国产货物相同的国内税。考虑到海关在对进口货物、物品征收关税的同时征收国内税比较方便，同时也可避免货物入境后另行征收可能造成的漏征，各国大都由海关在进口环节对进口货物征收国内税。我国海关总署与国家税务总局均为国务院直属机构，均不隶属于财政部，因此，我国海关征收的进口环节国内税是代国内税务部门征收，所以称为进口环节海关代征税。我国进口环节海关代征税包括增值税、消费税。此外，我国海关还代交通管理部门征收船舶吨税。

需要指出的是，海关征税的业务内容还包括商品归类、原产地规则适用、海关估价及减免税等。

（三）查缉走私

走私就是违反海关法律、法规，逃避海关监管，非法运输、携带、邮寄国家禁止或限制进出境或依法应当征收关税和进口环节海关代征税的货物、物品进出境，从而逃避国家贸易管制，偷逃应纳税款，或者未经海关批准并缴纳税款，将保税货物、特定减免税货物等海关监管货物、物品及进境的境外运输工具在境内销售的行为。海关查缉走私任务是海关监管任务的延续。

《海关法》规定，我国实行联合缉私、统一处理、综合治理的缉私体制，海关负责组织、协调、管理查缉走私工作，这从法律上明确了海关打击走私的主导地位及与有关部门的执法协调。为了严厉打击走私犯罪活动，根据党中央、国务院的决定，国家在海关总署设立专门侦查走私犯罪的公安机构，配备专职缉私警察，负责其管辖走私犯罪案件的侦查、拘留、执行逮捕和预审工作。根据我国的缉私体制，除了海关以外，公安、工商、税务、烟草专卖等部门也有查缉走私的权力，但这些部门查获的走私案件必须按照法律规定统一处理。各有关行政部门查获的走私案件，应当给予行政处罚的，移送海关依法处理；涉嫌犯罪的，则移送海关缉私部门或地方公安机关依据案件管辖分工和法定程序办理。

查缉走私是世界各国海关普遍承担的一项职能。1977 年，海关合作理事会通过《关于防止、调查和惩处违犯海关法罪实行行政互助的国际公约》（以下简称《内罗毕公约》），该公约于 1980 年 5 月 21 日正式生效。其中规定：《内罗毕公约》缔约的各方，考虑到违犯海关法，对各国的经济、社会和财政利益以及贸易的合法利益均有危害，为此，通过国际公约加强各国海关间的合作，更为有效地控制违犯海关法的活动。《京都公约》专项附约八“指南的违法行为”一章也有专门的条款规定。世界海关组织为促进各成员方在海关执法领域的合作，特别是打击跨国有组织的走私犯罪活动提供了交流合作机制。

（四）海关统计

国家为了对宏观经济进行调控、对对外贸易活动进行分析、制定对外贸易政策，需要编制对外贸易统计。对外贸易统计是国民经济统计的重要组成部分，包括对外货物贸易统计和对外服务贸易统计。由于海关在对进出口货物征收关税、进口环节海关代征税和实施对外贸易管制措施的过程中获取的进出口商品的品种、数量、金额、贸易方式等信息基本能够满足对外货物贸易统计需要，因此，世界各国都将对外货物贸易统计交由海关承担，故称为海关统计。我国海关不仅负责收集、汇总和整理进出口统计数据，而且负责海关统计资料的编制、发布和分析。

海关统计包含三个方面的内容：一是海关统计资料，即海关实际进出口货物的数字数据；二是海关统计工作，即收集、整理和分析海关统计资料的过程，或者说是对海关实际进出口数量方面进行的调查、整理和分析研究；三是海关统计原则和方法，此为统计学的一个组成部分，即统计学原理在海关监管领域的运用，是统计学原理与海关管理理论及业务的结合。自周恩来总理于1950年为《海关统计》刊物题写刊名后，“海关统计”就成为我国对外贸易统计的代名词，因此，在提到“海关统计”时，一般都是指我国进出口货物的贸易统计，这里的海关统计是我国对外贸易的官方统计；而海关业务统计是海关对各项业务管理的工作量与工作成果的部门统计，是海关统计工作的组成部分。1992年，我国海关总署以国际通用的《商品名称及编码协调制度》（*The Harmonized Commodity Description and Coding System*，以下简称《协调制度》或HS）为基础，编制了《中华人民共和国海关统计商品目录》（以下简称《海关统计商品目录》），把税则与统计目录的归类编码统一起来，规范了进出口商品的命名和归类，使海关统计进一步向国际惯例靠近，满足了我国对外开放和建立社会主义市场经济体制的需要。

总之，海关的四项基本任务是一个有机统一的整体，它们共同构成了海关任务的目标体系，反映了海关的性质和职能要求，也为海关各部门分工合作、有序履职规定了工作方向和内容。海关监管通过监管进出境运输工具、货物、物品的合法进出，保证国家有关进出口政策、法律、行政法规的贯彻实施，是海关四项基本任务的基础。海关征税所需的数据是在海关监管的基础上获取的，二者有着十分密切的关系。查缉走私则是监管、征税两项基本任务的延伸，对在监管、征税工作中发现的逃避监管和偷漏税款的行为，必须运用法律手段予以制止和打击。海关统计是在监管、征税工作的基础上完成的，它既为国家宏观经济调控提供准确、及时的信息，又对监管、征税等业务环节的工作质量起到检验评估的作用。

延伸阅读

关境与国境

关境与国境相同，包括一国领域内的领水、领陆和领空，但二者又有区别。

在一般情况下，关境的范围等于国境，但对于关税同盟的签署国来说，其成员国之间货物进出国境不征收关税，关税同盟成员国只对来自和运往非同盟国的货物在进出共同关境时征收关税，所以对于每个关税同盟成员国，关境大于国境，如欧盟。

在国内设立自由港、自由贸易区等特定区域的国家，因进出这些特定区域的货物都是免税的，所以其关境小于国境。

我国的关境范围是除享有单独关境地位的地区以外的中华人民共和国全部领域，包括领水、领陆和领空。我国的单独关境有香港、澳门和台、澎、金、马单独关税区。各单独关境实行单独的海关制度。因此，我国关境小于国境。

本教材所称的“进出境”，除特指外均指进出我国关境。

三、海关的权力

1. 海关权力的特点

（1）特定性：《海关法》规定，海关是国家进出关境监督管理机关。只有海关才具有进出关境监督管理权，其他任何机关、团体及个人都不具有这种权力。海关的这种权力只适用于进出关境监督管理领域。

（2）独立性：海关行使职权只对法律和上级海关负责，不受地方政府、其他机关、单位或个人的干预。

（3）效力先定性：海关行政行为一经做出，就应推定其符合法律规定，即使管理相对人认为海关行政行为侵犯了其合法权益，也必须遵守和服从。应注意的是，效力先定性应与海关行政裁定、海关行政复议等海关事务结合起来理解。

（4）优益性：海关在行使行政职权时依法享有一定的行政优先权和行政受益权。

2. 海关权力行使的基本原则

（1）合法原则：一是主体资格合法。涉税走私犯罪案件的侦查权只有缉私警察才能行使，海关行使某些权力时应被“授权或批准”，否则不能擅自行使。二是执法行为有法可依，无法律规范授权的执法行为无效。三是程序合法。四是一切行政违法主体都应承担相应的法律责任。

（2）适当原则：海关关员可以根据具体情况和自己的意志，自行判断和选择最合适的行为方式及其内容来行使职权，但要遵循适当原则。

（3）依法独立行使原则：《海关法》第三条规定，海关依法独立行使职权，向海关总署负责。

（4）依法受到保障原则：《海关法》规定，海关依法执行职务，有关单位和个人应如实回答询问并予以配合，任何单位和个人不得阻挠；海关执行职务受到暴力抗拒时，执行有关任务的公安机关和人民武装警察部队应当予以协助。

3. 海关权力的内容

根据《海关法》和其他法律、行政法规，海关权力主要包括以下几种。

（1）检查权。海关有权检查进出境运输工具，检查有走私嫌疑的运输工具和有藏匿走私货物、物品嫌疑的场所，检查走私嫌疑人的身体。海关检查权的行使规范如表

1－3所示。

表1－3 海关检查权的行使规范

检查对象	检查规则	
	两区内	两区外
普通进出境运输工具	直接检查	直接检查
有走私嫌疑的运输工具，有藏匿走私货物、物品嫌疑的场所	直接检查	经关长批准后检查（居民住宅除外）
走私嫌疑人	可以检查	无授权不得检查

（2）查阅、复制权。此项权力包括查阅进出境人员的证件，查阅、复制与进出境运输工具、货物、物品有关的合同、发票、账册、单据、记录、文件、业务函电、录音录像制品和其他有关资料。

（3）查问权。海关有权对违犯《海关法》或者其他法律、行政法规的嫌疑人进行查问，调查其违法行为。

（4）查验权。海关有权查验进出境货物、物品。海关查验货物时认为必要的，可以径行提取货样。

（5）查询权。海关在调查走私案件时，经直属海关关长或者其授权的隶属海关关长批准，可以查询案件涉嫌单位和涉嫌人员在金融机构、邮政企业的存款、汇款。

（6）稽查权。自进出口货物放行之日起3年内或者在保税货物、减免税进口货物的海关监管期及其后的3年内，海关可以对与进出口货物直接有关的企业、单位的会计账簿、会计凭证、报关单证以及其他有关资料和有关进出口货物实施稽查。

思考

资料：宏达公司进口一台设备，属特定减免税进口货物，海关于2016年3月1日放行。

提示：设备作为特定减免税货物进口，监管期限为5年。

讨论：海关的稽查权应于什么时候截止？

（7）扣留权。扣留权即扣留因违犯《海关法》或者其他法律、行政法规的进出境运输工具、货物和物品，以及与之有关的合同、发票、账册、单据、记录、文件、业务函电、录音录像制品和其他资料等的权力。扣留权行使的具体内容如表1－4所示。

表 1-4 扣留权行使的具体内容

扣留对象	扣留规则	
	两区内	两区外
违法的进出境运输工具、货物、物品及其相关的合同、发票、单据等资料	直接扣留	直接扣留
有走私嫌疑的运输工具、货物、物品	经关长批准可以扣留	有证据证明的可以扣留
走私嫌疑人	经关长批准可以扣留，但 <24 小时，特殊情况 <48 小时	无授权不得扣留

海关对查获的走私案件，扣留当事人并移送缉私警察侦办。对于事实清楚、证据确凿、需追究刑事责任的，由缉私警察将走私嫌疑人移送检察院提起公诉，追究其刑事责任。

（8）连续追缉权。对于进出境运输工具或者个人违抗海关监管逃逸的，海关可以连续追缉至海关监管区和海关附近沿海沿边规定地区以外，将其带回处理。

（9）行政处罚权。海关有权对尚未构成走私罪的违法当事人处以行政处罚，对有违法行为的报关企业和报关员处以暂停或取消报关资格的处罚等。

经典案例

杭州某进出口公司于2005年3月11日以一般贸易方式向海关申报出口羊皮衣8包388件。海关查验发现，实际出口货物9包420件，其中羊皮衣6包共329件，牛皮衣1包30件，棉服1包35件，混装1包（羊皮衣16件，棉服10件），该公司申报数量和部分品名与实际不符。经查，造成申报不实的原因系当事人工作失误，海关不能证实企业有走私违法嫌疑。

海关认为，该企业上述行为违犯了《海关法》第二十四条第一款之规定，影响了海关监管秩序，根据相关法律规定，海关决定对该公司罚款人民币2万元。

（10）佩带和使用武器权。海关为履行职责，可以配备武器。海关工作人员佩带和使用武器的规定，由海关总署会同公安部制定，报国务院批准。海关使用的武器包括轻型枪支、电警棍、手铐以及其他经批准可使用的武器和警械。

（11）强制执行权。此项权力指在有关当事人不依法履行义务的前提下，为实现海关的有效行政管理，按照法定程序，采取法定的强制手段，迫使当事人履行法定义务的权力。海关的强制执行权包括强制扣税、强制履行海关处罚决定等。进出口货物的纳税义务人、担保人超过规定期限未缴纳税款的，经直属海关关长或者其授权的隶属海关关长批准，海关可以强制扣税。进口货物超过3个月未向海关申报，或者进出口货物收货人或其所有人声明放弃的货物，海关有权提取，依法变卖处理；海关依法扣留的货物、物品不宜长期保留的，经直属海关关长或其授权的隶属海关关长批准，可以先行依法变卖；在规定期限内未向海关申报以及误卸或溢卸的不宜长期保留的货物，海关可以按照实际情况提前变卖处理。进出口货物纳税义务人在规定的纳税期限内有明显的转移、藏匿其应税货物以及其他财产迹象的，海关可以责令其提供担保，纳税义务人不能提供纳税担保的，经直属海关关长或者其授权的隶属海关关长批准，海关可以采取冻结存款、扣留货物等税收保全措施。

思考

讨论1： 海关的权力，有哪些需要经直属海关关长或者其授权的隶属海关关长批准即授权才能行使？

讨论2： 在海关权力行使要不要"授权"的问题上，检查权行使与扣留权行使在区域上有何区别？提取货物变卖权行使与先行变卖权行使在适用情况上有何区别？

四、海关的管理

1. 海关的管理体制

1987年1月，第六届全国人民代表大会常务委员会第十九次会议审议通过的《海关法》规定，"国务院设立海关总署，统一管理全国海关""海关依法独立行使职权，向海关总署负责"。该法确定了海关总署作为国务院直属部门的地位，进一步明确了海关机构的隶属关系，把海关集中统一的垂直领导体制以法律的形式予以确立。

2. 海关的设关原则

《海关法》以法律的形式明确了海关的设关原则：国家在对外开放的口岸和海关监管业务集中的地点设立海关。海关的隶属关系不受行政区划的限制。

对外开放的口岸是指经国务院批准，允许运输工具及所载人员、货物、物品直接出入国（关）境的港口、机场、车站，以及允许运输工具、人员、货物、物品出入国（关）境的边境通道。我国规定，在对外开放口岸必须设置海关、出入境检验检疫机构。

海关监管业务集中的地点是指虽非国务院批准对外开放的口岸但是海关某类或者某几类监管业务比较集中的地方，如转关运输监管、保税加工监管等。

这一设关原则为海关管理从口岸向内地进而向全关境的转化奠定了基础，同时也为海关业务制度的发展预留了空间。

3. 海关的组织机构

海关机构的设置为海关总署、直属海关和隶属海关三级。直属海关由海关总署领导，向海关总署负责，其负责管理一定区域范围内的海关业务。目前我国直属海关共有42个。隶属海关由直属海关领导，向直属海关负责，负责办理具体海关业务，是海关进出境监督管理职能的基本执行单位。

海关缉私警察是专司打击走私犯罪活动的警察队伍。1998年，根据党中央、国务院的决定，海关总署、公安部联合组建走私犯罪侦查局。走私犯罪侦查局既是海关总署的一个内设局，又是公安部的一个序列局，实行海关总署和公安部双重领导、以海关领导为主的体制。走私犯罪侦查局在广东分署和全国各直属海关设立走私犯罪侦查分局，在部分隶属海关设立走私犯罪侦查支局。各级走私犯罪侦查机关负责其所在海关业务管辖区域内走私犯罪案件的侦查工作。从2003年1月1日开始，各级海关走私犯罪侦查部门统一更名“侦查局”为“缉私局”。我国海关组织机构如图1－2所示。

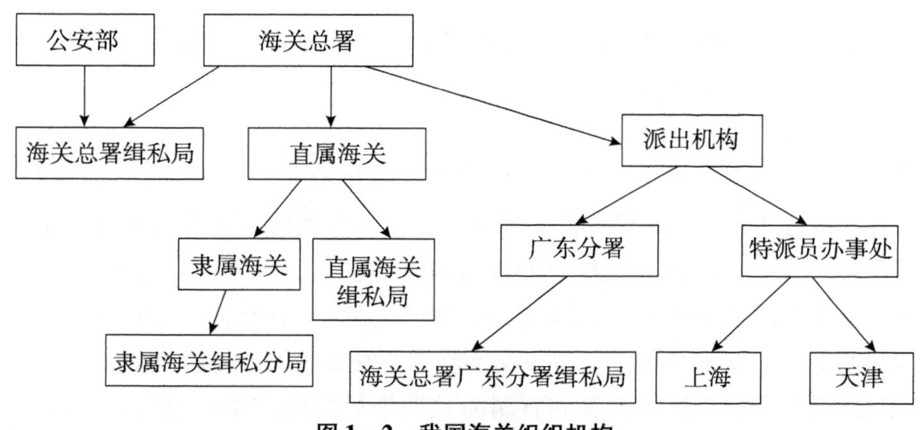

图1－2　我国海关组织机构

思考

资料：2009年7月15日义乌海关正式开关运行，这是全国首个在县级市设立的海关。浙江省副省长和杭州海关关长共同为义乌海关揭牌，宁波海关关长到场祝贺。

讨论：为什么会在义乌设立海关？义乌海关属于什么级别的海关？

五、海关通关改革

（一）全国通关一体化改革背景

为适应经济一体化的发展趋势，整合口岸海关和内地海关的管理资源，努力推动区域内市场资源的自由流动和有效配置，为企业创造一个守法便利、统一规范、快捷高效的经济环境，海关打破行政区划和关区设置所形成的障碍，充分利用现代化、信息化手段，实现进出口货物的通关一体化，真正实现“全国通关一盘棋”，做到“全国是一关"，2016年3月，海关总署审议通过了《全国通关体化改革框架方案》（以下简称《通关一体化方案》）。《通关一体化方案》提出，通过机构重组和流程再造，破除业务条线和关区藩篱；建立风险防控、税收征管中心（"两中心"），实施货物通关"一次申报、分步处置"、改革税收征管方式、实施优化协同监管（"三制度"），构建结构扁平、管理集约、协调统一的全国海关一体化通关管理格局。

2017年7月1日，海关总署启用风险防控中心和税收征管中心，实现全国运输方式和税则规定全覆盖。2017年8月22日起，取消区域通关一体化通关模式，实行全国通关一体化改革。

（二）改革内容

1. "两中心"

海关总署设立直管的一级风险防控中心、税收征管中心，强化决策指挥的"大脑"功能，强化对业务运行的直接指挥。

（1）风险防控中心

风险防控中心所要防控的安全准入风险主要包括毒品、文物、非法出版物、濒危动植物、洋垃圾等走私，侵权商品跨境流动，以及暴力恐怖主义等安全威胁行为。

风险防控中心职责：融合风险与情报管理工作，广泛收集、全面整合海关内外部信息资源，统筹管理物流监控、风险布控、选择查验、现场指挥、业务协调等，开展安全准入风险分析、研判和处置，指挥现场监管，发布业务运行状况报告。

海关风险防控中心由海关总署和直属海关两级风险防控中心组成。目前全国有上海、青岛、黄埔3个一级风险防控中心。直属海关风险防控中心又称"二级风险防控中心"，分设在42个直属海关。

（2）税收征管中心

税收征管中心主要按照商品和行业分工，对涉税申报要素的准确性进行验证和处置，重点防控报关数据中心涉及归类、价格、原产地等税收征管要素的税收风险，并根据审核情况对可能存在税收风险的企业，要求补充申报或下达放行后稽查指令。

根据"一次申报、分步处置"的流程，税收征管作业主要在货物放行后实施。税收征管中心前置税收风险分析，按照商品分工，加工（研发）、设置参数、指令和模型；对少量存在重大税收风险且放行后难以有效稽（核）查或追补税的，实施必要的放行前排查处置；对存在一定税收风险但通过放行后批量审核、验估或稽（核）查等手段能够进行风险排查处置及追补税的，实施放行后风险排查处置。

目前，全国有上海、广州、京津3个税收征管中心，上海税收征管中心负责机电大类商品，广州税收征管中心负责化工大类商品，京津税收征管中心负责杂项大类商品。

2. "三制度"

"三制度"指实施货物通关"一次申报、分步处置"、改革税收征管方式和实施优化协同监管。

（1）实施货物通关“一次申报、分步处置”

“一次申报、分步处置”指改变现行接受申报、审单、查验、征税、放行的“串联式”作业流程，基于舱单提前传输，通过风险防控中心、税收征管中心对舱单和报关单风险甄别和业务现场处置作业环节的前推后移，在企业完成报关和税款自报自缴手续后，安全准入风险主要在口岸通关现场处置，税收风险主要在货物放行后处置的新型通关管理模式。

（2）改革税收征管方式：企业自报自缴

创新由企及物、由物及企、物企结合的税收风险管理理念，以建立专业化和集约化税收征管中心为契机，创新实施属地纳税人管理，构建职责明晰的税收征管体制、业务运行与监督机制和税收风险防控体系，实现海关税收治理体系与治理能力的现代化。

（3）实施优化协同监管：隶属海关功能化改造

根据隶属海关的业务特点、区位优势等实际情况，按照业务布局和监管链条所处的位置，对海关系统进行功能定位和职责分工，将其划分为口岸型、属地型、综合型三大类。

（三）“单一窗口”建设

为适应国际贸易及国际物流业的快速发展，“单一窗口”成为被世界各国和国际经济合作组织广泛接受并推行的管理模式。东盟、联合国、世界贸易组织、亚太经合组织先后提出了在各自范围内实施“单一窗口”管理模式的构想，世界海关组织也在《全球贸易安全与便利标准框架》中充分表达了推行“单一窗口”的愿望。

2014 年 12 月，国务院印发《落实“三互”推进大通关建设改革方案》，明确要求实现申报人通过“单一窗口”向口岸管理相关部门一次性申报，执法结果通过“单一窗口”反馈给申报人。2015 年 4 月，国务院在《关于改进口岸工作支持外贸发展的若干意见》中提出 2015 年年底在沿海口岸、2017 年在全国所有口岸建成“单一窗口”的目标，目前已全部建成并启用。

任务三 办理报关注册登记及其他手续

任务导入

2016 年 5 月，上海航信进出口公司（以下简称航信公司）与加拿大 ABC 公司签订进口 800 吨小麦的合同，成交条件为 CIF SHANGHAI。运输船只途中因遭遇飓风偏离航线而被迫停靠在广州，欲待天气好转再运往上海，船公司将此情况及时通知了买卖双方。考虑到这样会耽搁很长时间，航信公司和加拿大 ABC 公司商定在广州交货并通知船公司卸货，同时航信公司委托新成立的上海金航源报关行办理进口报关手续，但广州海关不予报关。

思考：1. 广州海关为什么对该批货物不予报关？

2. 航信公司报关员应如何解决这一问题？

相关知识

一、报关单位

《海关法》规定，进出口货物收发货人、报关企业办理报关手续，必须依法经海关注册登记。因此，报关单位是指在海关注册登记或经海关批准向海关办理进出口货物报关纳税等海关事务的境内法人或其他组织。也就是说，《海关法》将报关单位分为两种类型，即进出口货物收发货人和报关企业。

1. 进出口货物收发货人

进出口货物收发货人是指依法直接进口或者出口货物的中华人民共和国关境内的法人、其他组织或者个人。一般而言，进出口货物收发货人指的是依法向商务部或者其委托的机构办理备案登记的对外贸易经营者。

2. 报关企业

报关企业是指按照规定经海关准予注册登记，接受进出口货物收发货人的委托，以进出口货物收发货人或者自己的名义向海关办理代理报关业务，从事报关服务的境内企业法人。

目前，我国从事报关服务的报关企业主要有两类：一类是经营国际货物运输代理等业务，兼营进出口货物代理报关业务的国际货物运输代理公司，即代理报关企业；另一类是主营代理报关业务的报关公司或报关行，即专业报关企业。

两类报关单位主营业务、经营审批及报关范围的异同，如表 1 – 5 所示。

表 1 – 5　两类报关单位主营业务、经营审批及报关范围的异同

类型	经营审批	主营业务	权限
进出口货物收发货人	商务主管部门	对外贸易经营（贸易型、生产型、仓储型等）	自营进出口货物的报关纳税（也可委托报关企业报关）
报关企业	海关报关注册登记许可	报关纳税服务	接受进出口货物收发货人的委托，代理报关纳税
	商务主管部门或交通主管部门审批	国际货物运输代理或国际货物运输工具代理	

二、报关单位的海关注册登记管理

2014 年 3 月 13 日，海关总署令第 221 号发布《报关单位注册登记管理规定》，2017 年 12 月 20 日海关总署令第 235 号《海关总署关于修改部分规章的决定》对其进行第一次修正，2018 年 5 月 29 日海关总署令第 240 号《海关总署关于修改部分规章的决定》对其进行第二次修正。

（一）报关企业注册登记

报关企业注册登记属于行政许可范畴，未经许可不得报关。报关单位办理报关业务应当遵守国家有关法律、行政法规和海关规章的规定，承担相应的法律责任。报关单位对其所属报关人员的报关行为应承担相应的法律责任。除法律、行政法规或海关规章另有规定外，办理报关业务的报关单位应当按照规定到海关办理注册登记。

1. 报关企业注册登记的申请条件

（1）具备境内企业法人资格条件；

（2）法定代表人无走私记录；

（3）无因走私违法行为被海关撤销注册登记许可记录；

（4）有从事报关服务所必需的固定经营场所和设施；

（5）海关监管所需要的其他条件。

2. 报关企业应当提交的文件材料

（1）报关单位情况登记表；

（2）企业法人营业执照副本复印件及组织机构代码证书副本复印件；

（3）报关服务营业场所所有权证明或者使用权证明；

（4）其他与申请注册登记许可相关的材料。

3. 报关单位注册登记证书的核发

经海关审查，申请人的申请符合法定条件的，海关依法做出准予注册登记许可的书面决定，并送达申请人，同时核发中华人民共和国海关报关单位注册登记证书（以下简称报关注册登记证书）。经海关审查，申请人的申请不符合法定条件的，海关依法做出不准予注册登记许可的书面决定，并且告知申请人享有依法申请行政复议或者提起行政诉讼的权力。

报关企业登记许可期限为 2 年。需要延续注册登记许可有效期的，应当办理注册登记许可延续手续。

报关企业在取得注册登记许可的直属海关关区外从事报关服务的，应当依法设立分支机构，并且向分支机构所在地海关备案。报关企业在取得注册登记许可的直属海关关区内从事报关服务的，可以设立分支机构，并且向分支机构所在地海关备案。

（二）进出口货物收发货人注册登记

进出口货物收发货人应当按照规定到所在地海关办理报关单位注册登记手续。进出口货物收发货人在海关办理注册登记后可以在中华人民共和国关境内口岸或者海关监管业务集中的地点办理本企业的报关业务。

申请办理注册登记应当提交下列文件材料，另有规定的除外：

（1）报关单位情况登记表；

（2）营业执照副本复印件及组织机构代码证书副本复印件；

（3）对外贸易经营者备案登记表复印件或者外商投资企业（台、港、澳侨投资企业）批准证书复印件；

（4）其他与注册登记有关的文件材料。

注册地海关依法对申请注册登记材料进行核对。经核对申请材料齐全、符合法定形式的，应当核发报关单位注册登记证书。除海关另有规定外，进出口货物收发货人报关单位注册登记证书长期有效。

三、海关企业信用管理与 AEO 制度

2001 年随着美国“9 · 11”恐怖袭击事件的发生，国际社会意识到全球贸易体系在面对恐怖犯罪和有组织犯罪时的薄弱性，在原来立足于边境负责国际贸易事务的基础上，国际社会又赋予海关保障全球贸易安全的新使命。2004 年 12 月，世界海关组织政策委员会初步形成了《全球贸易安全与便利标准框架》（以下简称《标准框架》），《标准框架》在 2005 年 6 月召开的世界海关组织年会上作为成员必须达到的最低标准获得通过。

AEO（Authorized Economic Operator）意为“经认证的经营者”。AEO 制度是世界海关组织为了实现《标准框架》目标，构建海关与商界之间的伙伴关系，实现贸易安全与便利目标引入的管理制度。世界海关组织在《标准框架》中将 AEO 定义为以任何一种方式参与货物国际流通，并经海关认可，符合世界海关组织或相应供应链安全标准的一方。AEO 企业包括生产商、进口商、出口商、报关行、承运商、理货人、中间商、口岸和机场、货站经营者、综合经营者、仓储经营者和分销商。只要愿意且符合相应的国际供应链安全标准和要求，就可以被海关认证为 AEO 企业，从而获得作为 AEO 企业的一些便利。

2010 年 11 月 15 日海关总署第 197 号令公布的《中华人民共和国海关企业分类管理办法》，基本确立了我国海关的企业信用管理制度。我国随着海关业务改革的不断深化，与国际海关接轨的要求也日益迫切。2018 年 3 月 3 日，海关总署第 237 号令公布的《中华人民共和国海关企业信用管理办法》（以下简称《信用办法》），自 2018 年 5 月 1 日起施行，同时废止了 197 号令和 225 号令。

中国海关大力推进AEO国际互认，截至2019年4月，中国海关已经与欧盟、新加坡、韩国、瑞士、新西兰、日本、以色列、澳大利亚等9个经济体的36个国家和地区签署了AEO互认协议，其中包括14个“一带一路”沿线国家，实现了贸易畅通。

职场热线

问： 2010年5月12日，久其公司经商务部门批准经营进出口业务，第二天即成交一笔出口业务，为提高办事效率，公司当天派小王去海关申报出口手续，结果被海关拒绝。海关做法是否合理？

答： 海关做法正确，因为久其公司虽有进出口经营权，但未在海关办理注册登记，未获取报关权，故不可以办理报关手续。

四、海关对报关员的管理

（一）海关对报关员管理的内容

海关对报关员的管理主要体现在报关单位向海关的报备、报关单位与报关员法律关系的确认和法律责任的承担3个方面。

第一，《报关单位注册登记管理规定》明确规定，报关单位对其所属报关人员的报关行为应当承担相应的法律责任。这进一步强化了报关单位对所属报关人员的管理责任及其应当承担的法律责任。

报关员是基于报关单位的授权并以报关单位的名义来办理报关业务的，因此，其行为是一种职业行为，而职业行为的法律责任应该由所在单位承担。但如果报关员利用执业之便违法的，则要自行承担法律责任。如果报关员明知报关单位的行为违法而故意实施，则应当与报关单位一并承担连带责任。

第二，报关单位与所属报关员的劳动合同关系的真实性和有效性由报关单位负责，在报关单位情况登记表中注明并加盖公章确认。

第三，《报关单位注册登记管理规定》明确由报关单位为所属报关员办理海关有关手续。

报关单位所属人员从事报关业务的，报关单位应当到海关办理备案手续，海关予以核发证明。报关人员备案证明如图1－3所示。

报关人员备案证明

____________________（报关单位名称）：

你单位（海关注册编码：__________）所属报关人员__________（身份证件类型）号码：__________已完成海关备案，备案编号：__________，备案日期：__________。

海关

（注册登记印章）

年　月　日

图1-3　报关人员备案证明

（二）报关员的权利和义务

1. 报关员的权利

（1）报关权

从事报关业务的专门人员，有权以所属报关单位的名义执业，办理报关业务。报关员可以办理的业务包括：

①如实申报进出口货物的商品编码、商品名称、规格型号、实际成交价格、原产地及相应优惠贸易协定代码等报关单有关项目，并办理填制报关单、提交报关单证等与申报有关的事项。

②申请办理缴纳税费和退税、补税事宜。

③申请办理加工贸易合同备案（变更）、深加工结转、外发加工、内销、放弃核准、余料结转、核销及保税监管等事宜。

④申请办理进出口货物减税、免税等事宜。

⑤协助海关办理进出口货物的查验、结关。

（2）监督权

报关员有权对违反国家规定、逃避海关监管的行为进行举报，有权对海关及其工作人员违法、违纪行为进行控告、检举。

（3）查询权

报关员有权向海关查询其办理的报关业务情况。

2. 报关员的义务

（1）依法报关

报关员应当遵守海关法律法规和规章，依法办理报关业务。

（2）合理审查

报关员应该熟悉所申报货物的基本情况，对申报内容和有关材料的真实性、完整性进行合理审查，提交齐全、正确、有效的单证，准确、清楚、完整地填制报关单证。

（3）配合执法

海关在查验进出口货物时，报关员应配合海关查验，配合海关稽查和对涉嫌走私违规案件的查处，协助落实海关对报关单位管理的具体措施。

（4）协助工作

报关员需配合所属报关单位完整保存各种原始报关单证、票据、函电等资料，协助报关单位办理有关事项。

同步训练

一、单选题

1. 下列不属于海关监管对象的是（　　）。

A. 进出口货物　　B. 进出境物品

C. 进出境运输工具　　D. 进出境人员

2. （　　）是当某一产品在短时间内进口产品数量增加，以致对进口国生产的同类产品或者直接竞争产品的国内产业造成严重损害或者严重损害威胁时，进口国可以采取的提高关税、限制数量等限制该产品进口数量的措施。

A. 反倾销税　　B. 反补贴税

C. 保障措施特别关税　　D. 报复关税

3. 工商行政管理部门查获的应当给予行政处罚的香烟走私案件，应移送（　　）依法处理。

A. 海关　　B. 税务部门

C. 上一级工商行政管理部门　　D. 烟草专卖部门

4. 报关企业注册登记许可属于海关的（　　）。

A. 行政许可权　　B. 税费征收权

C. 进出境监管权　　D. 行政强制权

5. 海关在调查走私案件时，经直属海关关长或其授权的隶属海关关长批准，可以查询案件涉嫌单位和涉嫌人员在金融机构、邮政企业的存款、汇款，属于海关的（　　）。

A. 检查权　　B. 查问权　　C. 查询权　　D. 稽查权

6. 下列不属于海关进出境监管权中检查权行使范围的是（　　）。

A. 进出境运输工具　　B. 走私嫌疑人

C. 藏匿走私嫌疑货物的场所　　D. 伪造的报关单据

7. 下列属于海关行政强制权的是（　　）。

A. 加收滞纳金　　B. 拘留权　　C. 行政复议　　D. 行政裁定

8. 下列属于海关行政强制措施的是（　　）。

A. 扣留财物　　B. 加收滞纳金　　C. 扣缴税款　　D. 加收滞报金

9. 全国海关目前共有（　　）个直属海关单位。

A. 36　　B. 42　　C. 47　　D. 53

10. 报关企业注册登记需要经过（　　）的审批。

A. 国务院　　B. 海关总署　　C. 直属海关　　D. 隶属海关

二、多选题

1. 根据《海关法》的规定，我国海关的基本任务为（　　）。

A. 海关监管　　B. 海关征税　　C. 查缉走私　　D. 编制海关统计

2. 根据《海关法》及相关法律法规的规定，我国海关行使税费征收权的具体内容为（　　）。

A. 价格审定　　B. 化验鉴定　　C. 补征、追征　　D. 减征或免征

3. 下列属于海关行政强制执行的有（　　）。

A. 冻结存款、汇款　　B. 加收滞纳金

C. 封存货物或者账簿、单证　　D. 变价抵缴

4. 海关有权对不予追究刑事责任的走私行为和违反海关监管规定的行为，以及法律、行政法规规定由海关实施行政处罚的行为进行处罚，主要包括（　　）。

A. 对走私货物、物品、运输工具及违法所得处以没收

B. 对有走私行为和违反海关监管规定行为的当事人处以罚款

C. 对有违法情形的报关单位处以罚款

D. 对有违法情形的报关单位暂停其从事有关业务，直至撤销报关注册登记

5. 海关走私犯罪侦查权主要包括（　　）。

A. 侦查权　　B. 扣留权　　C. 执行逮捕权　　D. 预审权

6. 海关权力行使的原则是（　　）。

A. 合法性原则　　B. 合理性原则　　C. 程序法定原则　　D. 独立行使原则

7. 下列属于海关行政强制措施的有（　　）。

A. 执行逮捕权　　B. 预审权　　C. 扣留财物　　D. 封存货物

8. 下列关于海关检查权的表述，正确的有（　　）。

A. 海关对进出境运输工具的检查不受海关监管区域限制

B. 对于有走私嫌疑的运输工具和有藏匿走私货物、物品嫌疑的场所，在海关监管区和海关附近沿海沿边规定地区外，海关人员可直接检查

C. 在海关监管区和海关附近沿海沿边规定地区内，海关可直接检查走私嫌疑人身体

D. 海关不能检查公民住宅

9. 下列不属于海关进出境监管权的有（　　）。

A. 查阅进出境人员的证件

B. 查询案件涉嫌单位在银行的存款

C. 在海关监管区和海关附近沿海沿边规定地区以外，对有证据证明有走私嫌疑的运输工具、货物和物品，可以扣留

D. 确属误卸或者溢卸的进境货物，原运输工具负责人或者货物的收发货人逾期未办理退运或者进口手续的，由海关提取依法变卖处理

10. 区域通关一体化改革建立起区域通关的（　　）平台，形成监管更加严密、通关更加便捷、流程更加科学、运转更加高效的一体化管理机制和运作模式。

A. 统一申报　　B. 风险防控　　C. 专业审单　　D. 现场作业

三、判断题

1. 中国现行关境不包括香港、澳门和台、澎、金、马单独关境。（　　）

2. 中华人民共和国海关是国家进出国境的监督管理机关。（　　）

3. 根据《海关法》的规定，国务院设立海关总署，统一管理全国海关。（　　）

4. 根据监管对象不同，海关监管制度可分为进出境运输工具监管、货物监管和人员监管三大制度体系。（　　）

5. 在海关监管区和海关附近沿海沿边规定地区以外，对有走私嫌疑的运输工具、货物、物品，经直属海关关长或其授权的隶属海关关长批准，可以扣留。（　　）

四、连线题

海关总署	负责办理具体海关业务
直属海关	在关区内组织开展海关各项业务和关区集中审单作业
隶属海关	组织和领导全国海关贯彻执行《海关法》和国家有关政策、法律法规

模块二　我国对外贸易管制的措施

学习目标

▲ 知识目标

1. 了解外贸管制的含义、目的和实现途径；
2. 掌握我国外贸管制的主要内容；
3. 熟悉我国外贸管制的主要管理措施。

▲ 技能目标

1. 理解我国外贸管制主要措施的报关规范；
2. 掌握进出口许可证件管理的海关规范，并能结合工具查找所需要的监管证件。

任务一　认知我国对外贸易管制

任务导入

某年 10 月，上海金辉进出口有限公司（以下简称金辉公司）向吴淞海关申报进口一批铅铋合金粉。吴淞海关对该批货物进行查验，并取样送上海出入境检验检疫局工业检测技术中心检验。经鉴定，该批货物送检样品为以铅阳极泥为主的混合物，夹杂有金属残物，属于生产过程中产生的废弃物质，为禁止进口固体废物。同年 12 月，吴淞海关根据有关规定，对金辉公司做出罚款 10 万元的行政处罚，并责令其退运该批固体废物。由于境外发货人不同意退运，金辉公司无法将该批货物退运出境，只得将其移交给有处置资质的单位进行无害化处理，金辉公司为此还承担了相关的滞港费用和处置费用。

思考： 1. 我国禁止进口货物目录包括哪几类商品？

2. 该批货物属于哪种禁止进口货物？

相关知识

一、对外贸易管制概况

（一）对外贸易管制的含义

对外贸易管制（以下简称外贸管制），是指一国政府从国家宏观经济利益、国内外政策需要以及履行所缔结或加入国际条约的义务出发，在遵循国际贸易有关规则的基础上，确立实行各种管制制度，设立相应管制机构，通过对本国的进出口活动采取或禁止或限制或鼓励的各种贸易政策或措施，以规范对外贸易活动的总称。

外贸管制的核心含义：

（1）外贸管制以实现一国政府的对内对外政策目标为基本出发点，因此会在不同时期根据不同的经济利益、政治或军事形势需要随时调整外贸管制政策。

（2）外贸管制是一种国家管制，其制度确立、机构设立和措施实施的权力属于中央行政、立法机构，与地方各级人民政府无关，其所涉及的法律渊源也只限于宪法、法律、行政法规、部门规章以及相关的国际条约，不包括地方性法规、规章及各民族自治区政府的地方条例和单行条例。

（3）外贸管制是一种强制性政府行政管理行为。贸易管制所涉及的法律制度属于强制性法律规范，对外贸易经营者或其代理人在报关活动中必须无条件地严格遵守。

（4）外贸管制往往以对进口的管制为重点，通过“奖出限入”达到一国贸易收支顺差，实现国际收支出超，但必须遵守 WTO 相关规定。

延伸阅读

“管制”与“管理”

管制的法学原意是指对罪犯不予关押但限制其一定行动自由。这个词语用于贸易管制有较浓厚的“计划经济”痕迹。目前，《海关法》《对外贸易法》和世界贸易组织有关货物贸易的正式文件中，除了少数项目如“核两用品等物项和技术出口条例”使用“管制”一词外，多代之以“管理”一词，以突出强调政府通过组织与制度、科学与规范、沟通与整合为对外贸易服务的职能。

（二）对外贸易管制的目的

对外贸易管制是世界各国不可或缺的一项重要政府职能，尽管各国所实行的对外贸易管制措施在形式和内容上存在诸多差异，但目的大致是相同的，包括以下六个方面：

（1）维护国家安全、社会公共利益或者公共道德；

（2）保护人的健康或者安全，保护动物、植物的生命或者健康，保护环境；

（3）保护涉及国计民生的基础产业的稳定和发展，如农业、牧业、渔业，或保护国内特定产业发展；

（4）保护正常、合理的国内市场秩序和国际市场秩序；

（5）保护国内短缺资源的可持续利用；

（6）保护本国的国际金融地位和国际收支平衡。

思考

资料：世界上所有工业大国都是钢铁生产大国和强国，没有哪个工业化国家依赖其他国家的钢铁材料来发展自己的工业，大国消费的钢材80%以上为自产。中国实现工业化也必须立足于本国钢铁工业的发展。

大量出口钢铁不符合国家利益，不符合国家对外贸易政策目标，也不符合行业利益：2007年钢铁工业以占25.1%的工业能耗、10%～15%的工业污染排放创造出8.34%的工业增加位，缴纳了9.37%的工业行业增值税，安置了4.64%的工业劳动力。从创造国民财富和增加就业机会角度而言，大量出口钢铁不符合国家利益。

2007年我国贸易顺差2622亿美元，其中净出口钢材5500万吨。按500美元/吨计算，钢铁出口对贸易顺差的贡献率仅为10%左右，却导致频繁的国际贸易摩擦。

我国钢的生产对铁矿石的依赖偏高，钢铁工业的原料中90%是铁矿石。而我国矿石储量少、贫矿居多，平均含铁量为30%～33%。我国的铁矿远远不能满足钢铁工业现实发展的需要，故需要大量进口优质铁矿石。如果有效遏制出口低档产品的局面，我国铁矿石对外依存度应该可以下降，甚至进口量会下降。此外，如果我国减少低档产品出口，国际市场缺口由巴西、俄罗斯、乌克兰、印度等国增产的钢铁弥补，可减少三大矿石垄断寡头的市场份额，从而减少其涨价的筹码。

——摘自中国金属商务网《中国钢铁产业的发展存有较大争议》

讨论：国产钢材应该主要满足国内消费还是争取扩大出口、占领国际市场？我国政府对部分钢材实施出口管制的目的是什么？

（三）我国对外贸易管制的实现方式

我国外贸管制目标是通过综合的外贸管制制度及各种进出口贸易管制政策和措施来实现的。

（1）根据我国行政管理职责的分工，全国人大、国务院及其所属各部委（局）分别负责制定、颁发与外贸管制相关的法律、行政法规、部门规章。

为了保障外贸管制制度的实施，我国已基本建立并逐步健全了以《对外贸易法》为核心的外贸管制法律体系，它包括法律、行政法规、行政规章和国际条约四个组成部分。

（2）国家商务主管部门及其他行业主管部门依据外贸管制政策，向对外贸易经营者发放各类许可证件。

（3）海关依据许可证件及其他单证（报关单、提单、发票、合同等）对实际进出口货物的合法性实施监督管理，海关监管的主要措施是确认“单”（包括报关单在内的各类报关单据及其电子数据）、“证”（各类许可证件及其电子数据）、“货”（实际进出口货物）三大要素的合法性，只有在确认达到“单单相符、单货相符、单证相符、证货相符”的情况下，海关才可放行。

外贸管制制度需要建立在国家各行政管理部门之间合理分工的基础上，通过各尽其责的通力合作来实现。其中，海关监管是实现外贸管制的重要手段，缺少海关监管这一环节，任何外贸管制政策都不可能充分发挥其效力。

延伸阅读

外贸管制相关法律、法规选录

法律：《中华人民共和国对外贸易法》《中华人民共和国海关法》《中华人民共和国进出口商品检验法》《中华人民共和国进出境动植物检疫法》《中华人民共和国国境卫生检疫法》《中华人民共和国固体废物污染环境防治法》《中华人民共和国野生动物保护法》《中华人民共和国药品管理法》《中华人民共和国文物保护法》《中华人民共和国食品卫生法》等。

行政法规：《中华人民共和国货物进出口管理条例》《中华人民共和国技术进出口管理条例》《中华人民共和国进出口关税条例》《中华人民共和国知识产权海关保护条例》《中华人民共和国核出口管制条例》《中华人民共和国野生植物保护条例》《中华人民共和国外汇管理条例》《中华人民共和国反倾销条例》《中华人民共和国反补贴条例》《中华人民共和国保障措施条例》等。

行政规章：《货物进口许可证管理办法》《货物出口许可证管理办法》《货物自动进口许可管理办法》《出口收汇核销管理办法》《进口药品管理办法》《中华人民共和

国精神药品管理办法》《中华人民共和国放射性药品管理办法》《两用物项和技术进出口许可证管理办法》等。

国际条约：我国加入世界贸易组织所签订的有关双边或多边各类贸易协定《关于简化和协调海关业务制度的国际公约》（《京都公约》）、《濒危野生动植物种国际贸易公约》（《华盛顿公约》）、《关于消耗臭氧层物质的蒙特利尔议定书》《关于麻醉品和精神药物的国际公约》《关于化学品国际贸易资料交换的伦敦准则》《关于在国际贸易中对某些危险化学品和农药采用事先知情同意程序的鹿特丹公约》《控制危险废物越境转移及其处置的巴塞尔公约》《建立世界知识产权组织公约》等。

（四）我国对外贸易管制的基本框架

我国外贸管制的主要内容，可以概括为“证”“备”“检”“核”和“救”五个字。

“证”即货物、技术进出口的许可，主要是指进出口许可证件，即法律、行政法规规定的各种具有许可进出性质的证明、文件。进出口许可证件是我国实行进出口许可制度中的重要内容。进出口许可制度不仅是我国贸易管制的核心管理制度，也是我国贸易管制的主要实现方式之一。进出口许可证是货物或技术进出口的证明文件，既是我国贸易管制的最基本手段，又是我国有关行政管理机构执行贸易管制与监督的重要依据。此外，国家有关主管部门对于出口文物、进出口黄金及其制品、进口音像制品、进出口濒危野生动植物、进出口药品药材和进口废物等特殊进出口商品的批准文件或许可文件，同样是我国有关职能管理机构执行贸易管制的重要依据。

“备”即对外贸易经营资格的备案登记。它突出强调的是我国对外贸易经营者在从事或参与对外贸易经营活动以前，须按规定向商务部或者其委托的机构办理备案登记。根据我国《对外贸易法》的相关规定，对外贸易经营者未按照规定办理备案登记的，海关不予办理进出口货物的验放手续。

“检”即商品质量的检验检疫、动植物检疫和国境卫生检疫（以下简称为“三检”）。它主要强调对货物的进出口实行必要的检验或检疫，也是我国贸易管制方面的重要内容之一。其基本目标是保证进出口商品的质量、保障人民的生命安全与健康，我国出入境检验检疫机构可依法对进出口货物实施必要的检验检疫。

“核”即进出口收付汇核销。它反映我国有关进出口货物的收付汇管理，强调对实际进出口的货物与技术实行较为严格的收付汇核销制度，以达到国家对外汇实施管制的目的，防止偷逃、偷套外汇。

“救”即贸易管制中的救济措施。根据世界贸易组织的有关规定，任何一个世界贸易组织成员都可以为维护自身经济贸易利益，防止或阻止本国产业受到侵害和损害而采取保护性措施。在对进出口贸易实行管制的过程中，我国根据国际公认的规则所采取的贸易补救措施主要包括反倾销、反补贴和保障措施。

二、"证"——货物进出口许可管理制度

（一）货物进出口许可管理制度

进出口许可是国家对进出口的一种行政管理制度，既包括准许进出口有关证件的审批和管理制度本身的程序，也包括以国家各类许可为条件的其他行政管理手续，这种行政管理制度被称为进出口许可管理制度。进出口许可管理制度作为一项非关税措施，是各国管理进出口贸易的常见手段，在国际贸易中长期存在并广泛运用。

货物进出口许可管理制度是我国进出口管理制度的主体，是国家对外贸易管制中极其重要的管理制度，其管理范围包括禁止类进出口的货物、限制类进出口的货物、自由类进出口货物中部分实行自动许可管理的货物。

1. 禁止类进出口货物的管理

对禁止类进出口货物主要实行目录管理，即对由国务院商务主管部门或由其会同国务院有关部门制定的《禁止进口货物目录》和《禁止出口货物目录》的商品进行目录管理。另外，对国家有关法律、法规明令禁止进口的商品以及其他各种原因停止进口的商品，也禁止进出口。列入国家公布的《禁止进出口目录》及其他法律、法规明令禁止或停止进口的货物、技术，任何对外贸易经营者都不得经营进口。

（1）禁止类进出口货物目录管理的具体规定，如表2－1所示。

表2－1　　禁止类进出口货物目录管理的具体规定

禁止进口货物目录（共6批）	禁止出口货物目录（共5批）
第一批：为了保护我国自然生态环境和生态资源，禁止进口破坏臭氧层的四氯化碳及属濒危物种的犀牛角、虎骨、麝香等	第一批：为了保护我国自然生态环境和生态资源，禁止出口四氯化碳、犀牛角、虎骨、麝香，禁止出口有防风固沙作用的发菜和麻黄草等植物
第二批：均为旧机电产品类，禁止进口涉及生产安全（压力容器类）、人身安全（电器、医疗设备类）和环境保护（汽车、工程及车船机械类）的旧机电产品	第二批：为保护我国森林资源、防止乱砍滥伐，禁止出口木炭
第三、四、五批：禁止进口对环境有污染的固体废物类，包括废动物产品、废药物、杂项化学品废物、废纺织物、废玻璃等	第三批：为保护环境安全、淘汰落后产品、履行《鹿特丹公约》和《关于持久性有机污染物的斯德哥尔摩公约》，禁止出口长纤青石棉、二噁英等
第六批：为保护环境安全、淘汰落后产品、履行《鹿特丹公约》和《关于持久性有机污染物的斯德哥尔摩公约》，禁止进口长纤青石棉、二噁英等	第四批：硅砂、石英砂及其他天然砂 第五批：包括无论是否经化学处理的森林凋落物以及泥炭（草炭）

（2）国家有关法律、法规明令禁止进出口的货物，如表2－2所示。

表2－2 明令禁止进出口的货物

明令禁止进口货物	明令禁止出口货物
来自动植物疫情流行的国家和地区的有关动植物及其产品和其他检疫物	未定名的或新发现并有重要价值的野生植物
动植物病源（包括菌种、毒种等）及其他有害生物、动物尸体、土壤	原料血浆
带有违反“一个中国”原则的货物及其包装	商品性出口的野生红豆杉及其部分产品
以氯氟羟物质为制冷剂、发泡剂的家用电器产品和以氯氟羟物质为制冷工质的家用电器用压缩机	以氯氟羟物质为制冷剂、发泡剂的家用电器产品和以氯氟羟物质为制冷工质的家用电器用压缩机
滴滴涕、氯丹等	劳改产品
莱克多巴胺和盐酸莱克多巴胺	莱克多巴胺和盐酸莱克多巴胺

（3）其他各种原因停止进口的商品：

①以CFC－12为制冷工质的汽车及以CFC－12为制冷工质的汽车空调压缩机（破坏大气臭氧层的物质）；

②旧服装；

③Ⅷ因子制剂等血液制品（防止艾滋病感染）；

④氯酸钾、硝酸钾（制作烟花爆竹）；

⑤100W及以上普通照明白炽灯。

2. 限制类进出口货物的管理

国家实行限制进口管理的货物，必须依照国家有关部门的规定取得商务部或者由其会同国务院有关部门的许可，方可进口。

目前，我国限制类进口货物管理按照其限制方式可划分为进口许可证配额管理、进口关税配额管理和其他许可证件管理。

①进口许可证配额管理：主要包括进口许可证、两用物项和技术进出口许可证、濒危物种进口、限制可利用固体废物进口、药品进口、音像制品进口、黄金及其制品进口等管理。

②进口关税配额管理：一定时期内（一般是1年），国家对部分商品的进口制定关税配额税率并规定该商品进口数量总额，在限额内，经国家批准允许按照关税配额税率征税进口，如超出限额则按照配额外税率征税进口。

国家实行限制出口管理的货物，必须依照国家有关部门的规定取得商务部或者由其会同国务院有关部门的许可，方可出口。

目前，我国对于限制类出口货物的管理，按《货物进出口管理条例》规定，国家规定有数量限制的出口货物，实行配额管理；其他限制出口货物，实行许可证件管理；实行配额管理的限制类出口货物，由商务部和国务院有关经济管理部门按照国务院规定的职责划分进行管理。

延伸阅读

许可证件的作用

在各类限制类进出口货物管理中，由主管部门签发的各种形式的许可证、准许证等，都是我国进出口许可管理制度中具有法律效力，用来证明对外贸易经营者经营相关货物合法进出口的证明文件，是海关验放该类货物的重要依据，也体现了其他一些职能部门即这些证件的发证机关，如商务部、农业农村部、林业局、文化和旅游部等，和海关协同对进出口货物进行管理。

3. 允许类（或自由类）进出口货物的管理

除上述国家禁止、限制进出口的货物外，其他货物均属允许类进出口货物，即自由类进出口货物。也就是说，这类货物的进口或出口，无须获得有关主管部门的审批。

但基于统计和监测进出口情况的需要，国家对部分属于自由进口的货物实行自动进口许可管理。

（1）目录管理

属《自动进口许可管理货物目录》的商品，需申领自动进口许可证，主管部门是商务部。

（2）适用范围

2020年实施自动进口许可管理的商品包括非机电类货物、机电类货物两大类，分为两个管理目录。

①目录一（非机电类货物）：牛肉、猪肉、羊肉、肉鸡、鲜奶、奶粉、木薯、大麦、高粱、大豆、油菜籽、植物油、食糖、玉米酒糟、豆粕、烟草、二醋酸纤维丝束、铜精矿、煤、铁矿石、原油、成品油、化肥、钢材，共24类。

②目录二（机电类货物）：A. 由商务部发证的机电类货物涉及烟草机械、移动通信产品、卫星广播电视设备及关键部件、汽车产品、飞机、船舶6类商品；B. 地方、部门机电产品进出口办公室发证的机电产品涉及工程机械、印刷机械、纺织机械、金属冶炼及加工设备、金属加工机床、电气设备、汽车产品、飞机、船舶、医疗设备10类商品。

（3）免予交验进口许可证的情形

进口列入《自动进口许可管理货物目录》的商品，在办理报关手续时须向海关提交自动进口许可证，但下列情形免交：①加工贸易项下进口并复出口的货物（原油、成品油除外）；②外商投资企业作为投资进口或者投资额内生产自用的货物（旧机电产品除外）；③货样广告品、实验品、每批次价值不超过5000元的货物；④暂时进口的海关监管货物；⑤进入保税区、出口加工区等海关特殊监管区域及进入保税仓库、保税物流中心，属自动进口许可管理的货物；⑥加工贸易项下进口的监管期满后留在原企业使用的不作价设备；⑦国家法律法规规定其他免领自动进口许可证的货物。

（4）报关规范

①自动进口许可证有效期6个月，但仅限公历年度内使用。

②原则上“一批一证”管理，对部分货物“非一批一证”管理。“非一批一证”管理的累计使用不得超过6次。

③海关对溢装数量在货物总量5%以内的散装货物予以免证验放，对溢装数量在货物总量3%以内的原油、成品油、化肥、钢材四种大宗散装货物予以免证验放。对“非一批一证”的大宗散装商品，每批货物进口时，按其实际进口数量核扣自动进口许可证额度数量；最后一批货物进口时，其溢装数量按该自动进口许可证实际剩余数量并在规定的允许溢装上限内计算。

④进口属于自动进口许可管理的货物，收货人（包括进口商和进口用户）在办理海关报关手续前，应向所在地或相应的发证机构提交自动进口许可证申请，并取得自动进口许可证。收货人可以直接向发证机构书面申请自动进口许可证，也可以在网上申请。在网上申请的，收货人应当先到发证机构申领用于企业身份认证的电子钥匙。

思考

资料：从2015年3月开始，我国取消了限制类进口货物的数量限制，目前的配额管理主要针对部分限制类出口货物，而在进口贸易中主要采用许可证件管理。许可证件管理涉及的被管制和管理货物的范围比较广，相对而言，目前的配额管理涉及面较小。配额管理使国家可以通过直接规定进出口的总量来达到管制目的，也可以通过和关税措施结合达到对数量的控制目的。许可证管理则使国家可以通过发证与否直接控制进出口货物。

讨论：配额管理与许可证管理是什么关系？二者有什么异同？请以一种商品为例，谈谈配额管理或许可证管理对该商品产生的影响。

（二）技术进出口许可管理制度

1. 禁止类进出口技术的管理

对禁止类进出口技术的管理，主要是实行目录管理。根据《对外贸易法》《技术进出口管理条例》《中华人民共和国禁止进口限制进口技术管理办法》以及《中华人民共和国禁止出口限制出口技术管理办法》的有关规定，商务部会同国务院有关部门，制定、调整并公布禁止进口、禁止出口的技术目录。属于禁止进口的技术，不得进口；属于禁止出口的技术，也不得出口。

目前，《中国禁止进口限制进口技术目录》所列明的禁止进口的技术，涉及钢铁冶金、有色金属冶金、化工、石油炼制、石油化工、消防、电工、轻工、印刷、医药、建筑材料生产等领域；列入《中国禁止出口限制出口技术目录》禁止出口部分的技术涉及渔牧、有色金属矿采选、化学制品制造、医药制造、电信信息传输等几十个领域。

2. 限制类进出口技术的管理

（1）限制类进口技术管理

限制类进口技术实行目录管理。目前，列入《中国禁止进口限制进口技术目录》，属限制进口的技术，涉及生物、化工、石油炼制、石油化工、生物化工和造币等技术领域。属于目录范围内的限制类进口技术，实行许可证管理，未经国家许可，不得进口。

（2）限制类出口技术管理

限制类出口技术实行目录管理。我国目前限制类出口技术目录主要依据《生物两用品及相关设备和技术出口管制条例》《核两用品及相关技术出口管制条例》《导弹及相关物项和技术出口管制条例》《核出口管理条例》和《禁止出口限制出口技术管理办法》制定。属于目录范围的限制类出口技术，实行许可证管理，未经国家许可，不得出口。

出口属于上述限制类出口技术的，应当向商务部提出技术出口申请，经商务部审核批准后取得技术出口许可证件，凭以向海关办理出口通关手续。

3. 自由类进出口技术的管理

进出口自由类进出口技术，应当向商务部或者其委托的机构办理合同备案登记。商务部应当自收到规定文件之日起 3 个工作日内对技术进出口合同进行登记，颁发技术进出口合同登记证，申请人凭技术进出口合同登记证办理外汇、银行、税务、海关等相关手续。

三、“备”——对外贸易经营资格管理制度

根据《对外贸易经营者备案登记办法》（2016）的规定，我国对外贸经营者的管理实行备案登记制，即法人、其他组织或者个人只有在商务部或商务部委托的机构办理备案登记，取得对外贸易经营资格后，方可在国家允许的范围内从事对外贸易经营活动。应注意的是，国家对某些关系国计民生的重要进出口商品实行国有贸易管理，即这些货物的进出口业务只能由经国家授权的企业经营。

（一）备案登记机关

商务部是全国对外贸易经营者备案登记工作的主管部门。商务部对外贸易经营者备案登记管理工作，实行全国联网和属地化管理。商务部委托符合条件的地方对外贸易主管部门（备案登记机关）负责办理本地区对外贸易经营者备案登记手续，受理委托的备案登记机关不得自行委托其他机构进行备案登记。

（二）备案登记的程序

对外贸易经营者在本地区备案登记机关办理备案登记。对外贸易经营者备案登记程序如下：

1. 领取对外贸易经营者备案登记表（以下简称登记表）

对外贸易经营者可以通过商务部政府网站（http：//www. mofcom. gov. cn）或对外贸易经营者备案登记系统网站（http：//iecms. ec. com. cn/iecms/index. jsp）下载，或到所在地备案登记机关领取登记表。对外贸易经营者备案登记表如图 2 – 1 所示。

2. 填写登记表

对外贸易经营者应按登记表要求认真填写所有事项信息，并确保所填写内容完整、准确、真实，同时认真阅读登记表背面的条款，并由企业法定代表人或个体工商负责人签字、盖章。

3. 向备案登记机关提交如下备案登记材料

（1）按要求填写的登记表；

（2）营业执照复印件；

（3）组织机构代码证书复印件；

（4）对外贸易经营者为外商投资企业的，还应提交外商投资企业批准证书复印件；

（5）依法办理工商登记的个体工商户（独资经营者），须提交合法公证机构出具的财产公证证明；依法办理工商登记的外国（地区）企业，须提交合法公证机构出具的资金信用证明文件。

备案登记机关应自收到对外贸易经营者提交的上述材料之日起 5 日内办理备案登记手续，在登记表上加盖备案登记印章。备案登记机关在完成备案登记手续的同时，应当完整、准确地记录和保存对外贸易经营者的备案登记信息和登记材料，依法备案登记档案。

对外贸易经营者应凭加盖备案登记印章的登记表在 30 日内到当地海关、检验检疫、外汇、税务等部门办理开展对外贸易业务所需的所有手续，逾期未办理的，登记表自动失效。

<table>
<tr><td colspan="4">对外贸易经营者备案登记表</td></tr>
<tr><td colspan="2">备案登记表编号：</td><td colspan="2">进出口企业代码：</td></tr>
<tr><td>经营者中文名称</td><td colspan="3"></td></tr>
<tr><td>经营者英文名称</td><td colspan="3"></td></tr>
<tr><td>组织机构代码</td><td></td><td>经营者类型（由备案登记机关填写）</td><td></td></tr>
<tr><td>住所</td><td colspan="3"></td></tr>
<tr><td>经营场所（中文）</td><td colspan="3"></td></tr>
<tr><td>经营场所（英文）</td><td colspan="3"></td></tr>
<tr><td>联系电话</td><td></td><td>联系传真</td><td></td></tr>
<tr><td>邮政编码</td><td></td><td>电子邮箱</td><td></td></tr>
<tr><td>工商登记注册日期</td><td></td><td>工商登记注册号</td><td></td></tr>
<tr><td colspan="4">依法办理工商登记的企业还须填写以下内容：</td></tr>
<tr><td>企业法定代表人姓名</td><td></td><td>有效证件号</td><td></td></tr>
<tr><td>注册资金</td><td></td><td colspan="2">（折美元）</td></tr>
<tr><td colspan="4">依法办理工商登记的外国（地区）企业或个体工商户（独资经营者）还须填写以下内容：</td></tr>
<tr><td>企业法定代表人/个体工商负责人姓名</td><td></td><td>有效证件号</td><td></td></tr>
<tr><td>企业资产/个人财产</td><td></td><td colspan="2">（折美元）</td></tr>
<tr><td colspan="2">备注：</td><td colspan="2"></td></tr>
<tr><td colspan="4">填表前请认真阅读背面的条款（此处略），并由企业法定代表人或个体工商负责人签字、盖章。
备案登记机关
签章
年　月　日</td></tr>
</table>

图 2－1　对外贸易经营者备案登记表

登记表上的任何登记事项发生变更时，对外贸易经营者均须在 30 日内办理登记表的变更手续，逾期未办理变更手续的，其登记表自动失效。

四、“检”——出入境检验检疫制度

出入境检验检疫制度（Entry-Exit Inspection and Quarantine）是由海关总署依据我

国有关法律和行政法规以及我国政府所缔结或者参加的国际条约、协定，对出入境的货物、物品及其包装物、交通运输工具、运输设备和出入境人员实施检验检疫监督管理的法律依据和行政手段的总和。

延伸阅读

你知道“检疫”一词是怎么来的吗

现在国际上通用的检疫（Quarantine）一词来源于意大利文 Quaranta，原意为“40”。14 世纪初，欧洲鼠疫（黑死病）流行，为防止通过商船传入鼠疫，1348 年意大利威尼斯市首先对来往商船实行卫生检疫，当时规定彻底取缔患者入境；对来自疫区船只及怀疑患者，在远离港口地设立登陆处隔离 30 天，以后又延长至40 天，对患者的用品及钱币等，用冷冻、火烧、醋浸等方法消毒，从而有效地避免了鼠疫的传入。后来，人们就用之表示阻隔鼠疫的有效措施“检疫”。

我国出入境检验检疫制度内容包括进出口商品检验制度、进出境动植物检疫制度以及国境卫生检疫制度，其主管部门是海关总署。

1. 进出口商品检验、进出境动植物检疫和国境卫生检疫制度

（1）进出口商品检验制度

进出口商品检验制度是根据《进出口商品检验法》及其实施条例的规定，海关总署及其口岸出入境检验检疫机构对进出口商品所实行的品质、质量检验和监督管理的制度。

我国实行进出口商品检验制度的目的是保证进出口商品的质量，维护对外贸易有关各方的合法权益，促进对外经济贸易关系的顺利发展。商品检验机构实施进出口商品检验的内容，包括商品的质量、规格、数量、重量、包装及是否符合安全、卫生的要求。我国商品检验的种类分为 4 种，即法定检验、合同检验、公证鉴定和委托检验。对法律、行政法规、部门规章规定有强制性标准或者其他必须执行检验标准的进出口商品，依照法律、行政法规、部门规章规定的检验标准检验；对法律、行政法规、部门规章未规定有强制性标准或者其他必须执行的检验标准的，依照对外贸易合同约定的检验标准检验。

（2）进出境动植物检疫制度

进出境动植物检疫制度是根据《进出境动植物检疫法》及其实施条例的规定，口岸出入境检验检疫机构对进出境动植物以及动植物产品的生产、加工、存放过程实行动植物检疫的进出境监督管理制度。

我国实行进出境检验检疫制度的目的是防止动物传染病、寄生虫病和植物危险性病、虫、杂草及其他有害生物传入、传出国境，保护农、林、牧、渔业生产和人民身体健康，促进对外经济贸易的发展。

口岸出入境检验检疫机构实施动植物检疫监督管理的方式有实行注册登记、疫情调查、检测和防疫指导等，其内容主要包括进境检疫、出境检疫、过境检疫、进出境携带和邮寄物检疫及出入境运输工具检疫等。

（3）国境卫生检疫制度

国境卫生检疫制度是指出入境检验检疫机构根据《国境卫生检疫法》及其实施细则，以及国家其他的卫生法律、法规和卫生标准，在进出口口岸对出入境的交通工具、货物、运输容器及口岸辖区的公共场所、环境、生活设施、生产设备所进行的卫生检查、鉴定、评价和采样检验的制度。

表 2－3　　进出口商品检验、进出境动植物检疫和国境卫生检疫制度的区别

	进出口商品检验	进出境动植物检疫	国境卫生检疫
法律根据	《进出口商品检验法》	《进出境动植物检疫法》	《国境卫生检疫法》
目的	保证进出口商品的质量，维护对外贸易有关各方的合法权益，促进对外贸易关系的顺利发展	防止动物传染病、寄生虫病和植物危险性病、虫、杂草以及其他有害生物传入、传出国境，保护农、林、牧、渔业生产和人民身体健康，促进对外经济贸易的发展	防止传染病由国外传入或由国内传出，实施国境卫生检疫，保护人民身体健康
检验检疫内容	商品的质量、规格、数量、包装以及是否符合安全、卫生要求	对进出境动植物，动植物产品的生产、加工、存放过程实行动植物检疫	在进出口口岸对出入境的交通工具、货物、运输容器以及口岸辖区的公共场所、环境、生活设施、生产设备所进行的卫生检查、鉴定、评价和采样检验
检查要求	对列入《出入境检验检疫机构实施检验检疫的进出境商品目录》（以下简称《法检目录》）的商品实施法定检验；其他的是否检验由货主自行决定	属法定检验检疫性质，不能自行决定检验检疫与否	检疫传染病和监测传染病
方式	法定检验、合同约定检验、公证鉴定、委托检验	进境检疫、出境检疫、边境检疫、进出境携带和邮寄物检疫以及出入境运输工具检疫	进出境检疫、国境传染病检测、进出境卫生监督

我国实行国境卫生检疫制度是为了防止传染病由国外传入或者由国内传出，实施国境卫生检疫，保护人民身体健康。该制度的职能主要包括进出境检疫、国境传染病检测、进出境卫生监督等。

进出口商品检验、进出境动植物检疫和国境卫生检疫制度的区别，如表 2 –3 所示。

值得注意的是，法定检验以外的进出境商品是否需要检验，由外贸当事人决定，可以不检，亦可通过委托检验、合同约定检验以及公证鉴定的方式提出检验申请，实施检验并颁发证书。检验检疫机构对法检以外的进出口商品可以以抽查的方式予以监督管理。

2. 出入境货物通关单的适用

列入《法检目录》以及其他法律法规规定需要检验检疫的货物进出口时，在通关前必须向口岸检验检疫机构报检，海关凭口岸检验检疫机构签发的出入境货物通关单验放。

自 2008 年 1 月 1 日起，国家出入境货物通关单电子数据联网，出入境检验检疫机构对法检商品签发通关单，实时将通关单电子数据传输至海关，海关凭以验放法检商品，办结海关手续后将通关单使用情况反馈给检验检疫部门。出入境货物通关单的适用范围如表 2 –4 所示。

表 2 –4　　出入境货物通关单的适用范围

	入境货物通关单（“一批一证”制）	出境货物通关单（“一批一证”制）
适用范围	①列入《法检目录》的入境商品； ②美国、日本、韩国、欧盟输入的货物； ③对外商投资企业进口的投资设备的价值进行鉴定； ④进口可再生利用的废物原料； ⑤进口旧机电产品； ⑥入境货物运输设备； ⑦其他法律法规规定的货物	①列入《法检目录》的出境货物； ②对外经济技术援助物资及人道主义紧急救灾援助物资； ③其他未列入《法检目录》但国家有关法律、行政法规明确由出入境检验检疫机构负责检验检疫的出境货物及特殊物品等

五、“核”——进出口货物外汇管理制度

对外贸易经营者在对外贸易交易活动中，应当依照国家有关规定结汇、用汇。国家外汇管理局依据国务院《外汇管理条例》及其他有关规定，对经常项目外汇业务、资本项目外汇业务、金融机构外汇业务、人民币汇率生成机制和外汇市场等实施监督管理。

企业的外汇收支应当具有真实、合法的交易背景，应当与货物进出口一致。企业应当根据贸易方式、结算方式及资金来源或流向，凭进出口报关单外汇核销专用联等相

关单证，在金融机构办理贸易外汇收支。进出口报关单外汇核销专用联可在进出口货物海关放行后向海关申请取得。金融机构应当对企业提交的交易单证真实性及其外汇收支的一致性进行合理审查。国家外汇管理局及各级分支机构，依法对企业及经营结汇、售汇业务的金融机构进行监督检查。企业自律、金融机构专业审查、国家外汇管理局监管的运行机制，落实了我国货物贸易外汇管理制度。

国家外汇管理局对货物外汇的主要监管方式有如下几种。

1. 企业名录登记管理

企业依法取得对外贸易经营权后，持有关材料到国家外汇管理局办理名录登记手续后，才能在金融机构办理贸易外汇收支业务。国家外汇管理局将登记备案的企业统一向金融机构发布名录，金融机构不得为不在名录内的企业办理外汇收支业务。国家外汇管理局可根据企业的外汇收支业务状况及其合规情况决定是否注销企业名录。

2. 非现场核查

国家外汇管理局对企业在一定期限内的进出口数据和贸易外汇收支数据进行总量比对，核查企业贸易外汇的真实性及其与进出口的一致性。非现场核查是国家外汇管理局对货物外汇的常规监管方式。

3. 现场核查

国家外汇管理局可对企业非现场核查中发现的异常或可疑的贸易外汇收支业务实施现场核查，也可对金融机构办理贸易外汇业务的合规性与报送信息的及时性、完整性和准确性实施现场核查。国家外汇管理局实施现场核查时，被核查单位应当配合，如实说明情况，并提供有关文件、资料，不得拒绝、阻碍和隐瞒。

4. 分类管理

国家外汇管理局根据企业贸易外汇收支的合规性及其货物进出口的一致性，将企业分为A、B、C三类。A类企业进口付汇单证简化，可凭报关单、合同或发票等任何一种能够证明交易真实性的单证在银行直接办理付汇，出口收汇无须联网核查，银行办理收付汇手续相应简化。对B类、C类企业，在贸易外汇收支单证审核、业务类型、结算方式等方面实施严格监管，B类企业贸易外汇收支由银行实施电子数据核查。C类企业贸易外汇收支须经国家外汇管理局逐笔登记后办理。国家外汇管理局根据企业在分类监管期内遵守外汇管理规定的情况，对企业类别进行动态调整。

六、“救”——贸易管制中的救济制度

贸易管制中的救济制度主要包括三大救济措施：反倾销、反补贴和保障措施。其基本目的是要限制外国进口产品在本国市场上的恶意竞争或所谓的“不公平贸易或不公平竞争”，防止本国经济和本国市场受到进一步损害。

反倾销与反补贴针对的是不公平贸易或不公平竞争，而保障措施是针对公平条件下进口产品数量猛增的情况的。

三大救济措施的实施条件不同，反倾销实施条件是客观上的确存在低价倾销并已经达到相当的幅度，对进口国造成了实质性损害以及倾销与损害之间存在着因果关系；反补贴实施条件是进口产品因为得到政府经济性补贴或财政性支持而具有价格上的竞争优势，导致进口国家的同类产品及其生产行业受到损害并且事实证明的确存在着这样或那样的损害；保障措施的实施条件是进口数量的激增极大地挤占了进口国家的国内同类产品市场份额，并且对进口国家的相关生产行业造成了不利影响。

（一）反倾销措施

反倾销措施包括临时反倾销措施和最终反倾销措施。

1. 临时反倾销措施

临时反倾销措施是指进口方主管机构经过调查，初步认定被指控产品存在倾销，并对国内同类产业造成损害，据此可以依据世界贸易组织所规定的程序进行调查，在全部调查结束之前，采取的临时性反倾销措施，目的是防止调查期间国内产业继续受到损害。

临时反倾销措施有两种形式：一是征收临时反倾销税；二是要求提供现金保证金、保函或者其他形式的担保。

征收临时反倾销税，由商务部提出建议，国务院关税税则委员会根据建议做出决定，商务部予以公告；要求提供现金保证金、保函或者其他形式的担保，由商务部做出决定并予以公告。海关自公告规定实施之日起执行。临时反倾销措施实施的期限自公告规定实施之日起不超过 4 个月，在特殊情形下可以延长至 9 个月。

2. 最终反倾销措施

对终裁决定确定倾销成立并由此对国内产业造成损害的，可以在正常海关税费之外征收反倾销税。征收反倾销税，由商务部提出建议，国务院关税税则委员会根据建议做出决定，由商务部予以公告。海关自公告规定实施之日起执行。

（二）反补贴措施

反补贴与反倾销的措施相同，也分为临时反补贴措施和最终反补贴措施。

1. 临时反补贴措施

初裁决定确定补贴成立并由此对国内产业造成损害的，可以采取临时反补贴措施。临时反补贴措施采取以现金保证金或保函作为担保的征收临时反补贴税的形式。采取临时反补贴措施，由商务部提出建议，国务院关税税则委员会根据其建议做出决定，由商务部予以公告。海关自公告规定实施之日起执行。临时反补贴措施实施的期限自公告规定实施之日起不超过 4 个月。

2. 最终反补贴措施

在为完成磋商的努力没有效果的情况下，终裁决定确定补贴成立并由此对国内产业造成损害的，征收反补贴税。征收反补贴税需由商务部提出建议，国务院关税税则委员会据其建议做出决定，由商务部予以公告。海关自公告规定实施之日起执行。

（三）保障措施

保障措施分为临时保障措施和最终保障措施。

1. 临时保障措施

在有明确证据表明进口产品数量增加，将对国内产业造成难以补救的损害的紧急情况下，进口国与成员国之间可不经磋商而做出初裁决定，并采取临时性保障措施。临时保障措施的实施期限，自临时保障措施决定公告规定实施之日起不得超过 200 天，并且此期限计入保障措施总期限。

临时保障措施采取提高关税的形式，如果事后调查不能证实进口激增对国内有关产业已经造成损害或损害威胁，则增收的临时关税应予以退还。

2. 最终保障措施

最终保障措施可以采取提高关税、数量限制等形式，但保障措施应限于防止、补救严重损害并便利调整国内产业所必要的范围。

保障措施的实施期限一般不超过 4 年，在此基础上，如果继续采取保障措施则必须满足 4 个条件：对于防止或者补救严重损害仍有必要；有证据表明相关国内产业正在进行调整；已经履行有关对外通知、磋商的义务；延长的措施不严于延长前的措施。保障措施全部实施期限（包括临时保障措施期限）不得超过 10 年。

反倾销、反补贴和保障措施的区别，如表 2－5 所示。

表 2－5　　反倾销、反补贴和保障措施的区别

比较项 类别	实施条件	适用对象	实施形式	实施期限
反倾销	以低价倾销，对进口国造成了实质性的损害	不公平贸易或不公平竞争	现金保证金、价格承诺、保函以及最终加征相应的税赋	不超过 4 个月，特殊情况可延长至 9 个月
反补贴	因政府补贴而具有价格竞争优势，对进口国造成了实质性损害	不公平贸易或不公平竞争	现金保证金、价格承诺、保函以及最终加征相应的税赋	不超过 4 个月（不能延长）
保障措施	进口产品的数量激增而挤占进口国的市场份额，并对进口国造成实质性危害	公平条件下数量猛增	加征关税、实施配额数量限制或者最终加征关税或实行关税配额	临时保障措施不超过 200 天，一般不超过 4 年，最长可延至 10 年

思考

资料：2005 年 1 月 1 日，按照中国加入世界贸易组织的进程表，美国和欧盟相继取消了对来自中国的纺织品的配额限制，但好景不长，没过多少时日，美国和欧盟就以大量的中国纺织品涌进国内市场对本国行业造成冲击为由，采取了措施，实施了救济。

讨论：请问美国和欧盟当时采取的是哪种救济措施？为什么？

任务二　熟悉我国外贸管制的主要措施

任务导入

某年 8 月，大连一家进出口贸易公司以一般贸易方式向大窑湾海关申报进口 5 台六成新的旧履带式凿地机，生产年份分别为 2012 年和 2013 年，型号为“加藤 HD832MD”“日立 ZX210H”和“日立 ZX210K”。经海关现场查验，该批申报进口的旧履带式凿地机，除工作头为破碎锤外，其余部分均与挖掘机相同，存在企业通过改装进口的嫌疑。海关将有关情况提交国家商务主管部门进行鉴定，不久，国家商务主管部门反馈的鉴定结果证实了海关的怀疑：该批货物已具备了挖掘机的主要特征。

思考：1. 企业为什么要改装？

2. 我国外贸管制中关于旧挖掘机有哪些管理规定？

相关知识

一、两用物项和技术进出口许可证管理

我国对列入《两用物项和技术进出口许可证管理目录》的商品，统一实行两用物项和技术进出口许可证管理。

两用物项和技术进出口许可证有效期一般不超过 1 年。跨年度使用时，在有效期内只能使用到次年 3 月 31 日，逾期发证机构将根据原许可证有效期换发许可证。

两用物项和技术进出口许可证的办理程序：首先进出口经营者在进出口前须获得相关行政主管部门批准文件，其次网上申领，最后现场确认，发证机构收到相关行政主管部门批准文件和相关材料（包括两用物项和技术进出口许可证申领表、企业公函或介绍信原件、领证人员有效身份证明等）并经核对无误后，应在 3 个工作日内签发两用物项和技术进出口许可证。两用物项和技术进出口许可证管理范围，如表2-6所示。

表2-6 两用物项和技术进出口许可证管理范围

进　口	出　口
监控化学品	核
易制毒化学品	核两用品
放射性同位素	导弹
—	生物
—	监控化学品
—	易制毒化学品
—	有关化学品
—	无人驾驶飞行器、飞行艇及设备等

注：“—”表示无信息，全书同。

二、密码产品和含有密码技术的设备进口许可证管理

密码技术属于国家秘密。为了加强商用密码管理，国家对密码产品和含有密码技术的设备实行限制进口管理。对于列入《密码产品和含有密码技术的设备进口管理目录》（第一批）以及虽暂未列入目录但含有密码技术的进口商品，进口前须事先向国家密码管理局申领密码进口许可证，凭以向海关办理通关手续。

但有些情形可以免予交验密码进口许可证：①加工贸易项下为复出口而进口的；②由海关监管，暂时进口后复出口的；③从境外进入保税区、出口加工区及其他海关特殊监管区域和保税监管场所的，或在海关特殊监管区域、保税监管场所之间进出的。

三、固体废物进口管理

废物进口实行目录许可证管理。属《限制进口类可用做原料的废物目录》或《自动进口许可管理类可用做原料的废物目录》的废物，须向生态环境部申领废物进口许可证。

四、关于野生动植物种进出口管理

涉及相关国际公约的申领公约证明，即列入《进出口野生动植物种商品目录》、属于《濒危野生动植物种国际贸易公约》成员国应履行保护义务的物种的进出口，须申领公约证明；未涉及国际公约，仅涉及国内法律法规的申领非公约证明，即列入《进出口野生动植物种商品目录》、属于我国自主规定管理的野生动植物及其产品的进出

口，须申领非公约证明。公约证明和非公约证明实行“一批一证”制度。

对于进出口列入《进出口野生动植物种商品目录》，适用“公约证明”“非公约证明”管理的《濒危野生动植物种国际贸易公约》附录及国家重点保护野生动植物以外的其他列入目录的野生动植物及相关货物或物品和含野生动植物成分的纺织品，均须事先申领“物种证明”。

“物种证明”分为“一次使用”和“多次使用”。一次使用的“物种证明”有效期自签发之日起不得超过 6 个月，只适用于同一物种、同一货物类型、在同一报关口岸多次进出口的野生动植物，多次使用的“物种证明”有效期截至发证当年 12 月 31 日。

五、进出口药品管理

列入《麻醉药品管制品种目录》或《精神药品管制品种目录》的，申领麻醉药品或精神药品进出口准许证。

进出口《兴奋剂目录》的蛋白同化制剂和肽类激素等，须申领进口准许证或出口准许证。进口准许证有效期 1 年，出口准许证有效期不超过 3 个月（有效期时限不跨年度）。

列入《生物制品目录》《进口药品目录》以及首次在中国境内销售的进口药品，申领进口药品通关单。

药品必须经由国务院批准的允许药品进口的口岸进口。目前，允许进口药品的口岸城市共 24 个，即北京、天津、上海、大连、青岛、成都、武汉、重庆、厦门、南京、杭州、宁波、福州、广州、深圳、珠海、海口、西安、南宁、沈阳、郑州、长沙、济南、长春。

六、美术品进出口管理

纳入我国进出口管理的美术品，是指艺术创作者以线条、色彩或者其他方式，经艺术创作者以原创方式创作的，具有审美意义的造型艺术作品，包括绘画、书法、雕塑、摄影等作品，以及艺术创作者许可并签名的、数量在 200 件以内的复制品。但注意，批量临摹的作品以及工业化批量生产的美术品、手工艺品、工艺美术产品、木雕、石雕、根雕、文物等，均不纳入美术品进行管理。

我国对美术品进出口实行专营制度，经营美术品进出口业务的企业必须是在商务部备案登记并取得进出口资质的企业。在美术品进出口前，美术品进出口单位应向美术品进出口口岸所在省、自治区、直辖市文化行政部门提出申请，文化行政部门应当自受理之日起 15 日内做出决定。

七、音像制品进口管理

进口音像制品实行许可管理制度，由国家广播电视总局批准的音像制品进口单位经营，并应在进口前报国家广播电视总局进行内容审查。进口单位不得擅自更改报送国家广播电视总局进行内容审查样片原有的名称和内容。

图书馆、音像资料馆、科研机构、学校等单位进口供研究、教学参考的音像制品成品，应当委托国家广播电视总局批准的音像制品成品进口经营单位办理进口审批手续。

国家广播电视总局自受理进口音像制品申请之日起，30 日内做出批准与否的决定。批准的，发给进口音像制品批准单；不批准的，应当说明理由。进口内容属于进口音像制品成品的，批准单当年有效；属于用于出版的音像制品的，批准单有效期限为 1 年。

八、黄金及其制品进出口管理

保税区、出口加工区及其他海关特殊监管区域和保税监管场所与境外进出及海关特殊监管区域、保税监管场所之间进出口黄金及其产品，免于办理黄金及其制品进出口准许证，海关实施监管。保税区、出口加工区及其他海关特殊监管区域和保税监管场所与境内其他地区之间进出口黄金及其产品，应办理黄金及其制品进出口准许证。

九、农药进出口管理

我国对进出口农药实行目录管理，凡进出口列入《中华人民共和国进出口农药登记证明管理名录》的农药，均应事先向农业农村部农药检定所申领农药进出口登记管理放行通知单，凭以向海关办理进出口报关手续。

对一些既可用作农药也可用作工业原料的商品，如果企业以工业原料用途进出口，则不需办理进出口农药登记证明。对此类商品，进出口通关时海关不再验核进出口农药登记证明，改凭农业农村部向进出口企业出具的非农药登记管理证明验放。

十、有毒化学品进出口管理

为了保护人民身体健康和生态环境，加强有毒化学品进出口的环境管理，国家根据《关于化学品国际贸易资料交换的伦敦准则》发布了《中国禁止或严格限制的有毒化学品名录》，对有毒化学品实行目录管理。生态环境部对符合目录管理的有毒化学品签发有毒化学品环境管理放行通知单。

十一、兽药进口管理

进口兽药实行目录管理，《进口兽药管理目录》由农业农村部会同海关总署制定、调整并公布。企业进口列入《进口兽药管理目录》的兽药，应向进口口岸所在地省级人民政府兽医行政管理部门申请办理进口兽药通关单，凭此向海关办理报关手续。进口兽药通关单实行“一单一关”制，在30日有效期内只能一次性使用。

对于人兽共用的药品，也就是说，既列入《进口药品目录》又列入《进口兽药管理目录》的药品，海关免予验核进口药品通关单。

思考

资料：湖南某地造纸厂从日本进口用作造纸原料的废纸一批，废纸于2016年9月16日在上海口岸进境，并于10月10日在宁波北仑海关办理了进口转关手续，10月13日通过转关运输运抵江西某地，造纸厂于11月1日向湖南某地海关申报进口。

(1) 下列符合国家对废物进口相关政策的叙述是（　　）。

A. 只有列入国家《限制进口类可用做原料的废物目录》或《自动进口许可管理类可用做原料的废物目录》的废物才允许进口

B. 废物进口属国家法定检验商品

C. 废物进口属国家进口许可管理商品

D. 除废纸外，进口废物不能转关运输

(2) 海关放行的通关凭证是（　　）。

A. 废物进口准许证　　B. 入境货物通关单

C. 废物进口授权书　　D. 废物进口放行通知单

(3) 下述符合废物进口许可管理相关规定的是（　　）。

A. 实行“一证一关”制　　B. 实行“一批一证”制

C. 实行“非一批一证”制　　D. 可一证使用多次，但年内使用有效

任务三　获取进出境货物监管证件

任务导入

李伟在商务部网站（www. mofcom. gov. cn）看到商务部、海关总署2007年第41号公告《对部分钢材出口实行出口许可证管理》（以下简称政策），公告内容有六条，核心内容是：决定从2007年5月20日起对83个编号目录的钢材产品实行出口许可证管理，规定只限于一般贸易出口方式的企业须向省级发证机构申请，所列钢材出口许可证实行“一批一证”管理，许可证有效期为许可证签发之日起6个月内。同时，规定外商投资企业按《货物出口许可证管理办法》的有关规定执行。

李伟所在大连滨海物资有限公司有一批钢材需要出口，他将如何获取许可证件？

对于进出口经营者来说，对外贸易管制的背后是进出口批件申领，由于一国贸易

管制往往是以“奖出限入”为导向，故尤其应对进口批件的办理引起足够重视。进口批件也非常繁杂，这里我们以进口许可证和自动进口许可证的办理为例进行讲解，其他许可证件的申领大同小异。

相关知识

一、进口许可证办理

（一）应向发证机关提交的申请材料

（1）对外贸易经营者资格证书、备案登记表或外商投资企业批准证书（年度内初次申领者提交）；

（2）进口许可证申请表；

（3）进口合同（正本复印件）；

（4）属于委托代理进口的，应提交委托代理进口协议；

（5）相关主管部门审批文件，如放射性同位素进口提供生态环境部核批的放射性同位素进口审批表；

（6）进口经营者公函（介绍信）原件；

（7）进口经营者领证人员的有效身份证明；

（8）如因异地申领等特殊情况需要委托他人申领的，被委托人应提供进口经营者出具的委托公函原件（其中应注明委托理由和被委托人身份）和被委托人的有效身份证明。

（二）申领程序

进口许可证的申领可以分为网上申领和书面申领两种方式。

1. 网上申领

（1）进口经营者在网上申领前，应先申领用于企业身份认证的电子钥匙。申请时，登录商务部配额许可证事务局网站（www. licence. org. cn），进入相关申领系统。

（2）根据当年《进口许可证管理货物目录》和《进口许可证管理货物分级发证目录》，按要求如实在线填写进口许可证申请表等资料。中华人民共和国进口许可证申请表，如图 2 -2 所示。

（3）在线查看进口许可证申请表状态，待复审通过后打印进口许可证申请表并加盖公章。

（4）持进口许可证申请表及相关材料到商务部行政事务服务中心或地方商务主管部门领取进口许可证。

<table>
<tr><td colspan="6">中华人民共和国进口许可证申请表</td></tr>
<tr><td colspan="3">1. 进口商代码：</td><td colspan="3">3. 进口许可证号：</td></tr>
<tr><td colspan="3">2. 收货人：</td><td colspan="3">4. 进口许可证有效截止日期：
年　月　日</td></tr>
<tr><td colspan="3">5. 贸易方式：</td><td colspan="3">8. 出口国（地区）：</td></tr>
<tr><td colspan="3">6. 外汇来源：</td><td colspan="3">9. 原产地国（地区）：</td></tr>
<tr><td colspan="3">7. 报关口岸：</td><td colspan="3">10. 商品用途：</td></tr>
<tr><td colspan="3">11. 商品名称：</td><td colspan="3">商品编码：</td></tr>
<tr><td>12. 规格、型号</td><td>13. 单位</td><td>14. 数量</td><td>15. 单价（币别）</td><td>16. 总值（币别）</td><td>17. 总值（折美元）</td></tr>
<tr><td></td><td></td><td></td><td></td><td></td><td></td></tr>
<tr><td></td><td></td><td></td><td></td><td></td><td></td></tr>
<tr><td></td><td></td><td></td><td></td><td></td><td></td></tr>
<tr><td></td><td></td><td></td><td></td><td></td><td></td></tr>
<tr><td>18. 总计：</td><td></td><td></td><td></td><td></td><td></td></tr>
<tr><td colspan="2" rowspan="2">19. 领证人姓名：
联系电话：
申请日期：
下次联系日期：</td><td colspan="4">20. 签证机构审批（初审）：</td></tr>
<tr><td colspan="4">终审：</td></tr>
<tr><td colspan="3">中华人民共和国商务部监制</td><td colspan="3">第一联（正本）签证机构存档</td></tr>
</table>

图 2－2　中华人民共和国进口许可证申请表

2. **书面申领**

（1）企业从商务部配额许可证事务局网站下载中华人民共和国进口许可证申请表。

（2）根据当年《进口许可证管理货物目录》和《进口许可证管理货物分级发证目录》，按要求如实填写申请表（一式两联）并加盖公章。

（3）将进口许可证申请表及相关材料递交商务部行政事务服务中心或地方商务主管部门。同时，按要求如实在线填写进口许可证申请表，保存、上报申请表电子数据。

（4）申请内容正确且形式完备的，经经办人初审、主管负责人复审后予以签发进口许可证。

二、自动进口许可证办理

（一）应向发证机关提交的申请材料

（1）进出口经营资格证书、备案登记表或外商投资企业批准证书（以上证书、文件仅限公历年度内初次申领者提交）；

（2）自动进口许可证申请表；

（3）货物进口合同（正本复印件）；

（4）属于委托代理进口的，应提交委托代理进口协议（正本复印件）；

（5）对进口货物用途或者最终用户法律法规有特殊规定的，应当提交进口货物用途或者最终用户符合国家规定的证明材料；

（6）针对不同商品应当提交的材料；

（7）商务部规定的其他应提交的材料；

（8）进口经营者公函（介绍信）原件；

（9）进口经营者领证人员的有效身份证明；

（10）如因异地申领等特殊情况需要委托他人申领的，被委托人应提供进口经营者出具的委托公函（其中应注明委托理由和被委托人身份）原件和被委托人的有效身份证明。

（二）申领程序

进口经营者可以通过网上或书面形式向相关商务主管部门提出申请。

1. 网上申领

（1）进口经营者在网上申请前，应先申领用于企业身份认证的电子钥匙。申请时登录相关网站（如商务部配额许可证事务局网站 www. licence. org. cn，中国国际招标网 http：//www. chinabidding. com），进入相关申领系统。

（2）按要求如实在线填写自动进口许可证申请表等资料，在线查看自动进口许可证申请表状态，待复审通过后打印自动进口许可证申请表并加盖公章。

（3）持自动进口许可证申请表及相关材料到商务主管部门领取自动进口许可证。

2. 书面申领

（1）进口经营者可以从商务部配额许可证事务局网站下载自动进口许可证申请表（可复印）等有关材料。

（2）按要求如实填写，与本办法规定的其他材料一并递交相关商务主管部门。

任务实施

宏发公司办理机电产品自动进口许可证

大连宏发进出口有限公司为大连清风电子科技有限公司代理进口数控冲床，业务员李伟查询2015年版《中华人民共和国海关进出口税则》，数控冲床的海关编码为8462411900，监管条件为BO，“B”代表出境货物通关单，“O”代表自动进口许可证，因此要办理自动进口许可证。

图2－3是机电产品进口自动许可证办理流程。

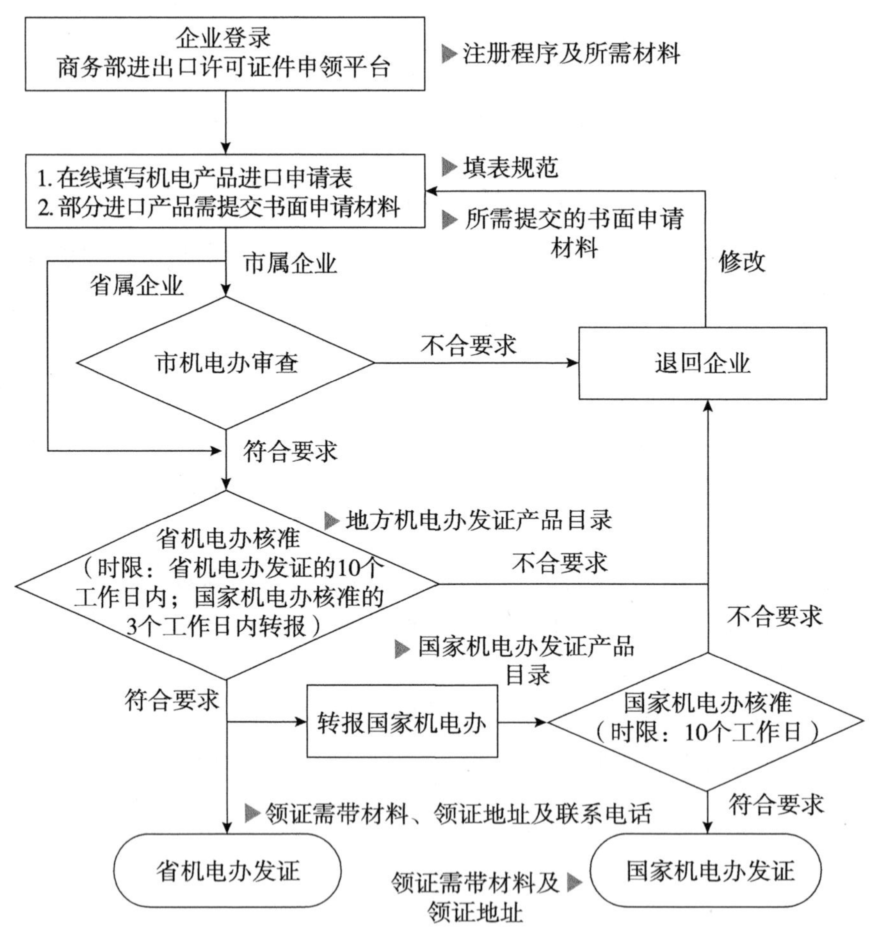

图2－3　机电产品进口自动许可证办理流程

第一步，2015年9月6日，李伟登录中国国际招标网（http：//www. chinabidding. com）进行机电产品自动进口许可证的网上申报。

第二步，李伟填写机电产品进口申请表，如图 2－4 所示。

<table>
<tr><td colspan="6">机电产品进口申请表
IMPORT APPLICATION FORM OF MECHANICAL AND ELECTRONIC PRODUCTS</td></tr>
<tr><td colspan="3">1. 进口商
Importer
大连宏发进出口有限公司</td><td colspan="3">3. 经办人（进口用户签章）
Name of operator (Stamp of consignee)
电话
Telephone</td></tr>
<tr><td colspan="3">2. 进口用户
Consignee
大连清风电子科技有限公司</td><td colspan="3">4. 进口用户所在地区（部门）
Area/Department of consignee
大连　年　月　日
Year Month Date</td></tr>
<tr><td colspan="3">5. 贸易方式
Terms of trade
一般贸易</td><td colspan="3">8. 贸易国（地区）
Country/Region of trading
日本</td></tr>
<tr><td colspan="3">6. 外汇来源
Terms of foreign exchange
银行购汇</td><td colspan="3">9. 原产地国（地区）
Country/Region of origin
日本</td></tr>
<tr><td colspan="3">7. 报关口岸
Place of clearance
大连大窑湾海关</td><td colspan="3">10. 商品用途
Use of goods
自用</td></tr>
<tr><td colspan="6">A. 项目类型：☐基建项目　☑技改项目　☐其他项目　项目行业：电子及通信设备制造业</td></tr>
<tr><td colspan="2">11. 商品名称
Description of goods
数控冲床</td><td colspan="2">商品编码（H. S.）
Code of goods
8462411900</td><td colspan="2">设备状态
Status of equipment
新</td></tr>
<tr><td>12. 规格、型号
Specification</td><td>13. 单位
Unit</td><td>14. 数量
Quantity</td><td>15. 单价（　）
Unit Price</td><td>16. 总值（　）
Amount</td><td>17. 总值折美元
Amount in USD</td></tr>
<tr><td>Mate－3（GX－80B）</td><td>台</td><td>1</td><td>11000000</td><td>11000000</td><td>93394</td></tr>
<tr><td>ANEX－30（GX－40B）</td><td>台</td><td>1</td><td>16000000</td><td>16000000</td><td>135846</td></tr>
<tr><td>18. 总计
Total</td><td>台</td><td>2</td><td></td><td>27000000</td><td>229240</td></tr>
<tr><td colspan="3" rowspan="2">19. 备注
Supplementary details</td><td colspan="3">进口用户所在地区（部门）意见：（签章）
Area/Department of Consignee's Notion (Stamp)</td></tr>
<tr><td colspan="3">受理日期
Date</td></tr>
</table>

图 2－4　机电产品进口申请表

第三步，李伟申领自动进口许可证。

2015 年 10 月 9 日，经大连市机电办、辽宁省机电办和国家机电办同意，李伟打印机电产品进口申请表，打印表的上方标出在何时到何地领取何号码的自动进口许可证。

大连宏发进出口有限公司在规定的时间携带机电产品进口申请表盖章原件、外贸合同复印件、营业执照副本以及有关材料向商务部机电司领取机电产品自动进口许可证。

中华人民共和国自动进口许可证，如图 2 -5 所示。

中华人民共和国自动进口许可证	
1. 进口商 Importer 大连宏发进出口有限公司	3. 自动进口许可证 Automatic import licence No. 0660128999
2. 进口用户 Consignee 大连清风电子科技有限公司	4. 自动进口许可证有效截止日期 Automatic import licence expiry date 2016 年 10 月 15 日
5. 贸易方式 Terms of trade 一般贸易	8. 贸易国（地区） Country/Region of trading 日本
6. 外汇来源 Terms of foreign exchange 银行购汇	9. 原产地国（地区） Country/Region of origin 日本
7. 报关口岸 Place of clearance 大连大窑湾海关	10. 商品用途 Use of goods 自用

11. 商品名称 Description of goods 数控冲床	商品编码（H. S. ） Code of goods 8462411900	商品状态 Status of goods 新

12. 规格、型号 Specification	13. 单位 Unit	14. 数量 Quantity	15. 单价（ ） Unit Price	16. 总值（ ） Amount	17. 总值折美元 Amount in USD
Mate -3（GX -80B）	台	1	11000000	11000000	93394
ANEX -30（GX -40B）	台	1	16000000	16000000	135846
18. 总计 Total	台	2		27000000	229240

19. 备注 Supplementary details	20. 发证机关签章 Issuing authority's stamp & signature
	21. 发证日期 License date 2015 年 10 月 15 日

图 2 -5 中华人民共和国自动进口许可证

同步训练

一、单选题

1. 进口许可证有效期为（　　），当年有效，特殊情况需要跨年度使用时，有效期最长不超过次年（　　），逾期自行失效。

A. 6 个月；2 月底　　B. 6 个月；3 月 31 日
C. 1 年；2 月底　　D. 1 年；3 月 31 日

2. 以下哪项不是实行国有贸易管理的商品？（　　）

A. 玉米　　B. 羊毛　　C. 大米　　D. 棉花

3. 下列哪个产品是禁止进出口的货物？（　　）

A. 旧汽车　　B. 原料血浆　　C. 莱克多巴胺　　D. 劳改产品

4. 限制进口管理方式中，针对进口配额许可证管理的商品是（　　）。

A. 两用物项和技术进口　　B. 消耗臭氧层物质
C. 棉花　　D. 羊毛

5. 向中国出口可用作原料的固体废物的国外供货商，应当取得（　　）颁发的注册登记证书。

A. 海关总署　　B. 国家市场监督管理总局
C. 商务主管部门　　D. 生态环境部

6. 下列列入《麻醉药品管制品种目录》的药品是（　　）。

A. 咖啡因　　B. 去氧麻黄碱　　C. 复方甘草片　　D. 可卡因

7. 进口兽药通关单实行一单一关制，在（　　）有效期内只能一次性使用。

A. 15 日　　B. 30 日　　C. 45 日　　D. 60 日

8. 自动进口许可证的有效期为（　　）。

A. 3 个月　　B. 6 个月　　C. 9 个月　　D. 12 个月

9. 进口音像制品属于用于出版的音像制品的，批准单有效期为（　　）。

A. 3 个月　　B. 6 个月　　C. 9 个月　　D. 1 年

10. 出口许可证的有效期最长不得超过（　　），且有效期截止时间不得超过当年的 12 月 31 日。

A. 3 个月　　B. 6 个月　　C. 9 个月　　D. 12 个月

二、多选题

1. 对外贸易管制的目的主要体现为（　　）。

A. 保护本国经济利益　　B. 发展本国的经济
C. 推行本国的外交政策　　D. 行使国家职能

2. 对外贸易管制的基本框架与法律体系包括（　　）。

A. 法律　B. 行政法规　C. 部门规章　D. 国际公约

3. 目前，我国实行国有贸易管理的商品主要包括（　）。

A. 玉米　B. 原油　C. 食用油　D. 白银

4. 下列属于法律、法规明令禁止或停止进口的货物的有（　）。

A. 四氯化碳　B. 长纤维青石棉　C. 氯丹　D. 氯酸钾

5. 下列属于列入《禁止进口商品目录》的货物的有（　）。

A. 旧医疗设备　B. 废药物　C. 旧服装　D. 土壤

6. 下列属于列入《禁止出口货物目录》的货物的有（　）。

A. 发菜　B. 麻黄草　C. 劳改产品　D. 原料血浆

7. 商品检验机构实施进出口商品检验的内容包括（　）。

A. 规格　B. 数量　C. 包装　D. 安全卫生

8. 根据《进出口商品检验法》及其实施条例的规定，我国商品检验的种类包括（　）。

A. 法定检验　B. 合同检验　C. 公证鉴定　D. 委托检验

9. 口岸出入境检验检疫机构实施动植物检疫监督管理的方式有（　）。

A. 进境检疫　B. 出境检疫

C. 过境检疫　D. 出入境运输工具检疫

10. 临时反倾销措施可采取的形式包括（　）。

A. 征收临时反倾销税

B. 提供现金保证金、保函或其他形式的担保

C. 数量限制

D. 提高关税

三、判断题

1. 反倾销、反补贴针对的是价格歧视，保障措施针对的是进口产品激增的情况。（　）

2. 进出口许可证管理属于国家限制进出口管理范畴，分为进口许可证管理和出口许可证管理。（　）

3. 消耗臭氧层物质的进出口许可证实行“非一批一证”制。（　）

4. “物种证明”分为“一次使用”和“多次使用”。（　）

5. 我国货物贸易外汇管理的国家主管部门为国家外汇管理局。（　）

能力提升

2008 年 11 月，大连佳航国际货运代理有限公司报关部收到了大连市惠诚贸易有限公司（以下简称惠诚公司）出口一批 20 吨镀锌铁质钢丝（商品编码 7217200000）的

报关委托，预计出口时间为2008年11月底。张经理记得2007年国家对部分钢材产品出口实行了出口许可证管理，镀锌铁质钢丝是否在管理范围内呢？他要求王明查证一下，如果确实属于管理范围内的货物，请惠诚公司提供相关的许可证件，并预审该证件表面内容是否与其他报关单证的内容和数据相符。

王明的工作任务包括：

任务一：查明实行出口许可证管理的部分钢材包不包括镀锌铁质钢丝。

任务二：找到镀锌铁质钢丝对应的监管条件，查看除了出口许可证可能需要的其他监管证件。

任务三：预审该证件表面内容是否与其他报关单证的内容和数据相符。

模块三　一般进出口货物报关

学习目标

▲ 知识目标

1. 掌握海关监管货物的含义及分类；
2. 掌握进出口货物报关的基本程序；
3. 了解我国电子报关和电子口岸的发展及应用；
4. 掌握一般进出口货物概念、范围及监管特征。

▲ 技能目标

1. 能够为一般进出口货物报关进行流程设计；
2. 能够根据进出口货物报关要点细化流程设计。

任务一　认知海关监管货物

任务导入

天津北方国际货运代理公司为高级认证企业，以工作规范、高效赢得了更多的客户，其最近接受了几笔进口报关委托：①北京国际汽车展览会上德国展出的奔驰汽车；②天津某企业进口的日本产电子产品；③北京某合资企业在投资总额内进口两台原产于马来西亚的五轴联运加工中心（结构龙门式）；④秦皇岛某公司进口一批纱料，用于加工成品出口。业务经理秦伟从中选择“一般贸易”的报关委托，准备让新进报关员张琳熟悉一般进出口货物报关的操作流程。

思考：业务经理秦伟选择的是哪笔报关委托？

相关知识

海关对不同性质的进出境货物实施不同的监管，并分别建立相应的海关监管制度。

进出口货物收发货人或其代理人需要根据不同的海关监管货物类别，办理相关的报关手续。

一、海关监管货物定义

海关监管货物，是指一切尚未办结海关进出境手续或已向海关办结出口申报手续但还未装运出境的，仍处于海关监管下的进出境货物。

二、海关监管货物的分类

根据货物进出境目的的不同，海关监管货物可以分成五大类。

（1）一般进出口货物是指办结海关进出境手续后进入国内或境外生产、消费领域流通的进出境货物。

（2）保税货物是经海关批准暂缓纳税进境，在境内储存、加工、装配后复运出境的货物。保税货物有以下两种形式：保税物流货物、保税加工货物。

（3）特定减免税货物是用于特定地区、特定企业、特定用途的依法减免税进境货物。

（4）暂准进出境货物是经海关批准后凭担保进出境，使用后原状复运出/进境的货物。

（5）其他进出境货物是过境、转运、通运货物由境外启运，无论是否换装运输工具，然后经我国境内陆路、水路或航空继续运往境外的货物，以及其他尚未办结海关手续的进出境货物。

三、报关程序

报关程序是指进出口货物收发货人、运输工具负责人、物品所有人或其代理人按照海关的规定，办理货物、运输工具、物品进出境及相关海关事务的手续和步骤。

从海关对进出境货物进行监管的全过程来看，报关程序按时间先后可以分为三个阶段，即前期阶段、进出境阶段和后续阶段。各种贸易形式的报关阶段如表 3 - 1 所示。

（一）前期阶段

前期阶段是指进出口货物收发货人或其代理人根据海关对进出境货物的监管要求，在货物进出口之前向海关办理备案手续的过程。

（1）保税加工货物进口之前，进口货物收货人或其代理人办理加工贸易备案手续，申请建立加工贸易电子账册、电子化手册或者申领加工贸易纸质手册。

（2）特定减免税货物进口之前，进口货物收货人或其代理人办理货物的减免税备案和审批手续，申领减免税证明。

表 3－1　　各种贸易形式的报关阶段

<table>
<tr><th>报关阶段
货物的类别</th><th>前期阶段（进出境前需办理的相关海关手续）</th><th>进出境阶段（进出境申报时需要实际办理的海关手续）</th><th>后续阶段（进出境后需继续办理海关手续，才能结关）</th></tr>
<tr><td>一般进出口货物</td><td>—</td><td rowspan="6">1. 进出口申报（海关决定是否受理申报）
2. 配合查验（海关决定是否查验、查验的形式和查验方法）
3. 缴纳税费（海关决定征、减、缓、免税费等）
4. 提取或装运货物（海关签印放行后）</td><td>放行即结关</td></tr>
<tr><td>保税加工货物</td><td>加工贸易合同或经营范围等备案；申领纸质、电子化手册或电子账册</td><td>各类手册核销</td></tr>
<tr><td>保税物流货物</td><td>申请核准进入</td><td>运离结关</td></tr>
<tr><td>特定减免税货物</td><td>申领减免税证明</td><td>解除海关监管</td></tr>
<tr><td>暂准进出境货物</td><td>展览品进出境备案等</td><td>销案退保</td></tr>
<tr><td>其他进出境货物（以出料加工货物为例）</td><td>出料加工备案</td><td>销案退保</td></tr>
</table>

（3）暂准进出境货物在进出口之前，其收发货人或其代理人办理货物暂准进出境备案申请手续。

（4）其他进出境货物中的加工贸易不作价设备进口之前，进口货物收货人或其代理人办理加工贸易不作价设备的备案手续；出料加工货物出口之前，出口货物发货人或其代理人办理出料加工的备案手续。

（二）进出境阶段

进出境阶段是指进出口货物收发货人或其代理人根据海关对进出境货物的监管要求，在货物进出境时向海关办理进出口申报、配合查验、缴纳税费、提取或装运货物手续的过程。

（三）后续阶段

后续阶段是指进出口货物收发货人或其代理人根据海关对进出境货物的监管要求，在货物进出境储存、加工、装配、使用、维修后，在规定的期限内，按照规定的要求，向海关办理上述进出口货物核销、销案、申请解除监管等手续的过程。

（1）保税加工货物，进口货物收货人或其代理人办理申请核销的手续。

（2）特定减免税货物，进口货物收货人或其代理人在海关监管期满，或者在海关监管期内经海关批准出售、转让、退运、放弃并办妥有关手续后，向海关申请办理解除海关监管的手续。

（3）暂准进境货物，收货人或其代理人在暂准进境规定期限内，或者在经海关批准延长暂准进境期限到期前，办理复运出境手续或正式进口手续，然后申请办理销案手续；暂准出境货物，发货人或其代理人在暂准出境规定期限内，或者在经海关批准延长暂准出境期限到期前，办理复运进境手续或正式出口手续，然后申请办理销案手续。

（4）其他进出境货物中的加工贸易不作价设备、外包进口货物、出料加工货物、修理货物、部分租赁货物等，进出口货物收发货人或其代理人在规定的期限内办理销案手续。

四、电子通关系统

电子通关是指进出口货物收发货人或其代理人通过计算机系统，按照《中华人民共和国海关进出口货物报关单填制规范》的有关要求，向海关传送报关单电子数据，并备齐随附单证的申报方式。

《海关法》规定，办理进出口货物的海关申报手续，应当采用纸质报关单和电子数据报关单形式。这一规定确定了电子通关的法律地位，使电子数据报关单和纸质报关单具有同等的法律效力。

我国海关已经在进出境货物通关作业中全面使用计算机进行信息化管理，我国的电子通关系统主要包括海关 H2000 通关系统、海关 QP 系统和中国电子口岸系统。

1. 海关 H2000 通关系统

海关 H2000 通关系统是全国统一的海关信息作业平台，不但提高了海关管理的整体效能，而且使进出口企业享受到简化报关手续的便利。进出口企业可以在其办公场所办理加工贸易登记备案、特定减免税证明申领、进出境报关等各种手续。

2. 海关 QP 系统

海关 QP（Quick Pass）系统是由中国电子口岸数据中心开发维护，为进出口企业提供相关预录入服务的业务系统，主要功能包括报关单等的预录入、申报和打印。海关 QP 系统一般装在报关单位计算机上，与 H2000 系统配合使用，可以使报关单的录入、申报和打印更加快捷和方便，进一步提高了 H2000 系统的使用效率。

3. 中国电子口岸系统

中国电子口岸系统是将与进出口贸易管理有关的政府机关分别管理的进出口业务信息电子底账数据集中存入公共数据中心，为管理部门提供跨部门、跨行业联网数据核查服务，为企业提供网上办理进出口业务的国家信息系统。中国电子口岸客户端 QP 预录入系统界面如图 3－1 所示。

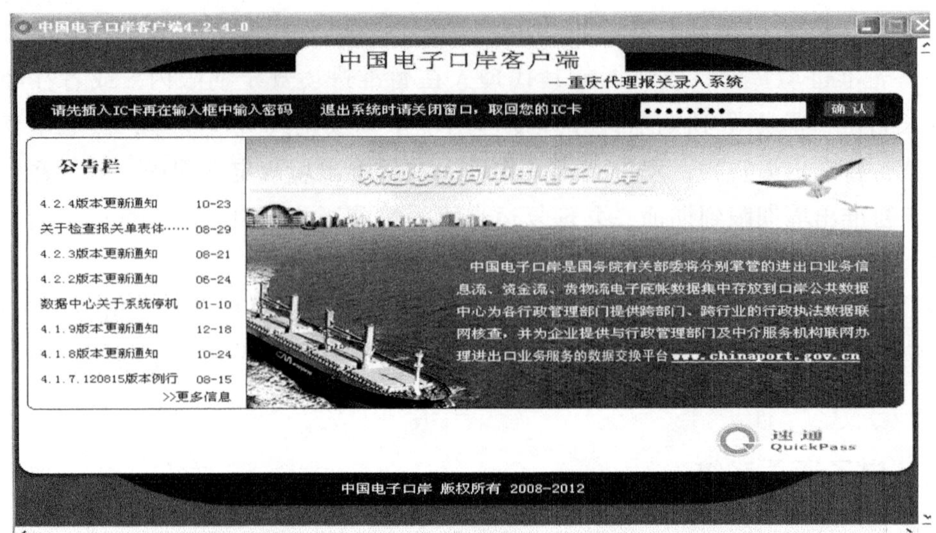

图 3-1　中国电子口岸客户端 QP 预录入系统界面

任务二　熟悉一般进出口货物的报关程序

任务导入

张硕是天津佳明航国际货运代理有限公司新招的报关员，报关经理刘飞告知张硕有两票货物需要他去报关，业务的大概情况如下：

北京宏润有限公司于2016年8月从天津新港进口一批智能机器人，运载该批货物的运输工具于2016年8月20日申报进境；另有一批液晶显示器出口到印度，预计装船时间为8月25日。该公司委托天津佳明航国际货运代理有限公司全权办理该批货物的报关手续。

思考：两票货物分别属于哪类报关货物？其报关程序应怎样设计？

相关知识

一、一般进出口货物的定义

一般进出口货物是一般进口货物和一般出口货物的合称，是指在进出口环节缴纳了应征的进出口税费并办结了所有必要的海关手续，海关放行后不再进行监管，可以直接进入生产和流通领域的进出口货物。

一般进出口货物报关程序没有前期阶段和后续阶段，其由四个环节组成，即进出口申报、配合检验、缴纳税费、提取或装运货物。

延伸阅读

一般进出口货物与一般贸易货物的区别

一般进出口货物与一般贸易货物是有很大区别的。一般进出口货物是指按照海关一般进出口监管制度监管的进出口货物。一般进出口货物是按监管制度来说的，监管关心的是征税，一般进出口货物的一个显著特征就是在进出境环节征税；一般贸易货物是按贸易方式来说的，贸易方式关心的不是税而是汇，即外汇的结算，不管是否征税都要结汇。

一般贸易是指中国境内有进出口经营权的企业单边进口或单边出口的贸易。一般贸易货物在进口时可按一般进出口监管制度办理海关手续；也可享受特定减免税优惠，按特定减免税监管制度办理海关手续；还可经海关批准保税，按保税监管制度办理海关手续。但是，只有按一般进出口监管制度办理海关手续的一般贸易货物才是一般进出口货物。

二、一般进出口货物的特征

一般进出口货物具有以下三个特征：

1. 进出境时缴纳进出口税费

一般进出口货物的收发货人应当按照《海关法》和其他有关法律、行政法规的规定，在货物进出境时向海关缴纳应当缴纳的税费。

2. 进出口时提交相关的许可证件

进出口货物应受国家法律、行政法规管制的，进出口货物收发货人或其代理人应当向海关提交相关的进出口许可证件。

3. 海关放行即办结了海关手续

海关征收了全额的税费，审核了相关的进出口许可证件，并对货物进行实际查验（或做不予查验的决定）以后，按规定签章放行。这时，进出口货物收发货人或其代理人才能办理提取进口货物或者装运出口货物的手续。

对一般进出口货物来说，海关放行就意味着海关手续已经全部办结，海关不再监管，可以直接进入生产和消费领域流通。

中国海关网上服务大厅如图 3－2 所示。

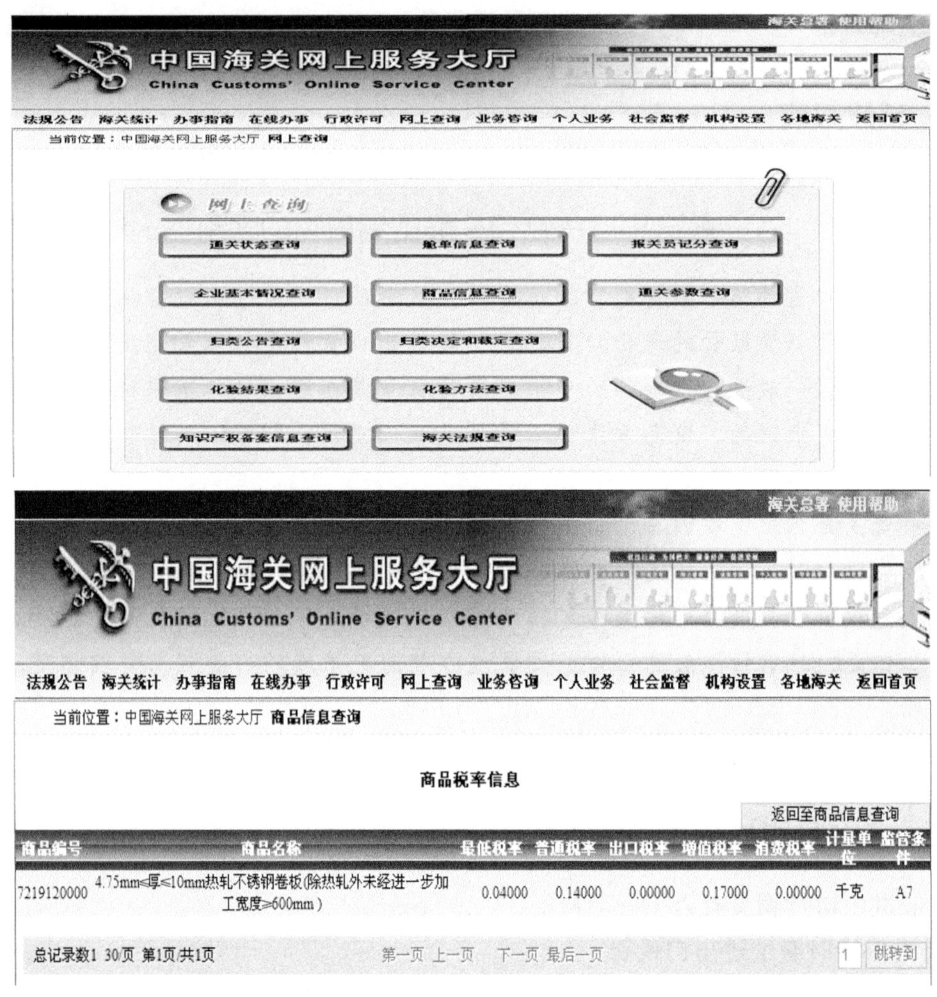

图 3－2　中国海关网上服务大厅

三、一般进出口货物的范围

一般进出口货物适用于除特定减免税货物以外的实际进出口货物。具体而言，它包括如下范围：

（1）一般贸易进出口货物；

（2）转为实际进口的保税货物、暂准进境货物，转为实际出口的暂准出境货物；

（3）易货贸易、补偿贸易进出口货物；

（4）不批准保税的寄售代销贸易货物；

（5）承包工程项目实际进出口货物；

（6）外国驻华商业机构进出口陈列用的样品；

（7）外国旅游者小批量订货出口的商品；

（8）随展览品进境的小卖品；

(9) 外方免费提供的进口货物。例如，外商在经济贸易活动中赠送的进口货物，外商在经济贸易活动中免费提供的试车材料等，我国在境外的企业、机构向国内单位赠送的进口货物。

思考

资料：有这样四种货物：新加坡客商免费提供一套机器设备给温州某企业用作来料加工；某公司经批准以易货贸易方式进口一批货物在境内出售；天津东疆保税港区批准出售一批天然橡胶给烟台汽车轮胎厂；某加工贸易企业经批准从日本进口一套机器设备用于加工产品出口。

讨论：上述哪种货物适用一般进出口通关制度？为什么？

四、一般进出口货物报关程序

（一）进出口申报

申报是进出口货物收发货人、受委托的报关企业依照《海关法》以及有关法律、行政法规的要求，在规定的期限、地点采用电子数据报关单和纸质报关单形式，向海关报告实际进出口货物的情况并接受海关审核的行为。《海关法》规定，进口货物的收货人、出口货物的发货人应当向海关如实申报，交验进出口许可证件等有关单证。国家限制进出口的货物，没有进出口许可证件的，不予放行。

为进出口货物收发货人、受委托的报关企业办理申报手续的人员，应当是在海关备案的报关人员。

1. 申报前的准备工作

企业申报前的准备工作主要有以下几个方面：

(1) 不能自行办理报关的企业须办理报关委托，即与报关企业签订委托书，即代理报关委托书。

(2) 准备报关单证，包括基本单证、特殊单证、预备单证。

(3) 填制报关单及其他报关单证。

(4) 报关单预录入。报关单预录入是指在实行报关自动化系统处理进出口货物报关单的海关，报关单位或报关人将报关单上申报的数据、内容录入计算机，并将数据、内容传送到海关报关自动化系统的工作。

(5) 申报前查看货样。按照《海关法》的规定，进口货物收货人可以在申报前向海关要求查看货物或者提取货样。这主要是因为境外发货人传递信息资料的问题，造成境内收货人单证不清，无法准确掌握货物的实际情况，为如实申报，收货人可向海关申请先看货取样，然后再办理报关手续。海关接受申请后，会派人员到场监管，或提取货样。

QP 系统报关单预录入界面如图 3－3 所示，QP 系统报关单已审结界面如图 3－4 所示。

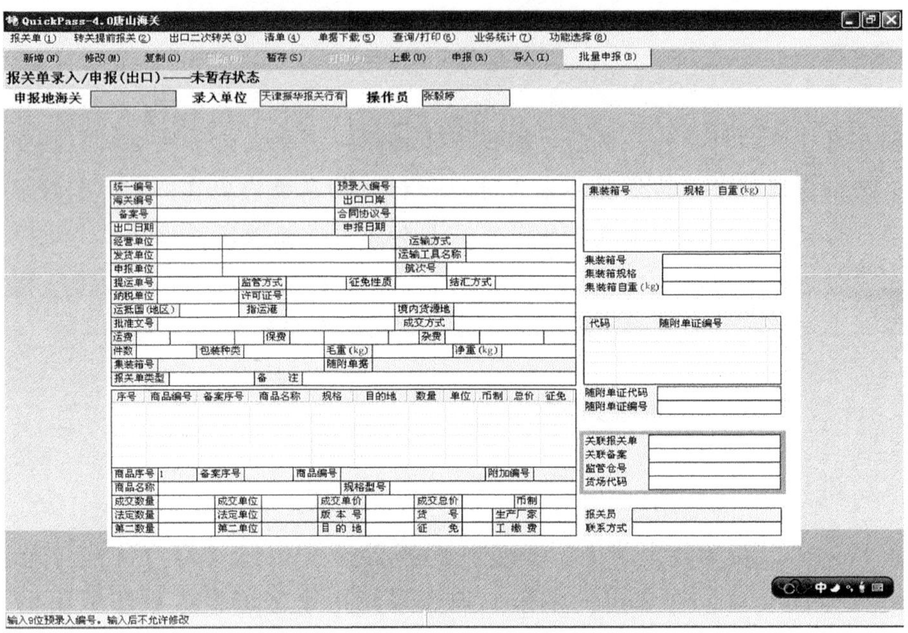

图 3－3　QP 系统报关单预录入界面

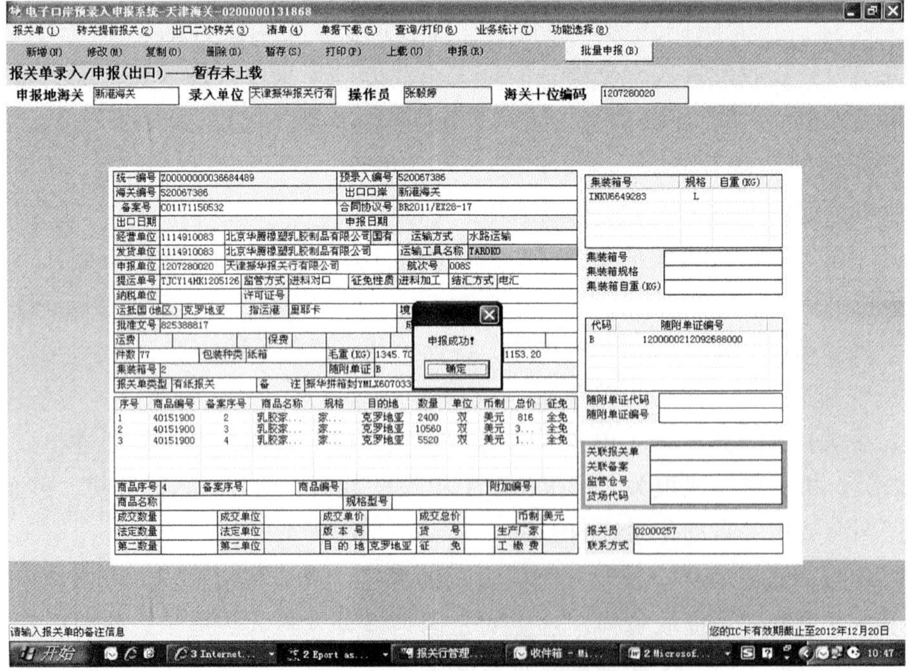

图 3－4　QP 系统报关单已审结界面

2. **申报地点**

进口货物应当由收货人或其代理人在货物的进境地海关申报，出口货物应当由发货人或其代理人在货物的出境地海关申报。

经收发货人申请，海关同意，进口货物收货人或其代理人可以在设有海关的货物指运地申报，出口货物发货人或其代理人可以在设有海关的货物启运地申报。

以保税货物、特定减免税货物和暂准进境货物申报进境的货物，因故改变使用目的及货物性质转为一般进口时，进口货物的收货人或其代理人，应当在货物所在地的主管海关申报。

3. **申报日期**

申报日期是指申报数据被海关接受的日期，无论以电子数据报关单方式申报还是以纸质报关单方式申报，海关接受申报数据的日期即申报日期。

采用先电子数据报关单申报后提交纸质报关单的，或者仅以电子数据报关单方式申报的，申报日期为海关计算机系统接受申报数据时记录的日期，该日期将反馈给原数据发送单位，或公布于海关业务现场，或通过公共信息系统发布。

先纸质报关单申报后补报电子数据的，或只提供纸质报关单申报的，海关工作人员在报关单上做登记处理的日期即海关接受申报的日期。

4. **申报期限和滞报金**

（1）进口货物的申报期限为自装载货物的运输工具申报进境之日起 14 日内。申报期限的最后一天是法定节假日或休息日的，顺延至法定节假日或休息日后的第一个工作日。

（2）出口货物的申报期限为货物运抵海关监管区后、装货的 24 小时以前。

（3）特殊货物，经电缆、管道或其他特殊方式进出境的货物，进出口货物收发货人或其代理人按照海关的规定定期申报。

（4）进口转关运输货物，运载进口货物的运输工具进境之日起 14 天内申报；货物运抵指运地之日起 14 天内申报。

（5）经海关批准允许集中申报的进口货物，在运输工具申报进境之日起一个月内办理申报。

（6）进口货物自装载货物的运输工具申报进境之日起超过 3 个月仍未向海关申报的，货物由海关提取，依法变卖处理。申报人要发还余款的，先扣除相关费用，例如，仓储费、搬运费、滞报金等。

（7）对不宜长期保存的货物，海关可以根据实际情况提前处理。

（8）进口货物自进口之日起在 3 个月内未在申报期限内申报的为超期申报，应按日计征滞报金。

计征起始日为运输工具申报进境之日起第 15 日，截止日为海关接受申报之日，起始日和截止日均计入滞报期。滞报金天数计算如表 3 – 2 所示。滞报金的计征起始日如遇法定节假日，则顺延至其后第一个工作日。滞报金的日征收金额为进口货物完税价格的0.5‰，以人民币“元”为计征单位，不足人民币1元的部分免予计收。滞报金的起征点为人民币50元。因不可抗力等特殊情况产生滞报的可申请减免滞报金。

征收滞报金的计算公式为：

$$\text{滞报金额} = \text{进口货物完税价格} \times 0.5‰ \times \text{滞报天数}$$

表3－2　　滞报金天数计算

滞报原因	起始日	截止日
超过规定期限向海关申报产生滞报	运输工具申报进境之日起第15日	海关接受申报之日
电子申报后未在规定期限提交纸质报关单，海关撤单后重报产生滞报	运输工具申报进境之日起第15日	海关重新接受申报之日
经海关批准撤单后重新申报产生滞报	撤销原电子报关单之日起第15日	海关重新接受申报之日
收货人申请发还被海关依法变卖掉的超期3个月未报货物之余款	运输工具申报进境之日起第15日	该3个月期限的最后一日

思考

资料：重庆某公司以150美元/千克CIF（Cost，Insurance and Freight，即成本加保险费加运费）从德国进口某种货物1500千克，该批货物由德国法兰克福的机场起运，3月13日运至上海浦东国际机场，15日转机运至重庆。该公司4月3日去重庆海关申报。中国银行的外汇折算价为1美元＝6.8137元人民币。

讨论：该公司是否应该缴纳滞报金？如果需要缴纳，应缴纳多少？

5. **申报步骤**

进口货物的收货人或代理人在得到有关货物即将到达港口、机场、车站或邮局的通知后，或者出口货物的发货人或其代理人在备齐货物后，就可向海关申报。申报步骤具体包括办理报关委托、准备材料、看货取样、向海关申报、海关审单和提交纸质单证。

（1）办理报关委托

不能自行办理报关的企业须办理报关委托，与报关企业签订委托书，即代理报关委托书。代理报关委托书如图3－5所示。

（2）准备材料

准备材料是整个报关工作能否顺利进行的关键一步。申报单证可以分为主要单证和随附单证两大类，其中随附单证包括基本单证、特殊单证。

代理报关委托书

编号：

我单位（A. 逐票、B. 长期）委托贵公司代理________等通关事宜。（A. 填单申报√ B. 辅助查验 C. 垫缴税款 D. 办理海关证明联 E. 审批手册 F. 核销手册 G. 申办减免税手续 H. 其他）详见《委托报关协议》。

我单位保证遵守《海关法》和国家有关法规，保证所提供的情况真实、完整、单货相符，无侵犯他人知识产权的行为。否则，愿承担相关法律责任。

本委托书有效期自签字之日起至　　年　月　日止。

委托方（盖章）：

法定代表人或其授权签署代理报关委托书的人（签字）：

年　月　日

委托报关协议

为明确委托报关具体事项和各自责任，双方经平等协商签订协议如下：

委托方		被委托方		
主要货物名称		＊报关单编号		
H. S. 编码		收到单证日期	年　月　日	
货物总价		收到单证情况	合同□	发票□
进出口日期			装箱清单□	提（原）单号□
提单号			加工贸易手册□	许可证□
贸易方式			其他□	
原产地/货源地		报关收费	人民币：　　元	
其他要求：		承诺说明：		
背面所列通用条款是本协议不可分割的一部分，对本协议的签署构成了对背面通用条款的同意		背面所列通用条款是本协议不可分割的一部分，对本协议的签署构成了对背面通用条款的同意		
委托方业务签章： 经办人签章： 联系电话：　　年　月　日		被委托方业务签章： 经办报关员签章： 联系电话：　　年　月　日		

（白联：海关留存；黄联：被委托方留存；红联：委托方留存）　　中国报关协会监制

图3－5　代理报关委托书

①主要单证：报关单。报关员按照海关规定模式填制的申报单，包括进出口货物报关单和带有进出口货物报关单性质的单证。

②随附单证：随附单证分类如表3-3所示。

表3-3　随附单证分类

序号	单证种类	包括单证
1	基本单证	进口提货单据、出口装货单据、商业发票、装箱单等
2	特殊单证	进出口许可证、加工贸易登记手册、特定减免税证明、原产地证明书、出口收汇核销单等

准备材料的基本原则：基本单证、特殊单证必须齐全、有效、合法；报关单填制必须真实、准确、完整；报关单与随附单证数据必须一致。

（3）看货取样

进口货物收货人在向海关申报前，为了确定货物的品名、规格、型号等，可以向海关提出查看货物或者提取货样的书面申请。海关审核同意的，派相关人员到场监管。

涉及动植物及其产品和其他须依法提供检疫证明的货物，如需提取货样，应当按照国家的有关法律规定，事先取得主管部门签发的书面批准证明。提取货样后，到场监管的海关工作人员与进口货物的收货人在海关开具的取样记录和取样清单上签字确认。

（4）向海关申报

①电子申报。进出口货物收发货人或其代理人可以选择终端申报方式、委托EDI（电子数据交换）方式、自行EDI方式、网上申报方式4种电子申报方式中适用的一种，将报关单内容录入海关电子计算机系统，生成电子数据报关单，并将数据、内容传送到海关报关自动化系统，即H2000系统。

②纸质申报。进出口货物收发货人或其代理人，应当自接到海关“现场交单”或“放行交单”信息之日起10日内，持打印的纸质报关单，备齐规定的随附单证并签名盖章，到货物所在地海关提交书面单证，办理相关海关手续。

③修改申报内容或撤销申报。海关接受进出口货物申报后，电子数据和纸质的进出口货物报关单不得修改或者撤销；确有正当理由的，经海关审核批准，可以修改或撤销。

申报的修改或撤销包括进出口货物收发货人或其代理人申请修改或撤销和根据海关要求对进出口货物报关单进行修改或撤销两种情况。

进出口货物收发货人或其代理人确有如下正当理由的，可以向原接受申报的海关申请修改或者撤销进出口货物报关单：

第一，由于报关人员操作或书写失误造成所申报的报关单内容有误，并且未发现有走私违规或者其他违法嫌疑的；第二，出口货物放行后，由于装运、配载等原因造成原申报货物部分或全部退关、变更运输工具的；第三，进出口货物在装载、运输、存储过程中因溢短装、不可抗力的灭失、短损等造成原申报数据与实际货物不符的；第四，根据贸易惯例先行采用暂时价格成交、实际结算时按商检品质认定或国际市场实际价格，付款方式需要修改申报内容的；第五，由于计算机、网络系统等方面的原因导致电子数据申报错误的；第六，其他特殊情况经海关核准同意的。

海关已经决定布控、查验的，以及涉及有关案件的进出口货物的报关单，在办结前不得修改或撤销。

进出口货物收发货人或其代理人申请修改或者撤销进出口货物报关单的，应当向海关提交进出口货物报关单修改/撤销申请表，并应随附相关单证。进出口货物报关单修改/撤销申请表如图 3 –6 所示。

<table>
<tr><td colspan="4">进出口货物报关单修改/撤销申请表
编号：××海关〔××××年〕××××号</td></tr>
<tr><td>报关单编号</td><td colspan="3"></td></tr>
<tr><td>报关单类别</td><td>□进口　□出口</td><td>经营单位名称</td><td></td></tr>
<tr><td>申请事项</td><td>□修改　□撤销</td><td>报关单位名称</td><td></td></tr>
<tr><td colspan="4">修改内容</td></tr>
<tr><td>报关单数据项</td><td>原填报内容</td><td>应填报内容</td><td>核查情况（海关填写）</td></tr>
<tr><td></td><td></td><td></td><td></td></tr>
<tr><td></td><td></td><td></td><td></td></tr>
<tr><td colspan="4">随附单证名称：</td></tr>
<tr><td colspan="4">修改或撤销原因：

兹声明以上申请内容无讹，如有虚报，愿承担法律责任。

申请单位（公章）：　　申请人签字：　　申请日期：</td></tr>
<tr><td colspan="4">海关审核：
海关签章：　　　　　　　　日期：</td></tr>
</table>

图 3 –6　进出口货物报关单修改/撤销申请表

海关发现进出口货物报关单需要进行修改或者撤销，但进出口货物收发货人或者其代理人未提出申请的，海关应当通知进出口货物的收发货人或者其代理人。进出口货物收发货人或者其代理人应当填写进出口货物报关单修改/撤销确认书，对进出口货物报关单修改或者撤销的内容进行确认，确认后海关完成对进出口货物报关单的修改或者撤销。

（5）海关审单

海关对申报上来的电子数据报关单相关栏进行审核，审核通过后，通知申报人在收到通知之日起10日内提交纸质报关单及其他相关材料。海关集中审单流程如图3－7所示。

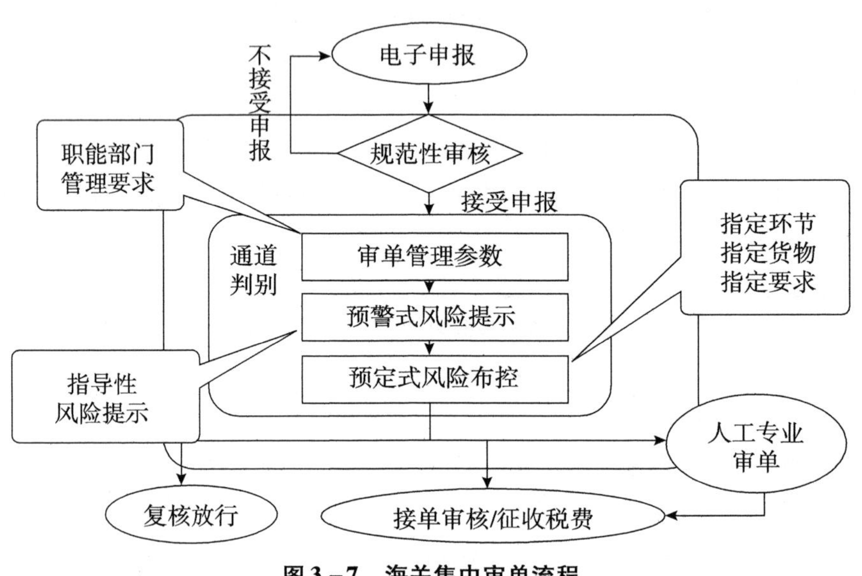

图3－7 海关集中审单流程

（6）提交纸质单证

海关审结电子数据报关单后，进出口货物收发货人或其代理人应当自接到海关“现场交单”或“放行交单”通知之日起10日内，持打印的纸质报关单，备齐规定的随附单证并签名盖章，到货物所在地海关提交书面单证，办理相关海关手续。

（二）配合查验

海关查验是指海关为确定进出境货物收发货人向海关申报的内容是否与进出口货物的真实情况相符，或者为确定商品的归类、价格、原产地等，依法对进出口货物进行实际核查的执法行为。

查验是国家赋予海关的一种依法行政的权力，进出口货物除海关总署特准可以免验的以外，都应接受海关的查验。

查验应在海关监管区内实施，不宜在监管区内实施查验的，可书面申请区外查验。当海关决定查验时，即将查验的决定以书面的形式通知进出口货物收发货人或其代理人，约定查验时间。查验时间一般约定在海关正常工作时间内。

1. 查验方法

海关查验有彻底查验和抽查两种方式，查验操作有人工查验和设备查验两种，其中，人工查验包括外形查验和开箱查验，海关可根据货物情况以及实际执法需要确定具体的查验方法。

2. 复验

海关可以对已查验货物进行复验，但是已经参加过查验的查验人员不得参加对同一票货物的复验。有下列情形之一的，海关可以复验：①经初次查验未能查明货物的真实属性，需要对已查验货物的某些性状做进一步确认的；②货物涉嫌走私违规，需要重新查验的；③进出口货物收发货人对海关查验结论有异议，提出复验要求并经海关同意的；④其他海关认为必要的情形。

3. 径行开验

径行开验是指海关在进出口货物收发货人或其代理人不在场的情况下，对进出口货物进行开拆包装查验。海关径行开验时，存放货物的海关监管场所经营人、运输工具负责人应当到场协助，并在查验记录上签名确认。可以径行开验的情形：①进出口货物有违法嫌疑的；②经海关通知查验，进出口货物收发货人或其代理人未到场的。

思考

海关查验已报关的进出口货物，收发货人或其代理人必须到场，并按海关要求负责搬运、拆装等工作，海关不能在未经收发货人或其代理人同意的情况下自行开箱验货或者提取货样。这种说法对吗？为什么？

分析：不对。径行开验的情况不对。

海关查验货物时，进出口货物收发货人或其代理人应当到场，配合海关查验。进出口货物收发货人或其代理人应当配合海关查验做好如下工作：

（1）负责按海关要求搬移货物，开拆包装以及重新封装货物；

（2）预先了解和熟悉所申报货物的情况，如实回答查验人员的询问及提供必要的资料；

（3）协助海关提取需要做进一步检验、化验或鉴定的货样，收取海关出具的取样清单；

（4）查验结束后，认真阅读查验人员填写的海关进出境货物查验记录单，对开箱情况、货物残损情况及造成残损的原因、提取货样情况以及查验结论等记录仔细核实，查验记录准确清楚的应签名确认。不签名者，查验人员应当在查验记录中予以注明，并由货物所在监管场所的经营人签名证明。

延伸阅读

一般情况下海关查验需多长时间?

为提高效率、维护当事人的合法权利，目前各地海关都对查验时限做出规定。比如，天津海关规定查验人员自开箱检查开始，每箱（辆）次正常查验时限为：彻底查验的情况在3个小时以内；抽查的情况在2个小时以内；外形查验的情况在1个小时以内（如果货物有涉嫌走私违规等异常情况，查验时限视情况而定）。

需要注意的是，以上时限是指货物已经调运到查验作业区并开箱后的查验时间，不是指从通知到查验完毕的全部时间。实际上，国内一些港口由于种种原因把很多时间花在货柜从堆场调运到查验区上，造成整个查验时间较长。

4. 货物损坏赔偿

在查验过程中，或者径行开验过程中，因为海关关员的责任造成被查验货物损坏的，进口货物的收货人、出口货物的发货人或其代理人可以要求海关赔偿，但海关赔偿的范围仅限于查验过程中由于海关关员的责任造成被查验货物损坏的直接经济损失。直接经济损失的金额根据被损坏货物及其部件的受损程度确定，或者根据修理费确定。

以下情况不属于海关赔偿范围：

（1）进出口货物收发货人或其代理人搬移、开拆、重封包装或保管不善造成的损失；

（2）易腐、易失效货物在海关正常工作程序所需时间内（含扣留或代管期间）所发生的变质或失效；

（3）海关正常查验时产生的不可避免的磨损；

（4）在海关查验之前已发生的损坏和海关查验之后发生的损坏；

（5）由于不可抗力造成的货物损坏、损失。

如果进出口货物收发货人或其代理人在海关查验时对货物是否受损坏未提出异议，事后发现货物有损坏的，海关不负赔偿责任。

经典案例

杭州清花工艺品进出口公司购进陶瓷花瓶，一个陶瓷花瓶成本价格为400元，销售价格为750元，由于海关在查验过程中损坏一个，则海关需要赔偿多少元?

分析：由于该货物是海关原因造成的损坏，海关只赔偿直接经济损失，所以应赔偿400元。

经典案例

天津新港海关查验完一批贵重的精密仪器，交给发货人或其代理人后，有关发货人或其代理人当时并未提出异议，后来确切证实是海关查验时损坏的，海关应该负赔偿责任吗？为什么？

分析：海关不应该负赔偿责任。因为如果进出口货物收发货人或其代理人在海关查验时对货物是否受损坏未提出异议，事后发现货物有损坏的，海关不负赔偿责任。

（三）缴纳税费

海关对报关单进行审核，对需要查验的货物先行查验，然后核对计算机计算的税费，开具税款缴款书和收费票据。进出口货物收发货人或其代理人在规定时间内，持缴款书或收费票据向指定银行办理税费缴付手续，也可以网上支付。

在试行中国电子口岸网上缴税和付费的海关，进出口货物收发货人或其代理人可以通过电子口岸接收海关发出的税款缴款书和收费票据，在网上向指定银行进行税费的电子支付。一旦收到银行缴款成功的信息，即可报请海关办理货物放行手续。

延伸阅读

开展网上支付业务应当注意资格要求

企业应是“中国电子口岸”入网用户，取得企业法人卡及操作员卡，具备联网办理业务条件。

通过“中国电子口岸”向海关、银行提出企业备案、操作员备案及授权的申请，并经海关、银行审批通过。

已在银行开立用于支付税费的预储账户，开户行及账户对海关不保密。

网上支付作为现行支付方式的一种补充，实行自愿原则。

企业必须在申报当日向海关确定税款支付方式，若确定采取网上支付方式，也必须在当日完成税款的预扣。

（四）提取或装运货物

1. 海关放行和结关的区别

海关放行是指海关接受进出口货物的申报，审核电子数据报关单和纸质报关单及随附单证、查验货物、征收税费或接受担保以后，对进出口货物做出结束海关进出境现场监管的决定，允许进出口货物离开海关监管现场的工作环节。

货物结关是进出口货物办结海关手续的简称。进出口货物由其收发货人或其代理人向海关办理完所有的海关手续，履行了法律规定的与进出口有关的一切义务，就办结了海关手续，海关就不再进行监管了。

延伸阅读

放行≠结关

海关放行有两种情况：一种是放行即结关，一般进出口货物的放行即结关；另一种是放行不等于结关，保税货物、特定减免税货物、暂准进出境货物、部分其他进出境货物放行时并未办完所有的海关手续，海关在一定期限内还需要对其进行监管。

2. 提取货物或装运货物

进口货物收货人或其代理人签收海关加盖海关放行章戳记的进口提货凭证，凭以到货物进境地的港区、机场、车站、邮局等地的海关监管仓库办理提取进口货物的手续。

出口货物发货人或其代理人签收海关加盖海关放行章戳记的出口装货凭证，凭以到货物出境地的港区、机场、车站、邮局等地的海关监管仓库办理将货物装上运输工具离境的手续。出口结关基本流程如图 3－8 所示。

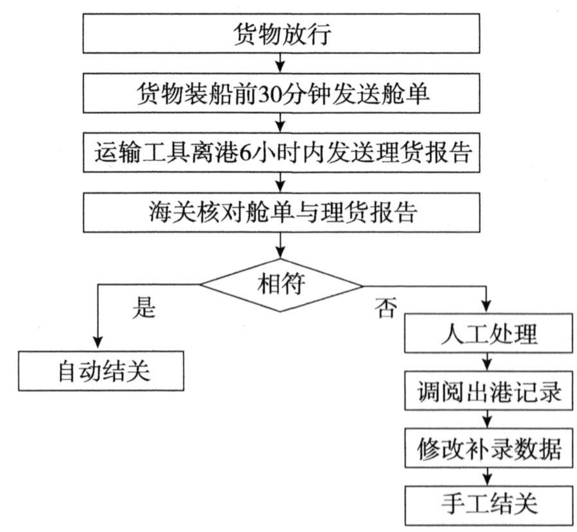

图 3－8　出口结关基本流程

3. 签发证明联

进出口货物收发货人或其代理人办理完提取进口货物或装运出口货物的手续以后，可向海关提出申请，签发证明联。

（1）进口付汇证明联

对需要在银行或国家外汇管理部门办理进口付汇核销的进口货物，报关员应当向海关申请签发出口货物报关单收汇证明联。海关经审核，对符合条件的，即在出口货物报关单上签字，加盖海关验讫章，作为进口付汇证明联签发给报关员。同时，通过电子口岸执法系统向银行和国家外汇管理部门发送证明联电子数据。

（2）出口收汇证明联

对需要在银行或国家外汇管理部门办理出口收汇核销的出口货物，报关员应当向海关申请签发出口货物报关单收汇证明联。海关经审核，对符合条件的，即在出口货物报关单上签字，加盖海关验讫章，作为出口收汇证明联签发给报关员。同时，通过电子口岸执法系统向银行和国家外汇管理部门发送证明联电子数据。

（3）出口退税证明联

对需要在国家税务机构办理出口退税的出口货物，报关员应当向海关申请签发出口货物报关单退税证明联。海关经审核，对符合条件的，予以签发并在证明联上签字，加盖海关验讫章，交给报关员。同时，通过电子口岸执法系统向国家税务机构发送证明联电子数据。

（4）出口收汇核销单

对需要办理出口收汇核销的出口货物，报关员应当在申报时向海关提交由国家外汇管理部门核发的出口收汇核销单。海关放行货物后，由海关工作人员在出口收汇核销单上签字，加盖海关验讫章。出口货物发货人凭出口货物报关单收汇证明联和出口收汇核销单办理出口收汇核销手续。

（5）进口货物证明书

对进口汽车、摩托车等，报关员应当向海关申请签发进口货物证明书，进口货物收货人凭以向国家交通管理部门办理汽车、摩托车的牌照申领手续。

海关放行汽车、摩托车后，向报关员签发进口货物证明书。同时，将进口货物证明书上的内容通过计算机发送给海关总署，再传输给国家交通管理部门。

报关单各联名称、适用范围及其管理方式，如表3-4所示。

经典案例

广州某报关代理公司每天代理报关进出口各类货物，涉及不同船舶公司、不同航线，海运进出口舱单结关核销时间各不相同，而报关证明联必须等进出口货物报关单结关后才能申领，如何才能有效地办好所有报关单证明联的申领工作？

分析：该报关公司应采取“每天登记＋定期查询”的工作流程，对每天放行的报关单进行登记，同时，根据放行日期定期登录海关总署网站查询报关单结关情况，当报关单信息显示为“已结关”时，即可办理申领证明联手续。超出合理时间（最长不应超过20天），报关单信息还处于“已放行”状态的，应联系相关船舶代理确定是否出现问题导致无法结关，并及时协商相关方予以解决。

表3－4　报关单各联名称、适用范围及其管理方式

报关单各联名称	适用范围	管理方式
进口付汇证明联	在银行或国家外汇管理部门办理进口付汇核销的进口货物	海关在进口货物报关单上签字，并加盖海关验讫章
出口收汇证明联	在银行或国家外汇管理部门办理出口收汇核销的出口货物	海关在出口货物报关单上签字，并加盖海关验讫章
出口退税证明联	需要在国家税务机构办理出口退税的出口货物	海关在出口货物报关单退税证明联上签字，并加盖海关验讫章
出口收汇核销单	需要办理出口收汇核销的出口货物	海关在出口收汇核销单上签字，并加盖海关验讫章
进口货物证明书	进口汽车、摩托车的牌照申领工作	将进口货物证明书的内容发给海关总署，再传输给国家交通管理部门

（五）报关单证归档

1. 归档报关单证的范围

需归档的报关单证主要包括报关单、合同、发票及其他与进出口业务直接有关的资料等。

2. 报关单证归档的质量及期限要求

（1）所有留存的单证应真实、详细；

（2）应按照海关单证管理的规定要求和统一原则进行分类、汇总、存储，形成档案；

（3）报关单证、进出口单证、合同及与进出口业务直接有关的其他资料，应自进出口货物放行之日起保管3年，并自觉接受海关及相关机构的日常监督和检查。

3. 报关单证归档签收

（1）办理报关业务前的报关单证签收。代理报关公司接受客户的委托办理进出口业务报关前，收到进出口货物报关所需的报关单证后，应将报关单证扫描或复印，按照客户的业务种类进行分类，并将扫描件或复印件留档。自理企业可根据情况保存好相应的报关文件。

（2）办理报关业务后的报关单证签收。进出口货物放行后，代理报关公司与客户交接报关单证，将已放行的报关单证明联扫描或复印作为公司留档。

4. 已归档报关单证的保管

一票货物的报关单证按照客户名称、业务种类或公司编号等方式分类后，要按日期顺序排列进行归档。此票货物的档案中应保留通关过程中各个环节的操作日期、所发生的问题，以及与客户进行的各种单证的交接记录。

根据海关的相应规定，报关单证应自进出口货物解除监管之日起保存 3 年。从公司的长期发展来看，某些具有典型案例的报关单证宜长期保存，以作为日后工作的参考。

5. 已归档报关单证的利用

建立报关单证存档管理制度，其目的之一就是可以利用完整的记录信息为日后的报关工作提供参考的数据。例如，类似商品的归类，各种监管方式所需的报关单证、各种报关许可证件的样式、通关中类似问题的解决方式等。此外，作为代理报关企业，报关单证存档后，当客户在某些方面有需要时，由其提供一定的检索信息，也可以很方便、快捷地查询到相关内容，从而为客户提供更好的服务。

因此，完整的报关单证存档管理，不仅是公司日常文件的记录，还是公司工作经验的总结，也是培训公司员工的教材，更是为客户提供更优质服务的保障。

五、海关监管货物的转关申报

转关是指海关监管货物在海关监管下从一个海关运至另一个海关办理某项海关手续的行为。转关有 3 种情况，具体包括货物由进境地入境，向海关申请转关，运往另一个设关地点进口报关；货物在启运地出口报关运往出境地，由出境地海关监管出境；已经办理入境手续的海关监管货物从境内一个设关地点运往境内另一个设关地点报关。

（一）转关条件

1. 申请转关应符合的条件

（1）转关的指运地和启运地必须设有海关；

（2）转关的指运地和启运地应当设有经海关批准的监管场所；

（3）转关承运人应当在海关注册登记，承运车辆应符合海关监管要求，并承诺按海关对转关路线范围和途中运输时间所做的限定将货物运往指定的场所。

2. 不得申请转关的货物

（1）进口固体废物（废纸除外）；

（2）进口易制毒化学品、监控化学品、消耗臭氧层物质；

（3）进口汽车整车，包括成套散件和二类底盘；

（4）国家检验检疫部门规定必须在口岸检验检疫的商品。

（二）转关方式

转关可分为进口货物的转关和出口货物的转关，具体有提前报关转关、直转转关和中转转关 3 种方式。

1. 进口货物的转关

进口提前报关转关是指进口货物在指运地先申报，再到进境地办理进口转关手续的转关。

进口直转转关是指进口货物在进境地海关办理转关手续，货物运抵指运地再在指运地海关办理申报手续的转关。

进口中转转关是指持全程提运单、需换装境内运输工具的进口中转货物，由收货人或其代理人向指运地海关办理进口申报手续，再由境内承运人或其代理人批量向进境地海关办理转关手续的转关。

进口货物的转关如图 3－9 所示。

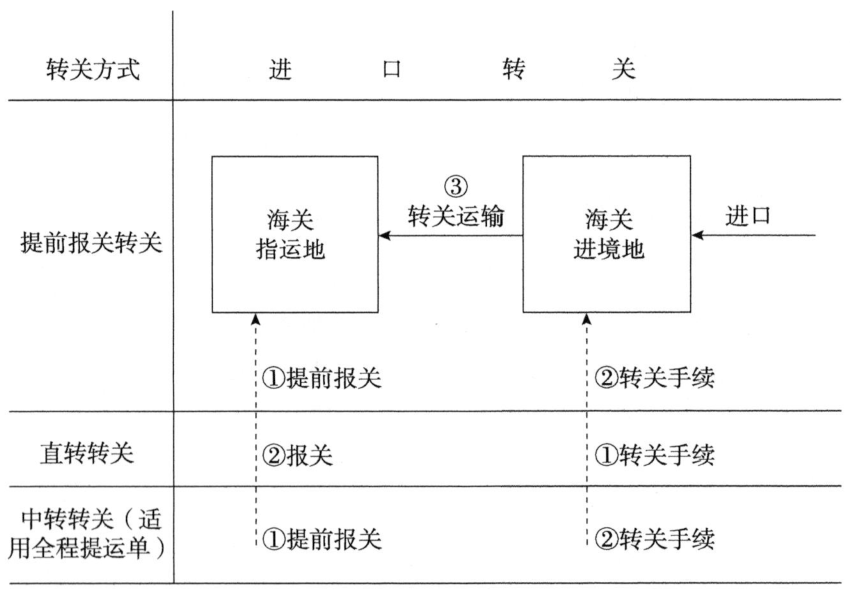

图 3－9　进口货物的转关

中转转关适用于具有全程提运单、需换装境内运输工具的进出口中转货物。

2. 出口货物的转关

出口提前报关转关是指出口货物在未运抵启运地监管场所前先申报，货物运抵监管场所后再办理出口转关手续的转关。

出口直转转关是指出口货物在运抵启运地海关监管场所申报后，在启运地海关办理出口转关手续，再到出境地海关办理出境手续的转关。

出口中转转关是指持全程提运单、需换装境内运输工具的出口中转货物，由发货人或其代理人先向启运地海关办理出口申报手续，再由境内承运人或其代理人按出境工具分列舱单向启运地海关批量办理转关手续，并到出境地海关办理出境手续的转关。

出口货物的转关如图 3 – 10 所示。

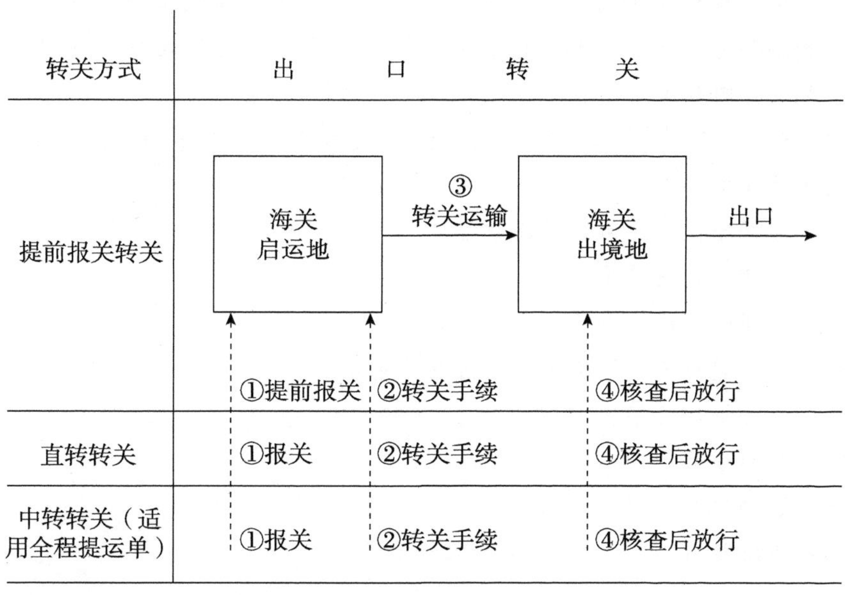

图 3 – 10　出口货物的转关

进出口货物转关报关的办理手续对比，如表 3 – 5 所示。

表 3 – 5　进出口货物转关报关的办理手续对比

<table>
<tr><th>转关方式</th><th colspan="2">进口货物转关</th><th colspan="2">出口货物转关</th></tr>
<tr><td>提前报关转关</td><td>指运地提前报关</td><td>进境地转关</td><td>启运地提前报关</td><td rowspan="3">启运地办转关</td></tr>
<tr><td>直转转关</td><td>进境地办转关</td><td>指运地转关</td><td rowspan="2">启运地报关</td></tr>
<tr><td>中转转关</td><td>指运地提前报关</td><td>进境地转关</td></tr>
</table>

思考

资料： 沈阳某企业向香港出口服装一批，该批货物运抵沈阳海关监管现场前，先向该海关录入出口货物报关电子数据，货物运至海关监管现场后，转运至大连口岸装运出境。

讨论： 这属于转关运输的哪种方式？为什么？

任务实施

贝斯塔斯风力技术（中国）有限公司于 2016 年 4 月签约从境外购买用于控制并调

节发电机舱内温度的控制柜。

控制柜能够及时将温度感应信号传回控制中心并对温度进行分析；工作电压为380V；带有记录装置；控制柜 H. S. 编码为 8537. 10。

贝斯塔斯风力技术（中国）有限公司为 2016 年 2 月首次向海关办理注册登记的企业，海关注册编码为 1207249999。该公司委托佳航国际货运代理公司办理这票货物的报关手续。相关资料如下所示。

李明作为佳航国际货运代理公司的报关员，应如何完成此单的报关业务？

李明的工作任务如下。

任务一：签署委托报关协议并获取单证。

任务二：办理进口换单手续。

任务三：办理进口商检手续。

任务四：填写进口货物报关单并进行电子录单。

任务五：现场纸质交单。

任务六：陪同查验。

任务七：缴纳税费。

任务八：申请放行。

资料 1：

Purchase Order

NO.：P089325

DATE：APR. 15，2016

THE BUYERS：Bestas Wind Technology（China）Co.，Ltd.

ADDRESS：No. 9 Xinxing Road，the west of TEDA Tianjin 300462 P. R. China

THE SELLERS：Brüel & Kjaer Vibro GmbH

ADDRESS：Leydheckerstr 10，D－64293 Darmstadt，DENMARK

This Contract is made by and between the Buyers and the Sellers，whereby the Buyers agree to buy and the Sellers agree to sell the under mentioned commodity according to the terms and conditions stipulated bellow：

1. COMMODITY

No.	Commodity Code	Description	Unit	Qty.	Unit Price	Amount
1	90309085	3652－TCP/IP－X：TCP/IP communication facility	PCS	9	FCA EUR 4909. 00	EUR 44181. 00
Total Value in EUR						44181. 00

2. COUNTRY AND MANUFACTURERS：DENMARK

3. SHIPPING MARK：N/M

4. PORT OF SHIPMENT：HAMBURG

5. PORT OF DESTINATION：XINGANG

6. SHIPMENT

TO BE SHIPPED BEFORE MAY 30，2016.

Transshipment is allowed.

7. ARBITRATION

Any dispute arising from or in connection with this Contract shall be submitted to China International Economic and Trade Arbitration Commission for arbitration which shall be conducted in accordance with the Commission arbitration rules in effect at the time of applying for arbitration. The arbitral award is final and binding upon both parties. Arbitration fee shall be borne by the losing party.

8. OTHER

This contract signed in three copies，the seller holds one copy and the buyer hold two copies.

THE BUYERS　　THE SELLERS

Bestas Wind Technology（CHINA）Co.，Ltd.　　Brüel & Kjaer Vibro GmbH

BESTAS WIND TECHNOLOGY(CHINA) CO. LTD 贝斯塔斯风力技术（中国）有限公司

资料2：

Brüel & Kjaer Vibro GmbH

Brüel & Kjaer Vibro GmbH,
Leydheckerstr 10,D–64293 Darmstadt

Invoice

Number	916017181
Date	20.05.2016
Delivery Note/date	9190177709 23.05.2016
Order/date	9100169858 15.04.2016

Bestas Wind Technology
No.9th of Xinxing Road,West Zone
300462 TIANJIN
CHINA

1 Packing unit(s):
> Collected by customer
> Ocean freight EUR 85.51
> Weight gross 164kg/ Net 130kg/ Volume 1.680 m³

Item material	Qty.	Price/unit	Value(EUR)
000020	CMS6345.20 Your material No.:789166 9 UNIT	4909.00 EUR	44181.00
	3652-TCP/IP-X:TCP/IP communication facility Standard configuration, without sensors Commodity code: 90309085 Country of origin: DENMARK		

Item(s)Total	44181.00
Net	44181.00
Total price (EUR)	44181.00

Basis for Price and Delivery/General Conditions

Incoterms (2000) FCA: Free carrier Naerum Darmstadt
Premium 3 ‰
Mode of patch Collected by Customer
Terms of payment *******When effecting payment please indicate invoice No.******
Current month +60 days

BESTAS WIND TECHNOLOGY(CHINA) CO.,LTD 贝斯塔斯风力技术（中国）有限公司

Brüel & Kjaer Vibro GmbH

资料3：

Brüel & Kjaer Vibro GmbH

Brüel & Kjaer Vibro GmbH,Leydheckerstr 10, D-64293 Darmstadt

PACKING LIST

Number 9190177709
Date 21.05.2016
Order/Date 9100169858
15.04.2016

BESTAS WIND TECHNOLOGY(CHINA)CO.,LTD
贝斯塔斯风力技术（中国）有限公司

Bestas Wind Technology
No.9th of Xinxing Road,West Zone
300462 TIANJIN
CHINA

Ship-to-party
Bestas Wind Technology
No.9th of Xinxing Road,West Zone
300462 TIANJIN
CHINA

Shipping point
Brüel & Kjaer Vibro GmbH

Total weight gross 164.00 kg
Total weight net 130.00 kg
No. of Packages 1 Unit(s)

Freight data

Delivery conditions Incoterms (2000): FCA:Free carrier
Naerum Darmstadt
Collected by Customer

We deliver according to our Standard Terms and Condition of Sale, which you will find under www.bkuo.com.

Please check the delivery immediately. Country of origin: DENMARK.

Your E-mail order No.P089325 dated 15.04.2016 by Xin Ren.

	Package-Date		**Weight(kg)**
Pos.		Material/Description	Qty.
98046		**Pallet**	**164**
	(PG:)	120cm × 80cm × 175cm	130
	Order	9100169858/15.04.2016/Item	000020
00010	CMS6345.20		9UNIT

Your Material No.:789166

3652-TCP/IP-X:TCP/IP communication facility

Standard configuration, without sensors

Commodity code 9030 90 85

操作分析

第一步，贝斯塔斯风力技术（中国）有限公司与佳航国际货运代理公司签订委托报关协议，并获取合同、发票、箱单。

第二步，对应任务二，应该用提单换取提单。天津中远集装箱船务代理有限公司提货单如图 3 - 11 所示。

天津中远集装箱船务代理有限公司

COSCO TIANJIN CONTAINER SHIPPING AGENCY CO. , LTD.

提　货　单　　NO. 0016664

DELIVERY　ORDER

天津新港地区、场、站收货人/通知方：BESTAS WIND TECHNOLOGY　　货位编号：

船名： COSCO OCEANIA	航次：022W	启运港：汉堡	目的港：天津新港
提单号： COSU4502903890	交付条款：CFS - CFS	到付海运费：	合同号： P089325
卸货地点：	到达日期：	进库场日期：	第一程运输：
货名	控制柜	集装箱号/铅封号	
集装箱数	1×20’（2275kg）	CBHU6326887	F19772
件数	1 PACKAGE		
重量	164. 00kg		
体积	1. 68m^3		
标志			

请核对放货。

天津中远集装箱船务代理有限公司

凡属法定检验、检疫的进口商品，必须向有关监督机构申报。

收货人章 1	海关章 2	3	4
5	6	7	8

图 3 - 11　天津中远集装箱船务代理有限公司提货单

第三步，对应任务三，该批货物应提供入境货物通关单，到商检局为货物报检，获得入境货物通关单。中华人民共和国出入境检验检疫入境货物通关单如图3－12所示。

<table>
<tr><td colspan="5">CIQ
中华人民共和国出入境检验检疫
入境货物通关单
编号：120020112029243000</td></tr>
<tr><td colspan="4">1.收货人
贝斯塔斯风力技术（中国）有限公司</td><td rowspan="3">5.标记及号码
N/M</td></tr>
<tr><td colspan="4">2.发货人
***
***</td></tr>
<tr><td colspan="2">3.合同/提（运）单号
P089325/***</td><td colspan="2">4.输出国家或地区
丹麦</td></tr>
<tr><td colspan="2">6.运输工具名称及号码
*** ***</td><td colspan="2">7.目的地
天津市塘沽区</td><td>8.集装箱规格及数量
***</td></tr>
<tr><td>9.货物名称及规格
控制柜
***
***
（以下空白）</td><td colspan="2">10.H.S.编码
***
***
（以下空白）</td><td>11.申报总值
*44181欧元
***
***
（以下空白）</td><td>12.数/重量、包装数量及种类
*9个
*130千克
*1天然木托
（以下空白）</td></tr>
<tr><td colspan="5">13.证明
上述货物业已报检/申报，请海关予以放行。
签字：[签名]　　日期：2012年　月23日
[印章：中华人民共和国天津出入境检验检疫局 检验检疫专用章（31）]</td></tr>
<tr><td colspan="5">14.备注
入境验证商品</td></tr>
<tr><td colspan="5">［2-1-2(2011.7.15)・2］　①货物通关　印刷流水号：AA0984880</td></tr>
</table>

图3－12　中华人民共和国出入境检验检疫入境货物通关单

第四步，填写进口货物报关单并进行电子录单。根据有关资料，填写进口货物报关单并将信息录入电脑系统。

填制报关单时，注意以下几个要点：

（1）确定贸易方式为“一般贸易”，其对应的征免性质为“一般征税”。

（2）海运的运输方式申报为“水路运输”，运输工具名称在提货单中找。

（3）件数、包装种类、毛重、净重等包装资料在装箱单（PACKING LIST）里找。

（4）收发货人填报有进出口经营权的外贸公司，收货单位填报实际收货的企业。

填制好的中华人民共和国海关进口货物报关单如图 3 – 13 所示。

<table>
<tr><td colspan="10">中华人民共和国海关进口货物报关单
预录入编号：　　　　海关编号：</td></tr>
<tr><td colspan="3">收发货人
贝斯塔斯风力技术（中国）有限公司 1207249999</td><td colspan="2">进口口岸
新港海关 0202</td><td colspan="3">进口日期
20160623</td><td colspan="2">申报日期
20160626</td></tr>
<tr><td colspan="3">消费使用单位
贝斯塔斯风力技术（中国）有限公司 1207249999</td><td colspan="2">运输方式
水路运输/2</td><td colspan="3">运输工具名称
COSCO OCEANIA/022W</td><td colspan="2">提运单号
COSU 4502903890</td></tr>
<tr><td colspan="3">申报单位</td><td colspan="3">监管方式
一般贸易（0110）</td><td colspan="3">征免性质
一般征税（101）</td><td>备案号</td></tr>
<tr><td colspan="2">贸易国
丹麦（302）</td><td colspan="3">启运国
丹麦（302）</td><td colspan="3">装货港
汉堡（2110）</td><td colspan="2">境内目的地
天津经济技术开发区</td></tr>
<tr><td colspan="2">许可证号</td><td colspan="2">成交方式
FOB/3</td><td colspan="2">运费
300/85. 51/3</td><td colspan="2">保费
000/0. 3/1</td><td colspan="2">杂费</td></tr>
<tr><td colspan="2">合同协议号
P089325</td><td colspan="2">件数
1</td><td colspan="2">包装种类
托盘</td><td colspan="2">毛重（千克）
164</td><td colspan="2">净重（千克）
130</td></tr>
<tr><td colspan="2">集装箱号
CBHU6326887/20/2275</td><td colspan="8">随附单证
A：120020112029243000</td></tr>
<tr><td colspan="10">标记唛码及备注 6
N/M</td></tr>
<tr><td>项号</td><td>商品编号</td><td>商品名称规格型号</td><td>数量及单位</td><td>原产国</td><td>单价</td><td>总价</td><td>币制</td><td colspan="2">征免</td></tr>
<tr><td>1</td><td>85371090. 90</td><td>控制柜</td><td>9 个</td><td>丹麦</td><td>4909</td><td>44181. 00</td><td>欧元</td><td colspan="2">照章征税</td></tr>
<tr><td colspan="10">特殊关系确认：　价格影响确认：　支付特许权使用费确认：</td></tr>
<tr><td colspan="2">录入员录入单位</td><td colspan="6">兹申明对以上内容承担如实申报、依法纳税之法律责任</td><td colspan="2">海关批注及签章</td></tr>
</table>

图 3 – 13　中华人民共和国海关进口货物报关单

进口报关单填好以后，还须将报关单上申报的数据、内容录入计算机，并将数据、内容传送到海关报关自动化系统，进行电子申报。

第五步，对应任务五，电子申报通过后进行纸质申报。

得到“现场交单”的电子反馈后，10 日内向天津新港海关通关大厅现场窗口纸质交单，进行申报。提交的纸质报关单据有代理报关委托书、进口报关单、提货单、发票、装箱单、入境货物通关单。

第六步，对应任务六，陪同查验。

若收到海关查验通知单，陪同海关关员查货；若没有查验通知，可以不予查验。

第七步，对应任务七，计算税费，取得税款缴款书并在规定期限内缴纳进口税费。

第八步，对应任务八，李明凭完税凭证向现场海关申请放行，海关放行货物，进口人则可派车提货。海关在进口报关单盖验讫章并退单后，进口人可以凭此到外汇管理局指定银行办理付汇核销。

同步训练

一、单选题

1. 进口货物的申报期限为自装载货物的运输工具申报进境之日起（　　）内。

A. 48 小时　　B. 24 小时　　C. 14 日　　D. 15 日

2. 出口货物的申报期限为货物运抵海关监管区后、装货的（　　）以前。

A. 48 小时　　B. 24 小时　　C. 14 日　　D. 15 日

3. 下列关于申报前看货、取样，表述错误的是（　　）。

A. 进口货物的收货人向海关申报前，因确定货物的品名、规格、型号、归类等的，可以向海关提出查看货物或者提取货样的书面申请

B. 提取货样的货物涉及动植物及产品的，应取得商务主管部门签发的书面批准证明后提取

C. 提取货样后，到场监管的海关关员与报关人员在取样记录和取样清单上签字确认

D. 可以避免在出现申报内容与实际货物不符时，报关人员以“错发货”为由逃避承担责任

4. 下列关于配合查验，表述错误的是（　　）。

A. 查验货物时，收发货人或代理人应当到场，配合海关的查验

B. 负责按照海关要求搬移货物，开拆和重封货物的包装，并如实回答查验人员的询问及提供必要的资料

C. 查验结束后，查验人员应当如实填写查验记录并签名，查验记录应当由在场的

进出口货物收发货人或者其代理人签名确认

D. 对于查验过程中由于海关工作人员责任造成的货物损失，海关应进行赔偿，赔偿的范围为进出口货物直接的经济损失和间接的经济损失

5. 下列关于申报地点的表述，错误的是（　　）。

A. 进口货物应当在进境地海关申报

B. 出口货物应当在出境地海关申报

C. 经海关同意，进口货物可以在指运地海关申报，出口货物可以在启运地海关申报

D. 特定减免税货物改变性质转为一般进出口时，应当在货物原进境地海关申报

6. 关于报关单的修改和撤销，以下表述正确的是（　　）。

A. 海关发现进出口货物报关单需要修改或者撤销的，海关可以直接进行修改或撤销

B. 海关发现进出口货物报关单需要修改或者撤销的，收发货人或其代理人应当提交进出口货物报关单修改/撤销申请表

C. 收发货人或其代理人要求修改或者撤销报关单的，应当提交进出口货物报关单修改/撤销确认书

D. 因修改或者撤销进出口货物报关单导致需要变更、补办进出口许可证件的，进出口货物收发货人或者其代理人应当向海关提交相应进出口许可证件

7. 运载进口货物的运输工具 4 月 29 日申报进境，收货人于 5 月 17 日（星期一）向海关申报，当天海关接收了数据申报，滞报期为（　　）。

A. 2 天　　B. 3 天　　C. 4 天　　D. 5 天

8. 进口货物自装载货物的运输工具申报进境之日起超过（　　）仍未向海关申报的，货物由海关依照《海关法》的规定提取变卖处理。

A. 14 日　　B. 15 日　　C. 3 个月　　D. 6 个月

9. 关于海关接受申报的时间，下列表述错误的是（　　）。

A. 经海关批准单独以电子数据报关单形式向海关申报的，以“海关接受申报”的信息发送给进出口货物收发货人或其代理人，或者公布于海关业务现场的时间为接受申报的时间

B. 经海关批准单独以纸质报关单形式向海关申报的，以海关在纸质报关单上进行登记处理的时间为接受申报的时间

C. 在先以电子数据报关单向海关申报后以纸质报关单向海关申报的情况下，海关接受申报的时间以海关接受纸质报关单申报的时间为准

D. 在采用电子和纸质报关单申报的一般情况下，海关接受申报的时间以海关接受电子数据报关单申报的时间为准

10. 在一般情况下，进出口货物收发货人或其代理人应当自接到海关“现场交单”或者“放行交单”通知之日起（　　）内，持打印的纸质报关单，备齐规定的随附单证并签名盖章，到货物所在地海关提交单证并办理相关海关手续。

A. 7 日　　B. 10 日　　C. 14 日　　D. 15 日

二、多选题

1. 下列关于申报方式，表述正确的有（　　）。

A. 申报采用电子数据报关单申报形式和纸质报关单申报形式

B. 电子数据报关单和纸质报关单均具有法律效力

C. 一般情况下，应先以电子数据申报，后提交纸质单据

D. 特殊情况下经海关同意，允许先采用纸质报关单形式申报，电子数据事后补报

2. 货物报关的进口阶段是指进口货物收货人或其代理人根据海关对进境货物的监管要求，在货物进境时向海关办理相关手续的过程，包括的作业环节有（　　）。

A. 进口申报　　B. 配合查验　　C. 缴纳税费　　D. 提取货物

3. 关于申报期限，以下表述正确的有（　　）。

A. 进口货物的申报期限为自装载货物的运输工具进境之日起 14 日内

B. 出口货物的申报期限为货物运抵海关监管区后、装货前 24 小时

C. 经海关批准予以集中申报的进口货物，自装载货物的运输工具申报进境之日起一个月内办理申报手续

D. 经电缆、管道或其他特殊方式进出境的货物，进出口货物收发货人或其代理人应当按照海关的规定定期申报

4. 关于申报地点，以下表述正确的有（　　）。

A. 进口货物应当在进境地海关申报

B. 出口货物应当在出境地海关申报

C. 保税货物转为一般进口时应当在货物原进境地海关申报

D. 经收货人申请，海关同意，进口货物可以在设有海关的指运地申报

5. 以下关于修改申报内容或者撤销申报的表述，正确的有（　　）。

A. 对于海关已经决定布控、查验的货物，报关单在办结前不得修改

B. 对于海关已经决定布控、查验的货物，报关单在办结前不得撤销

C. 对于涉案的货物，报关单在办结前不得修改

D. 对于涉案的货物，报关单在办结前不得撤销

6. 海关可以对已查验货物进行复验，以下属于海关可以复验的情形是（　　）。

A. 经初次查验未能查明货物真实属性，需要对已查验货物的某些性状做进一步确认的

B. 货物涉嫌走私违规，需要重新查验的

C. 进出口货物收发货人对海关查验结论有异议，提出复验要求并经海关同意的

D. 海关查验后，检验检疫部门提出复验要求的

7. 进出口货物收发货人或其代理人配合海关查验的工作主要包括（　　）。

A. 负责搬移货物，开拆和重封货物的包装

B. 回答查验关员的询问

C. 负责提取海关需要做进一步检验、化验或鉴定的货样

D. 签字确认查验记录

8. 以下关于海关查验的表达，正确的有（　　）。

A. 进出口货物收发货人对海关查验结论有异议，可以向海关提出复验要求

B. 已经参加过查验的查验人员应当参加对同一票货物的复验

C. 经海关通知查验，进出口货物收发货人或其代理人届时未到场的，海关可以径行开验

D. 进出口货物的收发货人或其代理人在海关查验时，对货物是否受损坏未提出异议，事后发现货物有损坏的，海关不负赔偿的责任

9. 海关接受进出口货物申报后，电子数据和纸质的进出口货物报关单不得修改或者撤销；确有正当理由的，经海关审核批准，可以修改或撤销，下列情形属于正当理由的有（　　）。

A. 由于报关人员书写失误造成所申报的报关单内容有误，并且未发现有走私违规及其他违法嫌疑的

B. 出口货物放行后，由于配载原因造成原申报货物退关的

C. 进出口货物在运输过程中因不可抗力造成损毁，导致原申报数据与实际货物不符的

D. 根据贸易惯例先行采用暂时价格成交，实际结算时按商检品质认定或国际市场实际价格付款方式需要修改申报内容的

10. 下列属于现场海关已经放行但尚未结关的进境货物有（　　）。

A. 保税加工货物　　B. 特定减免税货物

C. 暂准进境货物　　D. 无代价抵偿货物

三、判断题

1. 特定减免税货物以外的实际进出口货物都属于一般进出口货物的范围。（　　）

2. 电子数据报关单被海关退回的，进出口货物收发货人或其代理人应当按照要求修改后重新申报，申报日期为海关接受重新申报的日期。（　　）

3. 一般进出口货物也称为一般贸易货物，是指在进出境环节缴纳了应征的进出口税费并办结了所有必要的海关手续，海关放行后不再进行监管，可以直接进入生产和流通领域的进出口货物。（　　）

4. 进出口货物的报关是指进出口货物收发货人或其代理人在货物进出口时，采用

电子数据报关单和纸质报关单形式向海关申报的行为。（　　）

能力提升

沈阳宏达公司因生产需要从德国购买一批 PU 面童鞋，单价 USD3.5 FOB（Free on Board，即船上交货价）Hamburger，数量为 500 件。沈阳宏达公司的主管海关是沈阳经济技术开发区海关，货物在大连大窑湾海关进境。

该批货物采用直转方式，作为沈阳宏达公司的报关员，应如何办理报关手续?

任务一：在规定期限内向大连大窑湾海关录入转关申报数据，持单证办理转关手续。

任务二：货物运到沈阳，在规定期限内持单证向沈阳经济技术开发区海关办理报关手续。

模块四　保税进出口货物报关

学习目标

▲ 知识目标

1. 熟悉保税加工货物和保税物流货物的含义和特征；
2. 熟悉加工贸易货物报关；
3. 熟悉海关保税监管场所和特殊监管区域的制度和海关监管模式；
4. 掌握海关保税监管场所和特殊监管区域通关。

▲ 技能目标

1. 能够针对货物和企业情形合理利用海关特殊监管区域和保税监管场所；
2. 能够办理保税货物进出口报关手续。

任务一　认识保税货物

任务导入

在经济全球化的过程中，我们通过跨境电子商务平台连接世界各地，随着跨境电商的发展和普及，越来越多的人在网上购物。很多电商平台相继推出一些特殊的物流配送模式。这些特殊的物流配送模式中有一个就是保税仓库发货。

思考： 1. 什么是保税货物？

2. 企业为什么会选择保税仓库配送模式？

相关知识

一、保税货物的基本概念

（一）保税货物

保税货物是指经营企业经海关批准未办理纳税手续进口料件，经加工或者装配后，将制成品出口的经营活动。

保税货物与一般进出口货物的对比，如表 4－1 所示。

表 4－1　　保税货物与一般进出口货物的对比

对比项目	保税货物	一般进出口货物
税收	料件免税，成品免税	料件缴税，成品缴税
许可证件	料件免证，成品交证	料件交证，成品交证
稽查期限	结案或核销起 3 年内	货物放行之日起 3 年内
管理重点	产、供、销全过程	与税和证相关的商品归类、申报价格等

（二）保税货物的分类

保税货物分为保税加工货物和保税物流货物。

1. 保税加工货物

保税加工货物，即加工贸易项下的进口料件、成品，以及加工过程中产生的边角料、残次品、副产品等从境外进口，在境内加工装配后成品运往境外的贸易。这种方式称作“两头在外”的贸易，通常有来料加工和进料加工两种形式。

来料加工，是指由境外企业提供料件，经营企业不需要付汇进口，按照境外企业的要求进行加工或装配，只收取加工费，制成品由境外企业进行销售的经营活动。

进料加工，是指经营企业购买料件进口，制成成品后外销出口的经营活动。

2. 保税物流货物

保税物流货物是指经海关批准未办理纳税手续进境，在境内储存后复运出境的货物，也称保税仓储货物。

二、海关保税制度

保税制度是指在海关监管场所内，进境后在确定内销还是复运出境的最终去向前暂缓纳税，由海关监管的一种海关制度。

开展加工贸易业务的企业，凭商务主管部门或海关特殊监管区域管委会出具的有效期内的加工贸易企业经营状况和生产能力证明，到海关办理加工贸易手（账）册设立（变更）手续，海关不再验核相关许可证件，并按加工贸易企业经营状况和生产能力证明中列明的税目范围（商品编码前4位）进行手册设立（变更）。涉及禁止或限制开展加工贸易商品的，企业应在取得商务部批准文件后到海关办理相关业务。

三、保税加工企业

保税加工企业也称加工贸易企业，通常指在海关注册登记的经营企业和加工企业。

1. 经营企业

经营企业是指负责对外签订加工出口合同的各类进出口企业和对外投资企业，以及经批准获得来料加工经营许可的对外加工装配服务公司。

2. 加工企业

加工企业是指接受经营企业委托，从事具体生产加工的公司。该加工企业可以是具有独立法人资格的企业，也可以是由经营单位设立的不具有法人资格的企业。

四、保税加工海关监管模式

我国现行的保税加工海关监管模式有物理围网和非物理围网两种。

1. 物理围网

物理围网是指海关针对特定区域实施封闭式管理的监管模式。物理围网适用于出口加工区、保税港区、综合保税区等区域开展的保税加工业务，主要以企业为单元管理，以核查企业电子账册为海关监管的主要手段，不实行银行保证金台账管理。

2. 非物理围网

非物理围网是指海关不采用封闭的监管方式，适用于除物理围网外区域开展的保税加工业务，主要以企业和合同为单元管理方式，以核查企业电子账册和电子化手册为海关监管的主要手段。电子化手册实行银行保证金台账管理，电子账册不实行银行保证金台账管理。

物理围网与非物理围网的对比，如表4－2所示。

表4－2　物理围网与非物理围网的对比

对比项目	物理围网	非物理围网
适用	出口加工区、保税港区、综合保税区	除物理围网外
管理	电子账册，以企业为单元管理	电子账册，以企业为单元管理
		电子化手册，以合同为单元管理
台账	不实行银行保证金台账管理	电子化手册实行，电子账册不实行

任务二 加工贸易保税货物的报关

任务导入

大连某服装公司接到一笔新的订单，准备从韩国进口一批混纺面料，加工成成衣出口韩国。但是，这家服装企业销售人员没有接触过报关业务，故找到货代公司，准备以一般贸易进口面料，以一般贸易出口成衣。该货代公司经验丰富的报关员告诉该企业，可以办理加工贸易手册，以进料加工方式进出口，这样可以不缴纳进口关税，有利于减轻企业负担。

思考： 1. 什么样的货物可以办理加工贸易手册？

2. 海关对加工贸易企业怎样进行管理？

相关知识

一、保税加工货物的管理

1. 商务审批

取消商务主管部门对加工贸易合同审批和加工贸易保税进口料件或制成品转内销的审批。各级商务主管部门不再签发加工贸易业务批准证、联网监管企业加工贸易业务批准证、加工贸易保税进口料件内销批准证、加工贸易不作价设备批准证。海关特殊监管区域管委会不再签发出口加工区加工贸易业务批准证和出口加工区深加工结转业务批准证。

开展加工贸易业务的企业，凭商务主管部门或海关特殊监管区域管委会出具的有效期内的加工贸易企业经营状况及生产能力证明，到海关办理加工贸易手（账）册设立（变更）手续，海关不再验核相关许可证件，并按加工贸易企业经营状况和生产能力证明中列明的税目范围（商品编码前4位）进行手册设立（变更）。加工贸易企业经营状况及生产能力证明，如图4－1所示。涉及禁止或限制开展加工贸易商品的，企业应在取得商务部批准文件后到海关办理有关业务，海关才会办理电子化手册或者电子账册。

2. 备案保税

海关批准保税加工是通过受理备案来实现的。凡是准予备案的加工贸易料件，进口时均可暂不办理纳税手续，即保税进口。海关受理加工贸易料件备案的原则：合法经营、复运出境、可以监管。

<table>
<tr><td colspan="5">______年度加工贸易企业经营状况及生产能力证明

企业类型：○经营企业　○经营加工企业　○加工企业</td></tr>
<tr><td colspan="5">企业基本信息</td></tr>
<tr><td colspan="5">企业名称：</td></tr>
<tr><td colspan="2">统一社会信用代码：</td><td colspan="2">进出口企业代码：</td><td>组织机构代码：</td></tr>
<tr><td colspan="2">海关注册编码：</td><td colspan="2">税务登记号：</td><td>外汇登记号：</td></tr>
<tr><td colspan="4">开户银行及账号：</td><td>工商注册日期：　年　月　日</td></tr>
<tr><td colspan="2">法人代表：</td><td colspan="2">联系电话：</td><td>传真：</td></tr>
<tr><td colspan="2">业务负责人：</td><td colspan="2">职务：</td><td>手机：</td></tr>
<tr><td colspan="2">业务联系人：</td><td colspan="2">职务：</td><td>手机：</td></tr>
<tr><td colspan="4">企业地址：</td><td>邮政编码：</td></tr>
<tr><td colspan="5">企业性质（选中画“√”）：□1. 国有企业　□2. 外商投资企业　□3. 其他企业</td></tr>
<tr><td colspan="5">海关认定信用状况：□高级认证企业　□一般认证企业　□一般信用企业　□失信企业（以填表时为准）</td></tr>
<tr><td colspan="5">行业分类：</td></tr>
<tr><td colspan="5">进口料件：
料件代码：　料件名称：　数量：　金额：</td></tr>
<tr><td colspan="5">出口成品：
成品代码：　成品名称：　数量：　金额：</td></tr>
<tr><td colspan="5">人员信息</td></tr>
<tr><td colspan="3">企业就业人数：</td><td colspan="2">其中从事加工贸易业务的人数：</td></tr>
<tr><td colspan="5">资产情况</td></tr>
<tr><td rowspan="2">外商投资企业填写（万美元）</td><td rowspan="2">注册资本：</td><td colspan="2">累计实际投资总额/资产总额：</td><td rowspan="2">外商本年度拟投资额：
外商下年度拟投资额：

直接投资主体是否为世界500强企业：
□是
□否</td></tr>
<tr><td>实际投资来源地（按投资额度或控股顺序填写前五位国别/地区及累计金额）：
1.
2.
3.
4.
5.</td><td>累计实际投资额（截至填表时）：
1.
2.
3.
4.
5.</td></tr>
</table>

图4－1　加工贸易企业经营状况及生产能力证明

内资企业填写（万元人民币）	注册资本：	资产总额（截至填表时）：	净资产额（截至填表时）：	本年度拟投资额： 下年度拟投资额：

企业上年度经营情况

总产值（万元人民币）：	利润总额（万元人民币）：
纳税总额（万元人民币）：	工资总额（万元人民币）：

本企业采购国产料件额（万元人民币）（不含深加工结转料件和出口后复进口的国产料件）：

加工贸易出口额占企业销售收入总额比例（%）：	加工贸易转内销额（万美元）：	内销征税额（万元人民币含利息）：
深加工结转总额（万美元）：	转出额（万美元）：	转进额（万美元）：

国内上游配套企业家数：	国内下游用户企业家数：

通过有关部门管理认证情况

通过环保验收文件号：	通过消防验收文件号：
通过安全生产验收文件号：	缴纳社保回执号：
外汇管理部门分类管理评级：□A □B □C □无	检验检疫部门分类管理评级：□AA类 □A类 □B类 □C类 □D类 □无

企业生产能力

厂房面积（平方米）： □自有 □租用	年生产能力： 产品名称： 产品代码： 单位： 数量：

累计生产设备投资额（万美元）（截至填表时）：

累计加工贸易进口不作价设备额（万美元）（截至填表时）：

主要生产设备名称及数量（最多5个）：

序号	设备名称	单位	数量	是否租赁

图4-1 加工贸易企业经营状况及生产能力证明（续）

<table>
<tr><td colspan="3">备注：

</td></tr>
<tr><td>录入人员：</td><td>录入日期：</td><td>审核部门：</td></tr>
<tr><td>企业承诺：
以上情况真实无讹并承担法律责任。</td><td>法人代表签字：</td><td>企业盖章：
年　月　日</td></tr>
<tr><td>商务主管部门意见：</td><td>审核人：</td><td>商务主管部门签章：
年　月　日</td></tr>
<tr><td colspan="3">说明：1. 开展加工贸易业务的企业需登录 http：//jmsa. ec. com. cn/jmdc 填报，咨询电话：010－67870108；
2. 有关数据如无特殊说明，均填写上年度数据；
3. 如无特别说明，金额最小单位为“万美元”和“万元人民币”；
4. 涉及数值、年月的均填写阿拉伯数字；
5. 进口料件和出口商品指企业从事加工贸易业务所涉及的全部进口料件和出口商品，数量和金额指企业当年加工能力最大值；
6. 进出口额、深加工结转额以海关统计或实际发生额为准；
7. 此证明有效期至次年 1 月 31 日。</td></tr>
</table>

图 4－1　加工贸易企业经营状况及生产能力证明（续）

3. 纳税暂缓

加工贸易货物进入海关监管场所，暂缓缴纳关税和环节税，最后根据产品的最终流向确定产品是否予以征税。

4. 监管延伸

进口的保税料件是海关放行未结关的监管货物，无论是在时间上还是在地点上，都处在海关监管之下。

（1）时间延伸性：保税监管期限内或自复运出境放行之日起 3 年内或经批准转为一般贸易进口放行之日起 3 年内，海关可进行稽查。

（2）地点延伸性：离开进境地口岸海关监管场所后进行加工、装配的地方，都必须是海关监管的场所。

（3）期限延伸性：自加工贸易手册项下最后一批成品出口或者手册到期之日起 30 日内向海关报核。因故提前终止合同的，自合同终止之日起 30 日内向海关报核。

5. 核销结关

保税加工货物经过海关核销后才能结关。纸质手册和电子化手册报核期限是指其有效期到期之日或最后一批成品出运后30天内；电子账册报核的期限，以180天为1个报核周期，在满180天后的30天内报核；每180天向海关申报1次保税加工货物的进出境、进出区的实际情况；珠海园区内的保税加工企业每年向海关报核手续1次。

二、电子化手册管理下的保税加工货物报关程序

海关对加工贸易货物的监管有两种模式，一是联网监管，二是常规监管。目前，海关加工贸易货物的监管仍以常规监管为主。常规监管模式以合同为载体，适用于管理来料加工、进料加工、外资企业履行产品出口合同、保税工厂、保税集团等形式下进出口的保税货物，其基本程序主要包括合同备案、进出口报关、合同报核三个步骤。

（一）合同备案

加工贸易合同备案是指加工贸易企业持合法的加工贸易合同到主管海关备案，申请保税并领取加工贸易登记手册或其他准予备案的凭证的行为。

加工贸易合同备案的企业有经营企业和加工企业两种。经营企业是指负责对外签订加工贸易进出口合同的各类进出口企业、外商投资企业以及经批准获得来料加工经营许可的对外加工装配服务公司。加工企业是受经营企业委托，负责料件加工或装配，具有法人资格的生产企业以及由经营企业设立的虽不具有法人资格但实行相对独立核算并已办理工商执照的工厂。

1. 合同备案的步骤

（1）企业应办理加工贸易合同备案。

（2）商务主管部门出具的加工贸易企业经营状况和生产能力证明（以下简称生产能力证明）。

企业按照生产能力证明中列明的税目范围申报料件、成品等信息，主管海关办理加工贸易手（账）册设立（变更）时，比对前4位商品编码、料件及成品品名等信息。

企业应当按照合同的有效期申报手册有效期，但原则上不超过一年，经主管海关确认，可予以延期，最长不超过两年。

开展飞机、船舶等大型装备制造的加工贸易企业，经主管海关确认，可参照合同实际有效期来确定手册有效期。

（3）将合同相关内容预录入与主管海关联网的计算机。

（4）由海关审核确定是否准予备案。准予备案的，签发海关注册登记证明，由海关确定是否需要开设加工贸易银行保证金台账。不需要开设台账的，直接向海关领取加工贸易登记手册或其他备案凭证。

（5）办理开设台账手续的，应向银行（中国银行、中国工商银行等）办理台账保证金专用账户设立手续，并凭海关注册登记证明向银行进行一次性备案登记。

（6）企业开设台账后，银行签发电子银行保证金台账登记通知单。

(7) 企业凭银行签发的银行保证金台账登记通知单，向海关办理加工贸易备案手续，海关签发加工贸易登记手册或其他备案凭证。

银行与海关目前采用台账电子化联网监管模式。企业可在网上开立账户，在预录入收到回执后，直接凭银行签发的电子银行保证金台账登记通知单，向海关办理加工贸易备案手续，无须再往返于海关与银行之间传递单证，有关单证的电子数据均可实现网上传输。

2. 合同备案的内容

(1) 加工贸易业务备案单证

加工贸易业务备案所需的单证有加工贸易企业经营状况和生产能力证明、加工贸易合同和合同副本、用于确定单耗和损耗率的资料，属加工贸易国家管制商品的需要交验许可证件或其复印件。

(2) 加工贸易需提供许可证件

海关不再验核相关许可证件，而是按加工贸易企业经营状况和生产能力证明中列明的税目范围（商品编码前4位）进行手册设立（变更）。涉及禁止或限制开展加工贸易商品的，企业应在取得商务部批准文件后到海关办理有关业务。

3. 加工贸易串料申请

加工贸易货物应当专料专用，因加工出口产品急需，经海关批准，经营企业保税料件之间、保税料件与非保税料件之间可以串换，但料件串换限于同一企业，并应当遵循同品种、同规格、同数量、不牟利的原则。另需注意的是，来料加工保税进口料件不得串换。

职场热线

问：我公司原在大连注册了一家外资公司，后因业务开展在天津又注册了一家分公司，该分公司可以从事加工生产。如果要在天津从事加工生产，应如何申请办理加工贸易手册？应向哪边海关提出申请？

答：据相关规定，经营单位与加工企业不在同一直属关区但属同一法人开展异地加工贸易业务的，可比照异地加工管理办法规定办理。天津分公司首先需取得分支机构营业执照、税务登记等证明文件，同时需在天津海关办理分支机构企业注册。在办理加工贸易手续时，由大连母公司向当地海关提出异地加工申请，凭异地加工贸易关封在天津分公司所在地海关申请办理手册。

（二）进出口报关

1. 进出境货物报关

保税货物进出境必须凭电子化手册编号报关，因此报关数据必须与备案数据一致。

进口料件，除了易制毒化学品、监控化学品、消耗臭氧层物质、原油、成品油，均可免予交验进口许可证件；出口成品，属于国家规定应交验出口许可证件的，在出口报关时须交验出口许可证件。

保税加工货物进出境的报关程序与一般进出口货物一样，但是有区别的是，准予保税的加工贸易料件进口，不是缴纳税费而是暂缓纳税。加工贸易项下出口应税商品，除了“未锻铝”等特殊商品不论是否有国产料件投入从价计征出口关税，其他一般商品若只使用进口料件加工生产，不征出口关税，但部分使用了国产料件的一般商品应按国产料件占全料件的比例来征税。

2. 跨关区加工贸易形式

（1）异地加工

异地加工是指一个直属海关关区内的加工贸易经营企业，将进口料件委托给另一个直属海关的加工生产企业进行加工，成品回收后再组织出口的行为。

异地加工备案基本程序：①经营企业凭商务主管部门核发的加工贸易企业经营状况和生产能力证明，填制异地加工贸易申请表，向经营企业所在地主管海关提出异地加工贸易申请，经海关审核后，领取关封。②经营企业持关封和合同备案的必要单证，到加工企业所在地主管海关办理合同备案手续。应该注意的是：应在加工企业所在地设立台账，由加工贸易经营企业向加工企业所在地海关办理合同备案手续；企业办理海关手续时不再提交加工贸易业务批准证。

（2）外发加工

外发加工是指经营企业因自身生产特点和条件限制，经海关批准并办理有关手续，委托承揽企业对加工贸易货物进行加工，在规定期限内将加工后的产品运回本企业并最终复出口的行为。

应注意的是，外发加工的成品、剩余料件及生产过程中的边角料、残次品、副产品等，原则上需运回经营企业，若经营企业所在地主管海关批准，也可以不运回，直接出口至境外、海关特定监管区，或者以深加工结转方式出口。

经营企业向所在地海关办理外发加工合同备案手续，应向海关提交下列单证：经营企业签章的加工贸易货物外发加工申请表；经营企业与承揽企业签订的加工合同或者协议；承揽企业营业执照复印件；经营企业签章的承揽企业经营状况和生产能力证明；海关需要收取的其他单证和材料。

经营企业申请开展外发加工业务，应当如实填写加工贸易货物外发加工申请审批表和加工贸易外发加工货物清单，经海关审核批准后，方可进行外发加工。

（3）加工贸易保税货物深加工结转

加工贸易保税货物深加工结转，是指加工贸易企业将由保税进口料件加工的产品转至另一关区加工贸易企业，进一步加工后复出口的经营活动。其程序分为计划备案、收发货登记、结转报关 3 个环节。

①计划备案。转出企业在保税加工货物深加工结转申请表（以下简称申请表）中填写本企业的转出计划并签章，向转出地海关备案。转出地海关备案后，留存申请表第一联，其他三联退转出企业交转入企业。转入企业自转出地海关备案之日起20日内，持申请表其他三联填制本企业的内容，向转入地海关办理备案手续。转入地海关审核后，将申请表第二联留存，第三联、第四联交转入、转出企业凭以办理结转收发货登记及报关手续。

②收发货登记。转出、转入企业办理结转计划申报后，按照双方海关核准后的申请进行实际收发货。转出、转入企业每批次收发货记录，应当在保税货物实际结转登记表上如实登记，并加盖企业结转专用名章。结转货物退货的，转出、转入企业按实际退货情况在登记表中登记，同时注明“退货”字样，并各自加盖企业结转专用名章。

③结转报关。转出、转入企业实际收发货后，应当按照规定办理结转报关手续，具体流程如下：转出、转入企业分别在转出地、转入地海关办理结转报关手续，可分批或集中报关，在实际收发货后的90日内办理报关；转入企业凭申请表、登记表等单证向转入地海关办理结转进口报关手续，并在结转进口报关后第二个工作日之前将报关情况通知转出企业；转出企业自接到转入企业通知之日起10日内，凭申请表、登记表等单证向转出地海关办理结转出口手续；结转进口、出口报关的申报价格为结转货物的实际成交价格。一份结转进口报关单对应一份结转出口报关单，两报关单之间对应的申报序号、商品编号、数量、价格和手册号应当一致。

（三）合同报核

1. 合同报核和核销

合同报核是指加工贸易经营企业在加工贸易合同履行完毕或终止合同并按规定对未出口部分货物进行处理后，按照规定的期限和程序向加工贸易主管海关申请核销、要求结案的行为。

合同核销是指加工贸易经营企业加工复出口并对未出口部分货物办妥有关海关手续后，凭规定单证向海关申请解除监管，海关经审查、核实属实且符合有关法律、法规规定的，予以办理解除监管手续的海关行政许可事项。

经营企业应该在规定的期限内将进口料件加工复出口，并自加工贸易手册项下最后一批成品出口或者加工贸易手册到期之日起30日内向海关报核。

（1）应递交的主要报核单证

①合同核销申请表（预录入）；②加工贸易登记手册（包括分册、续册）；③进出口报关单；④核销核算表；⑤其他海关需要的资料。

（2）特殊情况的报核

①遗失登记手册的合同报核，应持以下单证向主管海关报核：经营企业关于加工贸易手册遗失的书面报告；经营企业申请核销的书面材料；加工贸易货物进出口报关

单；缉私部门出具的行政处罚决定书；海关按规定收取的其他单证和材料。

②遗失进出口货物报关单的报核，凭报关单复印件向原报关地海关申请，加盖海关印章后报核。

③无须申请登记手册的5000美元及以下的78种辅料合同的报核，直接以报关单、合同、核销核算表报核。

④撤销合同报核、合同备案后因故提前终止执行，应报商务主管部门审批，企业凭审批件和手册报核。

⑤有违规走私行为的加工贸易合同核销，海关凭判决书、行政处罚决定书等办理核销。

2. 加工贸易单耗申报

加工贸易单耗申报，是指加工贸易企业在备案时，在货物出口、深加工结转、内销及报核前填写中华人民共和国海关加工贸易单耗申报单，向海关如实申报加工贸易单耗的行为。

单耗是指加工贸易企业在正常加工条件下加工单位成品所耗用的料件量，单耗包括净耗和工艺损耗。净耗是指在加工后，料件通过物流变化或者化学反应存在或者转化到单位成品中的量。工艺损耗是指因加工工艺料件在正常加工过程中除净耗外所必须耗用但不能转化在成品中的料件量。单耗的计算公式为：

单耗 = 净耗 + 工艺损耗 = 净耗 + 单耗 × 工艺损耗率 = 净耗/（1 − 工艺损耗率）

3. 其他保税加工货物的报关与核销

其他保税加工货物是指履行加工贸易合同过程中产生的剩余料件、边角料、残次品、副产品和受灾保税货物。

（1）内销报关。凭内销批准证办理正式进口手续，缴纳进口税和缓税利息。属进口许可证件管理的，企业应补证，但剩余料件金额占总额3%及以下且总值不超过人民币1万元的免证。

（2）退运报核。剩余料件、边角料、残次品、副产品等保税加工货物退运出境的，免出口税，免出口许可证件，应持手册等有关单证向口岸海关报关，办理出口手续，留存有关报关单证以备报核。

（3）余料结转。将余料结转至另一加工贸易合同生产出口的，必须符合同一经营单位、同一加工厂、同样的进口料件、同一加工贸易方式等“四同”条件。余料结转至同关区加工贸易企业生产出口的，海关对转出企业收取相当于拟结转料件应缴税款金额的保证金或银行保函。余料结转给另一关区加工贸易企业生产出口的，转出企业首先要对余料进行初加工，没有初加工的余料是不能深加工结转的。

（4）放弃。企业放弃剩余料件、边角料、残次品、副产品等，向海关提交书面申请，海关核发加工贸易企业放弃加工贸易货物交接单，企业凭此单进行报关，留存有关报关单证以备报核，并将放弃料件交由海关处理。

（5）销毁报核。销毁加工贸易货物，企业须向海关提出销毁申请，海关核准后方能销毁，必要时海关可以派人员监督销毁。货物销毁后，企业应当收取有关部门出具的销毁证明材料，以备报核。

（6）受灾保税加工货物的处理。对于受灾保税加工货物，须在灾后 7 日内向主管海关书面报告，海关可视情况派人员核查取证。具体处理分为以下三种情况：

第一，因不可抗力造成受灾保税加工货物灭失，或完全失去使用价值无法再利用的，可由海关审定并予以免税；

第二，因不可抗力造成受灾保税加工货物虽失去原使用价值但可再利用的，按海关审定的受灾保税货物价格，按对应的进口料件适用的税率，缴纳进口税和缓税利息，免予交验许可证件；

第三，对非不可抗力因素造成的受灾保税加工货物，海关按原进口货物成交价格审定完税价格照章征税，须交验许可证件。

上述除销毁外，复出退运、结转、内销、放弃的均要填制报关单。海关自受理报核之日起 20 个工作日内（经批准可延长 10 个工作日）应当报核完毕；开设台账的，应先到银行注销台账，其中“实转”的台账，企业应领回保证金和应得的利息或者撤销保函。

以上是常规监管模式下的基本报关程序，下面介绍计算机联网监管下的保税加工货物程序。

联网监管是指海关通过计算机网络，对实行全过程计算机管理的加工贸易企业提取监管必需的物流、生产经营等数据，与海关计算机管理系统相连接，从而对保税货物实施监管的一种模式。它们的建立通常分联网监管的申请和审批、加工贸易业务的申请和审批、商品归并关系和电子账册或电子化手册的建立 3 个步骤。

电子账册的基本管理原则是“一次审批、分段备案、滚动核销、控制周转、联网核查”。一次审批是指对企业经营资格、经营范围和加工生产能力一次审批，不再对合同逐票审批；分段备案是指采取分段备案，先备案进口料件，在成品出口前再备案成品及申报实际单耗情况，不再对进口料件、成品及单耗关系同时备案；滚动核销是指以 180 天为报核周期，不再实行合同到期或最后一批成品复运境外后集中核销；控制周转是指对进出口保税货物的总数量或总价值，按生产能力进行周转量控制，取消对其备案数量的控制；联网核查是指实行联网核查、银行台账制度，全额保税，凭电子身份认证卡实现在全国口岸的报关。

电子账册分为经营范围电子账册（标记为 IT）和便捷通关电子账册（标记为 E）两种。

经营范围电子账册用于检查控制便捷通关电子账册进出口商品的范围，不能直接报关。便捷通关电子账册用于加工贸易货物的备案、通关、核销。

电子账册与电子化手册的管理原则有所不同，其相同点是二者都是联网电子化管理。其不同点是电子账册以企业为单元，也就是一个企业不管签订多少合同只建立一个账册，所有进出口核销全部在这一个账册里面体现，账册只有企业不再做加工贸易时才会被撤销。电子化手册以合同为单元，也就是企业签多少加工贸易合同就需要建立多少个手册，合同执行完毕对应的手册就会被撤销。

任务三　海关保税监管场所

任务导入

国内某报关公司报关员小赵接到一家大型生产制造企业外贸部的电话，该生产制造企业现在有一批汽车零件已经到港，但是还没有最终确定是该用一般贸易进口还是加工贸易手册报关。该生产制造企业外贸部怕一旦报错不但会造成资金的损失而且会带来很多后续麻烦，但如果再不报关，又会产生很多的滞报金和压港费用。

思考：1. 小赵该如何制订通关方案？

2. 小赵如何报关才能解决客户的困扰？

相关知识

海关保税监管场所主要有保税仓库、出口监管仓库、保税物流中心。本书以保税仓库和出口监管仓库为例，讲解海关保税监管场所。

一、保税仓库

（一）保税仓库简介

1. 保税仓库的含义

保税仓库是指经海关批准设立的专门存放保税货物及其他未办结海关手续的货物的仓库。

2. 保税仓库的类型

（1）按使用对象分类

按使用对象分类，保税仓库可分为公用型和自用型两种。

公用型保税仓库，由中国境内企业法人经营仓储业务，专门向社会提供保税仓储服务。

自用型保税仓库，由特定的中国境内独立的企业法人经营，仅存储供本企业自用的保税货物。

(2) 按存储货物的类型或特定用途分类

液体危险品保税仓库：在我们国家关于危险化工品仓储的规定中，专门提供液体危险化工品保税仓储服务的保税仓库。

备料保税仓库：企业存储为加工复出口产品所进口的料件及其零件等的保税仓库，所存货物仅限于本企业的产品。

寄售维修保税仓库：存储为了维修国外产品所寄售的零配件保税仓库。

其他专用型保税仓库：除上述几种专用型保税仓库以外的专门用于特定用途的保税仓库。

3. 保税仓库的功能

保税仓库的功能单一，就是存储货物，而且只能存放进境货物。

经海关批准，可以存入保税仓库的进境货物有下列几种：①加工贸易进口货物；②转口贸易；③供应国际航行船舶和航空器的油料、物料和维修用零部件；④供维修外国产品所进口寄售的零配件；⑤外商进境暂存货物；⑥未办结海关手续的一般贸易进口货物；⑦经海关批准的其他未办结海关手续的进境货物。

保税仓库不得存放国家禁止进境的货物，不得存放未经批准的影响公共安全、公共卫生或健康、公共道德或秩序的国家限制进境的货物，以及其他不得存入保税仓库的货物。

4. 保税仓库的设立

保税仓库应当设立在设有海关机构、便于海关监管的场所。申请设立保税仓库的企业应当是已在海关办理进出口收发货人注册登记的，不同时拥有报关企业身份的企业，同时还应当具备相应的条件。

企业申请设立保税仓库的，应向仓库所在地主管海关提交书面申请，提供能够证明已具备设立仓库条件的相应文件材料，由主管海关受理并报直属海关审批。

5. 保税仓库电子账册

保税仓库电子账册是企业开展保税仓储业务之前应该向主管海关申请建立的电子文档，也是海关进行进出库核销的电子凭证。海关依据电子数据账册，能控制和记录企业所申报进出库及存放保税货物的情况。

(二) 保税仓库货物通关流程

1. 办理货物入仓

(1) 货物入库操作流程

货物入库操作流程，如图 4－2 所示。

(2) 货物进仓通关监管

收发货人或其代理人应当在仓库主管海关或口岸海关办理报关手续，进入保税仓库的货物，除国家法规另有规定的，免领进口许可证件。对直接在进口口岸海关办理

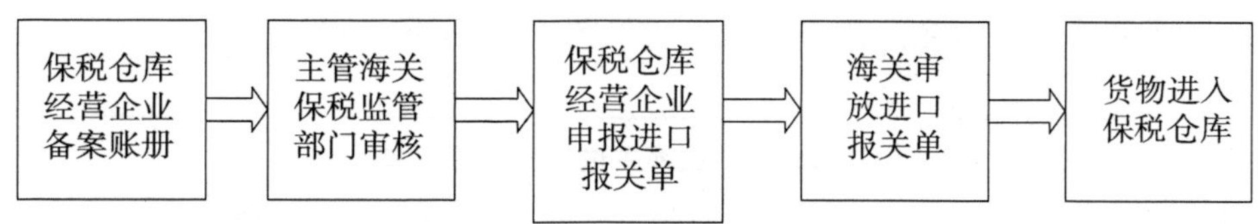

图 4－2　货物入库操作流程

申报、放行手续的保税仓库货物，按“直接转关”的转关运输方式办理通关手续。保税仓库入仓货物在仓库主管海关申报，在口岸海关验放的货物，按下列方式办理：①保税仓库主管海关按“提前报关”的转关运输方式办理入库手续。保税仓库主管海关和进口口岸海关是同一直属海关的，经直属海关批准，可不按转关运输方式，由企业在办理报关手续后自行提取货物入库。②经海关批准，按“属地申报、口岸验放”模式，由企业在办理报关手续后自行提取货物入库。

货物从境外进口存入保税仓库报关单的填写说明，如图 4－3 所示。

中华人民共和国海关进口货物报关单				
预录入编号：			海关编号：	
收发货人 实际经营单位名称及编码	进口口岸	进口日期	申报日期	
消费使用单位 保税仓库名称及编码	运输方式 实际运输方式	运输工具名称	提运单号	
申报单位	监管方式 保税仓库货物，1233	征免性质 空	备案号	
贸易国（地区）	启运国（地区） 实际情况	装货港 实际情况	境内目的地	
许可证号	成交方式	运费	保费	杂费
合同协议号	件数	包装种类	毛重（千克）	净重（千克）
集装箱号	随附单证			
标记唛码及备注				
项号　商品编号　商品名称、规格型号　数量及单位　原产国（地区）　单价　总价　币制　征免				
01. 填写保税仓库电子账册中的备案序号				
特殊关系确认：　价格影响确认：　支付特许权使用费确认：				
录入员录入单位	兹申明对以上内容承担如实申报、依法纳税之法律责任		海关批注及签章	
报关人员		申报单位（签章）		

图 4－3　货物从境外进口存入保税仓库报关单填写说明

转入方保税仓库经营企业进口报关单，如图 4 －4 所示。

中华人民共和国海关进口货物报关单 预录入编号：			海关编号：	
收发货人 实际经营单位名称及编码	进口口岸	进口日期	申报日期	
消费使用单位 转入方保税仓库名称及编码	运输方式 其他运输，9	运输工具名称	提运单号	
申报单位	监管方式 保税间货物，1200	征免性质 空	备案号	
贸易国（地区）	启运国（地区） 中国，CHN	装货港	境内目的地	
许可证号	成交方式	运费	保费	杂费
合同协议号	件数	包装种类	毛重（千克）	净重（千克）
集装箱号	随附单证			
标记唛码及备注				
项号　商品编号　商品名称、规格型号　数量及单位　原产国（地区）　单价　总价　币制　征免				
01. 填写保税仓库电子账册中的备案序号				
特殊关系确认：　价格影响确认：　支付特许权使用费确认：				
录入员录入单位	兹申明对以上内容承担如实申报、依法纳税之法律责任	海关批注及签章		
报关人员	申报单位（签章）			

图 4 －4　转入方保税仓库经营企业进口报关单

2. 办理货物出仓

（1）货物出库操作流程

货物出库操作流程如图4－5所示。

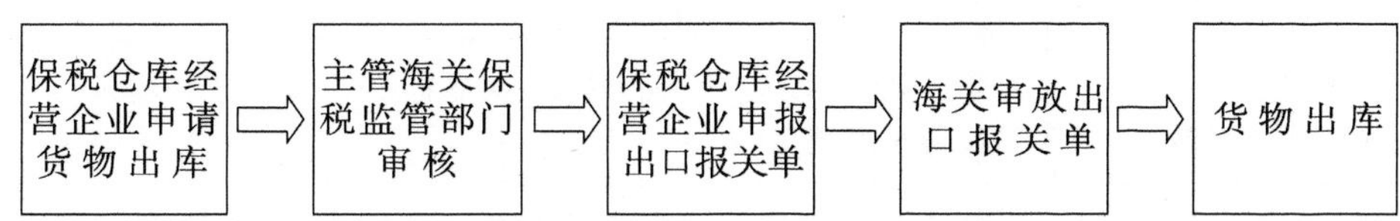

图4－5　货物出库操作流程

（2）保税仓库货物出仓流向

保税仓库货物出仓流向：①出库后运往境外；②出库后运往其他保税仓库继续实施保税监管；③出库后转加工贸易进口；④出库后转入国内市场销售。

（3）货物出仓通关监管

保税仓库货物出仓运往境内转为正式进口的，由仓库主管海关审批后方可报关。

保税仓库货物出仓转为正式进口的，在保税仓库主管海关办理通关手续。进口报关单和出口报关单必须同时申报。海关先行放行进口报关单，再放行出口报关单。保税仓库出仓复运出境货物，保税仓库主管海关按转关运输方式办理出库手续。保税仓库主管海关和口岸海关在同一直属海关内的，经直属海关批准，可不按转关运输方式，由企业自行提取货物出仓办理报关手续。经海关批准，企业也可按“属地申报、口岸验放”模式出仓报关。保税仓库与海关特殊监管区域或其他海关保税监管场所往来流转的货物，按转关运输的有关规定办理相关手续。保税仓库和特殊监管区域或其他海关保税监管场所在同一直属关区的，经直属海关批准，可不按转关运输方式办理。其中，对保税仓库货物转往其他保税仓库的，应各自在其仓库主管海关报关，报关时应先办理进口报关再办理出口报关。

（4）货物入仓报关单填制规范

①保税仓库货物出口至境外，需填写保税仓库经营企业出口报关单，如图4－6所示。

②保税仓库货物转入国内，收货单位做进口报关单申报，如图4－7所示；保税仓库经营企业做出口货物报关单申报，如图4－8所示。

③保税仓库货物转入其他海关特殊监管区域或监管场所，转入方做进口报关单申报，如图4－9所示；转出方保税仓库做出口货物报关单申报，如图4－10所示。

中华人民共和国海关出口货物报关单

预录入编号：　　　　　　　　　　　　　　　　　　　　　　　　海关编号：

收发货人 实际经营单位名称及编码	出口口岸	出口日期	申报日期
生产销售单位 保税仓库名称及编码	运输方式 按实际情况填写	运输工具名称	提运单号
申报单位	监管方式 保税仓库货物，1233	征免性质 空	备案号
贸易国（地区）	运抵国（地区） 按实际情况填写	指运港	境内货源地

许可证号	成交方式	运费	保费	杂费
合同协议号	件数	包装种类	毛重（千克）	净重（千克）

集装箱号	随附单证

标记唛码及备注
项号　商品编号　商品名称、规格型号　数量及单位　最终目的国（地区）　单价　总价　币制　征免
01. 填写保税仓库电子账册中的备案序号
特殊关系确认：　价格影响确认：　支付特许权使用费确认：

录入员录入单位	兹申明对以上内容承担如实申报、依法纳税之法律责任	海关批注及签章
报关人员	申报单位（签章）	

图4-6　保税仓库经营企业出口报关单

<table>
<tr><td colspan="5">中华人民共和国海关进口货物报关单
预录入编号：　　　　　　　　　　海关编号：</td></tr>
<tr><td>收发货人
实际经营单位名称及编码</td><td>进口口岸</td><td>进口日期</td><td colspan="2">申报日期</td></tr>
<tr><td>消费使用单位
实际提货单位名称及编码</td><td>运输方式
保税仓库，8</td><td>运输工具名称</td><td colspan="2">提运单号</td></tr>
<tr><td>申报单位</td><td>监管方式
按实际情况填写</td><td>征免性质
按实际情况填写</td><td colspan="2">备案号</td></tr>
<tr><td>贸易国（地区）</td><td>启运国（地区）
中国，CHN</td><td>装货港</td><td colspan="2">境内目的地</td></tr>
<tr><td>许可证号</td><td>成交方式</td><td>运费</td><td>保费</td><td>杂费</td></tr>
<tr><td>合同协议号</td><td>件数</td><td>包装种类</td><td>毛重（千克）</td><td>净重（千克）</td></tr>
<tr><td>集装箱号</td><td colspan="4">随附单证</td></tr>
<tr><td colspan="5">标记唛码及备注</td></tr>
<tr><td colspan="5">项号　商品编号　商品名称、规格型号　数量及单位　原产国（地区）　单价　总价　币制　征免</td></tr>
<tr><td colspan="5">1.
填写保税仓库电子账册中的备案序号</td></tr>
<tr><td colspan="5">2.</td></tr>
<tr><td colspan="5">3.</td></tr>
<tr><td colspan="5">4.</td></tr>
<tr><td colspan="5">5.</td></tr>
<tr><td colspan="5">特殊关系确认：　价格影响确认：　支付特许权使用费确认：</td></tr>
<tr><td>录入员录入单位</td><td colspan="3">兹申明对以上内容承担如实申报、依法纳税之法律责任</td><td>海关批注及签章</td></tr>
<tr><td colspan="5">报关人员　　　　　　　　　　申报单位（签章）</td></tr>
</table>

图4－7　收货单位进口报关单

中华人民共和国海关出口货物报关单 预录入编号： 海关编号：				
收发货人 实际经营单位名称及编码	出口口岸	出口日期	申报日期	
生产销售单位 保税仓库名称及编码	运输方式 其他运输，9	运输工具名称	提运单号	
申报单位	监管方式 保税间货物，1200	征免性质 空	备案号	
贸易国（地区）	运抵国（地区） 中国，CHN	指运港 中国，CHN	境内货源地	
许可证号	成交方式	运费	保费	杂费
合同协议号	件数	包装种类	毛重（千克）	净重（千克）
集装箱号	随附单证			
标记唛码及备注				
项号 商品编号 商品名称、规格型号 数量及单位 最终目的国（地区） 单价 总价 币制 征免				
01. 填写保税仓库电子账册中的备案序号				
特殊关系确认： 价格影响确认： 支付特许权使用费确认：				
录入员录入单位	兹申明对以上内容承担如实申报、依法纳税之法律责任	海关批注及签章		
报关人员	申报单位（签章）			

图 4－8 保税仓库经营企业出口报关单

<table>
<tr><td colspan="12">中华人民共和国海关进口货物报关单
预录入编号：　　　　　　海关编号：</td></tr>
<tr><td colspan="3">收发货人
实际经营单位名称及编码</td><td colspan="3">进口口岸</td><td colspan="3">进口日期</td><td colspan="3">申报日期</td></tr>
<tr><td colspan="3">消费使用单位
实际收货单位名称及编码（转入方为保税监管场所的，填写保税监管场所名称及编码）</td><td colspan="3">运输方式
其他运输，9</td><td colspan="3">运输工具名称</td><td colspan="3">提运单号</td></tr>
<tr><td colspan="3">申报单位</td><td colspan="3">监管方式
按实际情况填写</td><td colspan="3">征免性质
空</td><td colspan="3">备案号</td></tr>
<tr><td colspan="3">贸易国（地区）</td><td colspan="3">启运国（地区）
中国，CHN</td><td colspan="3">装货港
中国，CHN</td><td colspan="3">境内目的地</td></tr>
<tr><td colspan="2">许可证号</td><td colspan="2">成交方式</td><td colspan="3">运费</td><td colspan="3">保费</td><td colspan="2">杂费</td></tr>
<tr><td colspan="2">合同协议号</td><td colspan="2">件数</td><td colspan="3">包装种类</td><td colspan="3">毛重（千克）</td><td colspan="2">净重（千克）</td></tr>
<tr><td colspan="2">集装箱号</td><td colspan="10">随附单证</td></tr>
<tr><td colspan="12">标记唛码及备注
随附单证号：</td></tr>
<tr><td colspan="12">项号　商品编号　商品名称、规格型号　数量及单位　原产国（地区）　单价　总价　币制　征免</td></tr>
<tr><td colspan="12">1.
填写保税仓库电子账册中的备案序号</td></tr>
<tr><td colspan="12">2.</td></tr>
<tr><td colspan="12">3.</td></tr>
<tr><td colspan="12">4.</td></tr>
<tr><td colspan="12">5.</td></tr>
<tr><td colspan="12">特殊关系确认：　价格影响确认：　支付特许权使用费确认：</td></tr>
<tr><td colspan="2">录入员录入单位</td><td colspan="7">兹申明对以上内容承担如实申报、依法纳税之法律责任</td><td colspan="3">海关批注及签章</td></tr>
<tr><td colspan="12">报关人员　　　　　　申报单位（签章）</td></tr>
</table>

图 4－9　转入方进口报关单

中华人民共和国海关出口货物报关单

预录入编号： 海关编号：

收发货人 实际经营单位名称及编码	出口口岸	出口日期	申报日期	
生产销售单位 转出方保税仓库名称及编码	运输方式 其他运输，9	运输工具名称	提运单号	
申报单位	监管方式 保税间货物，1200	征免性质 空	备案号	
贸易国（地区）	运抵国（地区） 中国，CHN	指运港 中国，CHN	境内货源地	
许可证号	成交方式	运费	保费	杂费
合同协议号	件数	包装种类	毛重（千克）	净重（千克）
集装箱号	随附单证			
标记唛码及备注				
项号 商品编号 商品名称、规格型号 数量及单位 最终目的国（地区） 单价 总价 币制 征免				
01. 填写保税仓库电子账册中的备案序号				
特殊关系确认： 价格影响确认： 支付特许权使用费确认：				
录入员录入单位	兹申明对以上内容承担如实申报、依法纳税之法律责任	海关批注及签章		
报关人员	申报单位（签章）			

图 4－10 转出方保税仓库出口报关单

保税仓库货物报关一览表，如表4－3所示。

表4－3　　　　　　　　　　　　保税仓库货物报关一览表

<table>
<tr><td rowspan="3">进仓报关</td><td rowspan="3">进口报关</td><td colspan="2">保税仓库货物进境入仓，除国家另有规定外，免领进口许可证件</td></tr>
<tr><td>仓库主管海关与进境口岸海关不是同一直属海关</td><td>按转关运输办理报关手续（提前报关转关或直接转关）</td></tr>
<tr><td>仓库主管海关与进境口岸海关是同一直属海关</td><td>经直属海关批准，可不按转关运输办理，经营企业直接在口岸海关报关，口岸海关放行后，企业自行提取货物入仓</td></tr>
<tr><td rowspan="8">出仓报关</td><td rowspan="5">进口报关（进入国内市场）</td><td colspan="2">转为正式进口的同一批货物，填制两张报关单，一张办结出仓报关手续，填制出口货物报关单，监管方式填写“1200”；一张办理进口申报手续，按照实际进口监管方式填制进口货物报关单</td></tr>
<tr><td>出仓用于加工贸易</td><td>按加工贸易货物报关程序办理手续</td></tr>
<tr><td>出仓用于特定减免税用途</td><td>按特定减免税货物报关程序办理手续</td></tr>
<tr><td>出仓进入国内市场或境内其他方面</td><td>按一般进口货物报关程序办理手续</td></tr>
<tr><td>保税仓库内的寄售维修零配件申请保修期内免税出仓</td><td>保税仓库经营企业办理进口报关手续，填制进口货物报关单，贸易方式“无代价抵偿（3100）”</td></tr>
<tr><td rowspan="2">出口报关（复运出口）</td><td>仓库主管海关与口岸海关不是同一直属海关</td><td>按转关运输办理出口报关手续</td></tr>
<tr><td>仓库主管海关与口岸海关是同一直属海关</td><td>经直属海关批准，可不按转关运输办理，企业自行提取货物出仓，到口岸海关办理出口报关手续</td></tr>
<tr><td>集中报关</td><td colspan="2">保税货物出库批量少、批次频繁的，经海关批准可以办理定期集中报关手续</td></tr>
</table>

经典案例

辽宁某公司是专业生产瓦楞纸箱的外资企业，同时销售国外集团公司产品，其进口产品多为原材料，出口为成品。该公司在经营生产中既有一般贸易进出口业务，也有加工贸易业务，故企业存在的问题有：①贸易方式多样化，导致仓库管理难度高。②客户需求即时性高，生产短线情况时有发生。一般贸易和加工贸易的库存混乱，导致生产线加工混乱。③一般贸易进口的货物，税款占用资金压力大，令企业资金周转不开。

企业找来了专业的报关员，其与企业的领导层针对企业的自身情况制订了相应解决方案，即采用保税仓库，其好处有：①减少安全库存，企业自有仓库管理难度下降；②加大了生产灵活性，避免了串料等问题的出现，订单能及时地满足客户要求；③节约成本，企业节约了税款资金占用成本。

该方案施行后，虽然企业增加了一些新的费用，如一些保税仓库仓储费用、人工费用等，但是，一些外租仓库费用、税款占用资金费用大幅降低。综合起来，费用比原来低。更重要的是，企业的管理更加规范清晰、简洁高效，更能使企业更好地发展。

二、出口监管仓库

（一）出口监管仓库简介

1. 出口监管仓库的含义

出口监管仓库，是指海关批准设立，对已办结海关出口手续的货物进行存储、保税物流配送，提供流通性增值服务的海关专用监管仓库。

2. 出口监管仓库的功能

出口监管仓库的功能也只是仓储，主要用于存放出口货物。

经过海关的批准，可以存入出口监管仓库的货物有以下几种：一般贸易出口货物；加工贸易出口货物；从其他海关特殊监管区域、场所转入的出口货物；其他已办结海关出口手续的货物。

出口监管仓库还可以存放为拼装出口货物而进口的货物。

出口监管仓库不得存放下列货物：国家禁止出入境货物；未经批准的国家限制进出境货物；海关规定不得存放的货物。

3. 出口监管仓库的设立

申请设立出口监管仓库，应当向仓库所在地主管海关提交书面申请，此外，还应提供能证明该企业已经具备设立出口监管仓库条件的有关文件。

申请设立出口监管仓库的企业，应当自海关出具批准文件之日起一年内向海关申请出口监管仓库验收。

出口监管仓库验收合格后，经直属海关注册登记并核发中华人民共和国海关出口监管仓库注册登记证书，可以投入运营。

（二）保税仓库货物通关流程

1. 办理货物入仓

（1）出口监管仓库货物入库操作流程

出口监管仓库货物入库操作流程如图 4－11 所示。

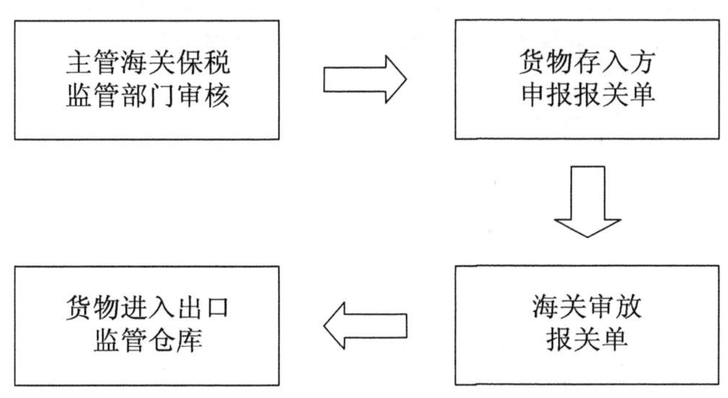

图4－11 出口监管仓库货物入库操作流程

（2）货物入库需提交的单证

出口监管仓库货物在仓库主管海关办理出口货物报关入库手续的，仓库经营企业应先向主管海关提出申请，并提交以下单证：出口监管仓库货物进（出）仓申请表（一式两份）；加盖出口监管仓库经营企业报关专用章的出口监管仓库货物入仓清单（一式三份）；货物所有人与仓库经营企业签订的仓储合同（协议）复印件（一式两份）；注明拟存出口监管仓库名称的出口货物报关单；对外签订的货物出口合同或海关加工贸易手册；属于许可证件管理的货物，需要提交相关许可证件；非自理报关的，应提供代理报关委托书；海关监管需要的其他单证。

在启运地海关办结出口报关手续的出口货物，以转关运输方式存入出口监管仓库的，仓库经营企业应向主管海关提交以下单证：出口监管仓库货物进（出）仓申请表（一式两份）；加盖出口监管仓库经营企业报关专用章的出口监管仓库货物入仓清单（一式三份）；进/出口转关货物申报单或进/出境载货清单；货物所有人与仓库经营企业签订的仓储合同（协议）复印件（一式两份）；对外签订的货物出口合同；海关监管需要的其他单证。

（3）货物入库集中申报

出口监管仓库货物，企业针对批量小、批次频繁的入仓货物可以向主管海关申请以集中申报方式办理货物入仓手续。入仓集中申报应采取事前申请、事后报关的方式。

出口监管仓库申请以集中申报方式办理货物入仓手续的，应在货物入仓前填制出口监管仓库货物集中报关申请表，向仓库主管海关提出申请。对准予集中申报的，海关予以签发出口监管仓库货物集中报关审核表，并批注相关要求。

（4）货物入库报关单填制规范

①一般贸易出口货物、加工贸易出口货物存入出口监管仓库的，由存入方填写出口报关单（见图4－12）。

②为拼装出口货物而进口的货物，以及未改换出口监管仓库货物包装而进口的包装物料，存入出口配送型出口监管仓库的填写进口报关单，如图4－13所示。

<table>
<tr><td colspan="9">中华人民共和国海关出口货物报关单
预录入编号：　　　　海关编号：</td></tr>
<tr><td colspan="3">收发货人
实际经营单位名称及编码</td><td colspan="2">出口口岸</td><td colspan="2">出口日期</td><td colspan="2">申报日期</td></tr>
<tr><td colspan="3">生产销售单位
实际发货单位名称及编码</td><td colspan="2">运输方式
监管仓库，1</td><td colspan="2">运输工具名称</td><td colspan="2">提运单号</td></tr>
<tr><td colspan="3">申报单位
实际报关单位名称及编码</td><td colspan="2">监管方式
实际贸易方式</td><td colspan="2">征免性质</td><td colspan="2">备案号</td></tr>
<tr><td colspan="2">贸易国（地区）</td><td colspan="2">运抵国（地区）
中国，CHN</td><td colspan="2">指运港
中国，CHN</td><td colspan="3">境内货源地</td></tr>
<tr><td colspan="2">许可证号</td><td colspan="2">成交方式</td><td colspan="2">运费</td><td colspan="2">保费</td><td>杂费</td></tr>
<tr><td colspan="2">合同协议号</td><td colspan="2">件数</td><td colspan="2">包装种类</td><td colspan="2">毛重（千克）</td><td>净重（千克）</td></tr>
<tr><td colspan="2">集装箱号</td><td colspan="7">随附单证
关联报关单号：CJ + 出口监管仓库 10 位数编码</td></tr>
<tr><td colspan="9">标记唛码及备注
存入出口监管仓库的名称，以及出口监管仓库货物入仓清单编号
随附单证号：</td></tr>
<tr><td>项号</td><td>商品编号</td><td>商品名称、规格型号</td><td>数量及单位</td><td>最终目的国（地区）</td><td>单价</td><td>总价</td><td>币制</td><td>征免</td></tr>
<tr><td></td><td></td><td></td><td></td><td></td><td></td><td></td><td></td><td></td></tr>
<tr><td></td><td></td><td></td><td></td><td></td><td></td><td></td><td></td><td></td></tr>
<tr><td></td><td></td><td></td><td></td><td></td><td></td><td></td><td></td><td></td></tr>
<tr><td></td><td></td><td></td><td></td><td></td><td></td><td></td><td></td><td></td></tr>
<tr><td></td><td></td><td></td><td></td><td></td><td></td><td></td><td></td><td></td></tr>
<tr><td colspan="9">特殊关系确认：　　价格影响确认：　　支付特许权使用费确认：</td></tr>
<tr><td colspan="2">录入员录入单位</td><td colspan="5">兹申明对以上内容承担如实申报、依法纳税之法律责任</td><td colspan="2">海关批注及签章</td></tr>
<tr><td colspan="2">报关人员</td><td colspan="7">申报单位（签章）</td></tr>
</table>

图 4－12　存入方出口报关单

<table>
<tr><td colspan="5">中华人民共和国海关进口货物报关单
预录入编号：　　　　　　　　　　　　海关编号：</td></tr>
<tr><td>收发货人
实际经营单位名称及编码</td><td colspan="2">进口口岸</td><td>进口日期</td><td>申报日期</td></tr>
<tr><td>消费使用单位
出口监管仓库经营单位的名称及编码</td><td colspan="2">运输方式
实际运输方式</td><td>运输工具名称</td><td>提运单号</td></tr>
<tr><td>申报单位
实际报关单位的名称及编码</td><td colspan="2">监管方式
保税仓库货物，1233</td><td>征免性质</td><td>备案号</td></tr>
<tr><td>贸易国（地区）</td><td>启运国（地区）</td><td colspan="2">装货港</td><td>境内目的地</td></tr>
<tr><td>许可证号</td><td>成交方式</td><td>运费</td><td>保费</td><td>杂费</td></tr>
<tr><td>合同协议号</td><td>件数</td><td>包装种类</td><td>毛重（千克）</td><td>净重（千克）</td></tr>
<tr><td>集装箱号</td><td colspan="4">随附单证</td></tr>
<tr><td colspan="5">标记唛码及备注
存入出口监管仓库的名称，以及出口监管仓库货物入仓清单编号
随附单证号：</td></tr>
<tr><td colspan="5">项号　商品编号　商品名称、规格型号　数量及单位　原产国（地区）　单价　总价　币制　征免</td></tr>
<tr><td colspan="5">1.</td></tr>
<tr><td colspan="5">2.</td></tr>
<tr><td colspan="5">3.</td></tr>
<tr><td colspan="5">4.</td></tr>
<tr><td colspan="5">5.</td></tr>
<tr><td colspan="5">特殊关系确认：　　价格影响确认：　　支付特许权使用费确认：</td></tr>
<tr><td>录入员录入单位</td><td colspan="3">兹申明对以上内容承担如实申报、依法纳税之法律责任</td><td>海关批注及签章</td></tr>
<tr><td>报关人员</td><td colspan="3">申报单位（签章）</td><td></td></tr>
</table>

图 4－13　进口货物报关单

2. 办理货物出仓

（1）出口监管仓库货物出库操作流程

出口监管仓库货物出库操作流程如图 4－14 所示。

（2）货物出库需提交的单证

出口监管仓库货物在仓库主管海关申报出仓，并从本仓库主管海关口岸出境的，即口岸海关与仓库主管海关在同一隶属海关的，企业直接在主管海关通关现场办理报关手续并提交以下单证：出口监管仓库货物进（出）仓申请表（一式两份）；加盖出

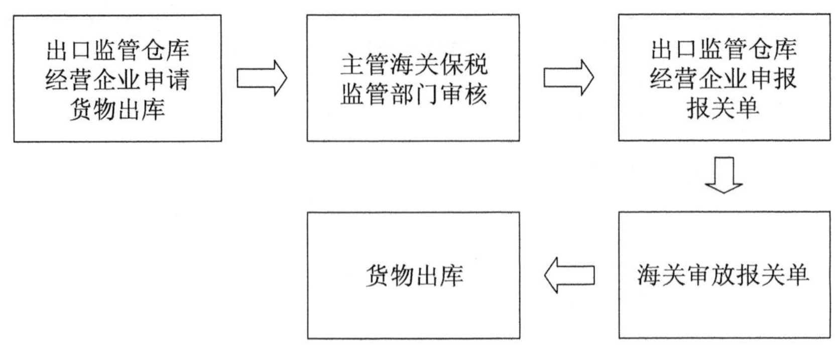

图 4－14　出口监管仓库货物出库操作流程

口监管仓库经营企业报关专用章的出口监管仓库货物入仓清单（一式三份）；出口货物报关单；非自理报关的，应提供代理报关委托书；运输工具装运单证；海关监管需要的其他单证。

出口监管仓库货物在仓库主管海关申报出仓离境，如是同一个直属关区内的口岸海关与仓库主管海关，虽不是同一个隶属海关的，原则上按"转关运输"方式办理通关手续，但企业应向仓库主管海关申请审核同意，企业可以凭主管海关出具的关封，在口岸海关办理通关手续。如不是同一个直属关区内的口岸海关与仓库主管海关的，按转关运输方式办理相关通关手续。提交以下单证：出口监管仓库货物进（出）仓申请表（一式两份）；加盖出口监管仓库经营企业报关专用章的出口监管仓库货物入仓清单（一式三份）；出口货物报关单；非自理报关的，应提供代理报关委托书；进/出口转关货物申报单或进/出境载货清单；海关监管需要的其他单证。

出口监管仓库货物不在仓库主管海关申报出仓，而是从口岸海关直接申报出境时，按以下程序办理手续：仓库主管海关对仓库经营企业提交的出口监管仓库货物进（出）仓申请和出口监管仓库货物出仓清单进行审核，并开具海关出口监管仓库货物口岸申报业务联系单。企业在口岸海关办理申报手续时，应提交以下单证：出口监管仓库货物进（出）仓申请表（一式两份）；加盖出口监管仓库经营企业报关专用章的出口监管仓库货物入仓清单（一式三份）；出口货物报关单；非自理报关的，应提供代理报关委托书；进/出境载货清单及随附单证；海关出口监管仓库货物口岸申报业务联系单；海关监管需要的其他单证。

出口监管仓库货物出库转国内进口业务的，仓库经营企业应向主管海关提交书面申请报告及出口监管仓库货物进（出）仓申请表（一式两份）。海关审批同意后，根据贸易管制有关规定、按照实际贸易方式和货物实际状态在仓库主管海关办理进口报关手续。

（3）货物出库报关单填制规范

出口监管仓库货物出仓后运往境外的，填写出口货物报关单（见图 4－15）；出口监管仓库货物出仓实际离境的，应申报报关单电子数据；出口监管仓库货物出仓转为加工贸易进口或转入国内市场销售的，由实际提货单位填写进口报关单（见图4－16）；出口监管仓库货物出仓后转至保税仓库继续实施保税监管的，由出口监管仓库填写出口报关单，保税仓库按保税仓库报关单填制注意事项填写进口报关单（见图4－17）；从其他出口监管仓库（保税仓库）转出的出口货物存入出口监管仓库的，由转出方填写出口报关单（见图4－18）。

中华人民共和国海关出口货物报关单				
预录入编号：			海关编号：	
收发货人 出口监管仓库经营单位的名称及编码	出口口岸	出口日期	申报日期	
生产销售单位 出口监管仓库经营单位的名称及编码	运输方式 实际运输方式	运输工具名称	提运单号	
申报单位 实际报关单位的名称及编码	监管方式 保税仓库货物，1233	征免性质	备案号	
贸易国（地区）	运抵国（地区） 实际最后运抵国	指运港 实际最终目的港	境内货源地	
许可证号	成交方式	运费	保费	杂费
合同协议号	件数	包装种类	毛重（千克）	净重（千克）
集装箱号	随附单证			
标记唛码及备注 对应出口监管仓库的名称，出口监管仓库货物出仓清单编号，以及出口监管仓库货物原进仓报关单编号 随附单证号：				
项号　商品编号　商品名称、规格型号　数量及单位　最终目的国（地区）　单价　总价　币制　征免				
特殊关系确认：　价格影响确认：　支付特许权使用费确认：				
录入员录入单位	兹申明对以上内容承担如实申报、依法纳税之法律责任	海关批注及签章		
报关人员	申报单位（签章）			

图4－15　出口货物报关单

<table>
<tr><td colspan="12">中华人民共和国海关进口货物报关单
预录入编号：　　　　海关编号：</td></tr>
<tr><td colspan="3">收发货人
实际经营单位名称及编码</td><td colspan="3">进口口岸</td><td colspan="3">进口日期</td><td colspan="3">申报日期</td></tr>
<tr><td colspan="3">消费使用单位
实际收货单位名称及编码</td><td colspan="3">运输方式
监管仓库，1</td><td colspan="3">运输工具名称</td><td colspan="3">提运单号</td></tr>
<tr><td colspan="3">申报单位
实际报关单位的名称及编码</td><td colspan="3">监管方式
实际贸易方式</td><td colspan="3">征免性质</td><td colspan="3">备案号</td></tr>
<tr><td colspan="3">贸易国（地区）</td><td colspan="3">启运国（地区）
中国，CHN</td><td colspan="3">装货港
中国，CNH</td><td colspan="3">境内目的地</td></tr>
<tr><td colspan="3">许可证号</td><td colspan="2">成交方式</td><td colspan="3">运费</td><td colspan="2">保费</td><td colspan="2">杂费</td></tr>
<tr><td colspan="3">合同协议号</td><td colspan="2">件数</td><td colspan="3">包装种类</td><td colspan="2">毛重（千克）</td><td colspan="2">净重（千克）</td></tr>
<tr><td colspan="3">集装箱号</td><td colspan="9">随附单证
关联备案号：CJ + 出口监管仓库 10 位数编码</td></tr>
<tr><td colspan="12">标记唛码及备注
对应出口监管仓库的名称，以及出口监管仓库货物出仓清单编号
随附单证号：</td></tr>
<tr><td>项号</td><td>商品编号</td><td colspan="2">商品名称、规格型号</td><td colspan="2">数量及单位</td><td colspan="2">原产国（地区）</td><td>单价</td><td>总价</td><td>币制</td><td>征免</td></tr>
<tr><td colspan="12">1.</td></tr>
<tr><td colspan="12">2.</td></tr>
<tr><td colspan="12">3.</td></tr>
<tr><td colspan="12">4.</td></tr>
<tr><td colspan="12">5.</td></tr>
<tr><td colspan="12">特殊关系确认：　　价格影响确认：　　支付特许权使用费确认：</td></tr>
<tr><td colspan="3">录入员录入单位</td><td colspan="6">兹申明对以上内容承担如实申报、依法纳税之法律责任</td><td colspan="3">海关批注及签章</td></tr>
<tr><td colspan="3">报关人员</td><td colspan="9">申报单位（签章）</td></tr>
</table>

图 4－16　实际提货单位填写的进口报关单

<table>
<tr><td colspan="12" align="center">中华人民共和国海关进口货物报关单
预录入编号：　　　　　　　　　　　　　　　　　　海关编号：</td></tr>
<tr><td colspan="3">收发货人
转出出口监管仓库经营单位的名称及编码</td><td colspan="3">进口口岸</td><td colspan="3">进口日期</td><td colspan="3">申报日期</td></tr>
<tr><td colspan="3">消费使用单位
转出出口监管仓库经营单位的名称及编码</td><td colspan="3">运输方式
其他运输，9</td><td colspan="3">运输工具名称</td><td colspan="3">提运单号</td></tr>
<tr><td colspan="3">申报单位
实际报关单位的名称及编码</td><td colspan="3">监管方式
保税间货物，1200</td><td colspan="3">征免性质</td><td colspan="3">备案号</td></tr>
<tr><td colspan="2">贸易国（地区）</td><td colspan="3">启运国（地区）
中国，CHN</td><td colspan="3">装货港
中国，CHN</td><td colspan="4">境内目的地</td></tr>
<tr><td colspan="2">许可证号</td><td colspan="2">成交方式</td><td colspan="3">运费</td><td colspan="3">保费</td><td colspan="2">杂费</td></tr>
<tr><td colspan="2">合同协议号</td><td colspan="2">件数</td><td colspan="3">包装种类</td><td colspan="3">毛重（千克）</td><td colspan="2">净重（千克）</td></tr>
<tr><td colspan="2">集装箱号</td><td colspan="10">随附单证
关联备案号：保税仓库电子账册编号</td></tr>
<tr><td colspan="12">标记唛码及备注
转至＋转入保税仓库的名称及电子账册编号，对应转出出口监管仓库的名称，以及出口监管仓库货物转申请表编号
随附单证号：</td></tr>
<tr><td colspan="12">项号　商品编号　商品名称、规格型号　数量及单位　原产国（地区）　单价　总价　币制　征免</td></tr>
<tr><td colspan="12">1.</td></tr>
<tr><td colspan="12">2.</td></tr>
<tr><td colspan="12">3.</td></tr>
<tr><td colspan="12">4.</td></tr>
<tr><td colspan="12">5.</td></tr>
<tr><td colspan="12">特殊关系确认：　　价格影响确认：　　支付特许权使用费确认：</td></tr>
<tr><td colspan="2">录入员录入单位</td><td colspan="7">兹申明对以上内容承担如实申报、依法纳税之法律责任</td><td colspan="3">海关批注及签章</td></tr>
<tr><td colspan="12">报关人员　　　　　　　　　　申报单位（签章）</td></tr>
</table>

图 4－17　转入方保税仓库经营企业进口报关单

中华人民共和国海关出口货物报关单

预录入编号： 海关编号：

收发货人 转出出口监管仓库经营单位的名称及编码	出口口岸	出口日期	申报日期
生产销售单位 转出出口监管仓库经营单位的名称及编码	运输方式 其他运输，9	运输工具名称	提运单号
申报单位 实际报关单位的名称及编码	监管方式 保税间货物，1200	征免性质	备案号

贸易国（地区）	运抵国（地区） 中国，CHN	指运港 中国，CHN	境内货源地

许可证号	成交方式	运费	保费	杂费
合同协议号	件数	包装种类	毛重（千克）	净重（千克）

集装箱号	随附单证 关联备案号：CJ + 转入出口监管仓库 10 位数编码

标记唛码及备注
转自 + 转出出口监管仓库的名称，出口监管仓库货物流转申请表编号（转自 + 转出保税仓库的名称及电子账册编号，保税仓库货物流转申请表编号），存入出口监管仓库的名称
随附单证号：

项号	商品编号	商品名称、规格型号	数量及单位	最终目的国（地区）	单价	总价	币制	征免

特殊关系确认： 价格影响确认： 支付特许权使用费确认：

录入员录入单位	兹申明对以上内容承担如实申报、依法纳税之法律责任	海关批注及签章
报关人员	申报单位（签章）	

图 4 - 18 转出方填写的出口报关单

经典案例

NTtank 公司成立于 2007 年 3 月，是全球最大的速冻设备制造商投资兴建的专业生产罐式集装箱的民营股份制企业。企业主要开展 ISO 罐式集装箱的加工贸易业务，多年来凭借诚信经营在行业内外获得了良好口碑。尽管企业发展不错，但是越来越高的出口物流成本使企业管理层担忧。究其原因，NTtank 公司生产的罐式集装箱根据客户的需求，需要先运送到各地装货，然后再运送到口岸报关。出口报关时需要将罐式集装箱和货物分开报关，增加了中间环节和额外费用，这些费用最终都转嫁给了 NTtank 公司。很多时候，为了能够完成空箱报关手续，NTtank 公司甚至不得不迫于客户的压力将罐式集装箱运到客户指定的地点，这无形中增加了运输成本。

当地海关了解到 NTtank 公司的困难后，向企业推荐利用出口监管仓库的平台解决企业出口物流成本偏高的问题。NTtank 公司获得海关批准后，可以在海关出口监管仓库完成空箱出口报关手续，继而由客户自行在海关监管仓库提箱，有效解决了空箱装货报关出口问题。出口报关流程的改变，使 NTtank 公司大大降低了物流成本。同时，借助出口监管仓库完成出口报关手续，也为 NTtank 公司加工贸易手册的核销和该公司及时获得出口退税带来了很大的便利。

之前的出口报关模式使企业很难按合同一次性报关，经常需要分批送货、分批保管，致使企业手册核销周期长，不能及时获得出口退税。现在空箱在出口监管仓库出口报关完成后即可退税，为企业手册核销和出口退税节省了时间，大大减轻了企业的资金压力。

任务四　海关特殊监管区域

任务导入

国际某大型集团企业为了降低生产成本、减少税收支出，有意将美国的生产工厂搬迁到中国，原材料由美国总公司提供，在国内保税区进行加工装配，最终以成品出口。

思考： 1. 什么是保税区？

2. 保税区的功能有哪些？

相关知识

海关特殊监管区域主要有保税港区（综合保税区）、保税区、出口加工区、保税物流园区、其他海关特殊监管区域。下面以保税区和出口加工区为例，讲解海关特殊监管区域。

一、保税区

（一）保税区简介

1. 保税区的含义

保税区是经国务院批准，在中华人民共和国境内设立的由海关进行监管的特定区域。我国共有15个保税区：天津港保税区、大连保税区、青岛保税区、张家港保税区、上海外高桥保税区、宁波保税区、福州保税区、厦门象屿保税区、汕头保税区、深圳沙头角保税区、深圳盐田保税区、深圳福田保税区、广州保税区、珠海保税区、海口保税区。

2. 保税区的功能

保税区具有出口加工、转口贸易、商品展示、仓储运输等功能，也就是说，保税区既有保税加工功能，又有保税物流功能。

保税区与境内其他地区之间，设置符合海关要求的隔离设施。保税区有以下禁止事项：除安全保卫人员外，其他人员不得在保税区居住；国家禁止进出口的货物、物品，不得进出保税区；国家明令禁止进出口的货物和列入《加工贸易禁止类商品目录》的商品，在保税区不准开展加工贸易。

（二）保税区进出货物报关程序

保税区的货物通关，“一线免证保（免）税，二线应证应税，区内流转便利”。其中，“一线”是指保税区与境外之间，“二线”是指保税区与境内区外之间，“区内”是指货物在统一保税区内的不同企业之间。保税区进出货物流程如图4-19所示。

1. 一线进出境货物管理

（1）海关对一线进出的货物实施简便、有效的监管。

（2）海关对一线进出货物的收发货人或其代理人实行备案制管理。

（3）海关针对一线进出的货物，不实行进出口配额、许可证管理，但是实行出口被动配额管理。

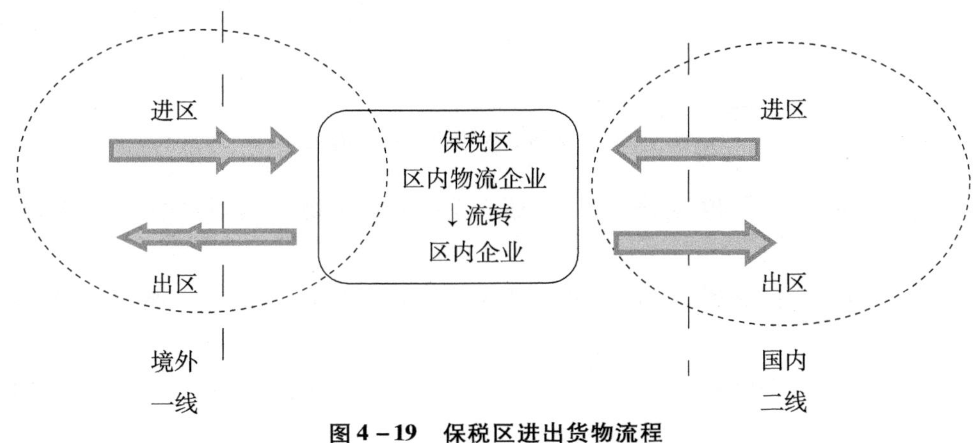

图4－19　保税区进出货物流程

（4）一线进出境通关申报流程，如图4－20所示。

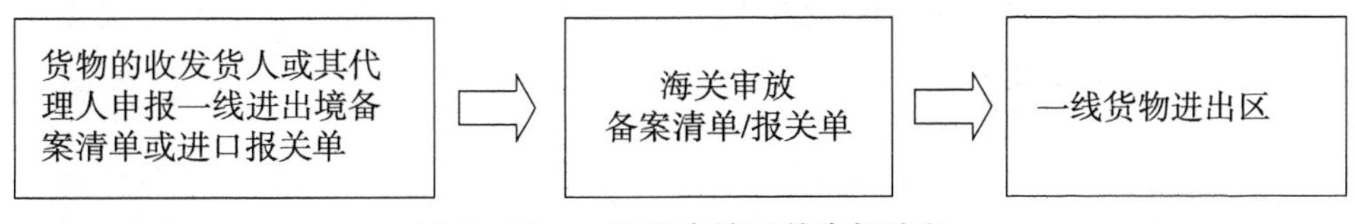

图4－20　一线进出境通关申报流程

（5）按照保税区相关规定填制相应报关单证、相关监管方式。

①保税区进出仓储、转口货物填报“保税区仓储转口，1234”。

②保税区进出境加工贸易货物根据性质填报区外加工贸易货物相应监管方式。

③保税区进出境减免税货物根据性质填报区外减免税货物相应监管方式。

2. 二线进出区货物管理

（1）二线出区货物，按照进口货物办理手续；从非保税区进入保税区的货物，按照出口货物通关手续办理，海关在货物实际离境后才签发出口退税证明联。

（2）二线进区供区内使用的机器、设备、基建物资和物品，使用单位应当向海关提供进区货物清单，经过海关查验后放行。针对货物已经缴纳的税款不予退还。

（3）保税区的货物需从非保税区进出口或者保税区内的货物运往另一个保税区的，企业应先向海关提出书面申请，经海关批准后按照海关转关运输及有关规定办理。

（4）货物二线进出区通关流程如图4－21所示。

（5）按照保税区相关规定填报相应报关单证、相关监管方式：

①按成品征税的保税区进料加工成品转内销货物，填报“保区进料成品，0444”；

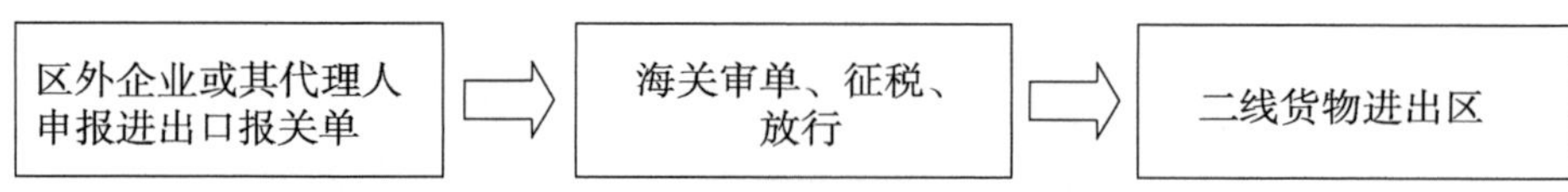

图 4－21　货物二线进出区通关流程

②按成品征税的保税区来料加工成品转内销货物，填报“保区来料成品，0445”；

③按料件征税的保税区进料加工成品转内销货物，填报“保区进料料件，0544”；

④按料件征税的保税区来料加工成品转内销货物，填报“保区来料料件，0545”；

⑤其他货物根据性质填报区外相应监管方式。

3. 货物区内流转

保税区的货物可以在区内企业之间转让、转移，双方企业当事人应当就转让、转移的内容向主管海关备案。

经典案例

某外资设备公司在沈阳设立了一家精密设备加工工厂，原料全部由其在国外总公司提供。由于产品生产过程精密程度较高，以前原材料经多次报关进入工厂总会发现很多不合格的料件。料件价值很高，沈阳工厂想将不合格的料件退运换新，但是由于料件是加工贸易手册报关进口的，退运手续相当麻烦，即使沈阳工厂接受损失放弃退运，将来也会给手册核销带来困难。

小赵是该企业报关员，他想到自己学过保税区报关，于是，结合企业情况，制订了一个方案，即进口料件到码头后直接运进保税区存放，把集装箱返给船公司，在保税区进行原材料质量预检验，合格品报关入工厂，不合格品退运。这样，既保证了原材料质量，又避免了不必要的麻烦。

职场热线

背景资料：

我国的 A 公司要将货物出口到美国的 B 公司，货物是由 A 公司生产的柜体和我国台湾 C 公司生产的仪表组装后的产品。

经过分组讨论，同学们得出了以下三组方案：

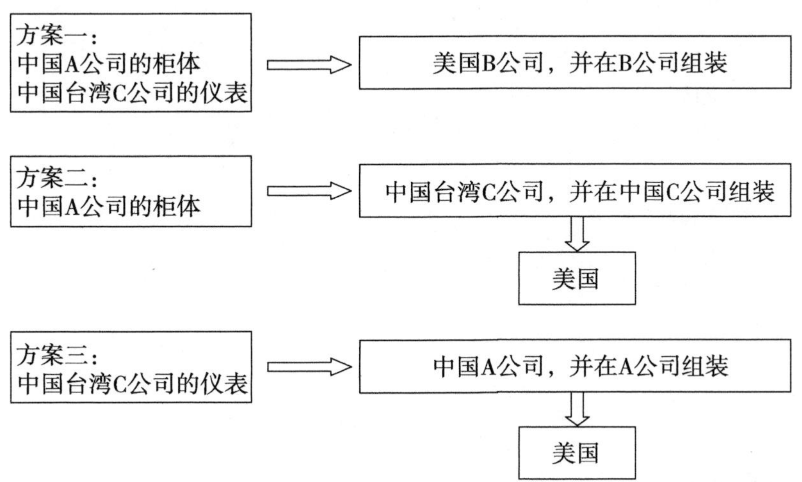

如果你是接受委托的国际货运代理企业，你将如何为客户设计运输方案？

建议方案：

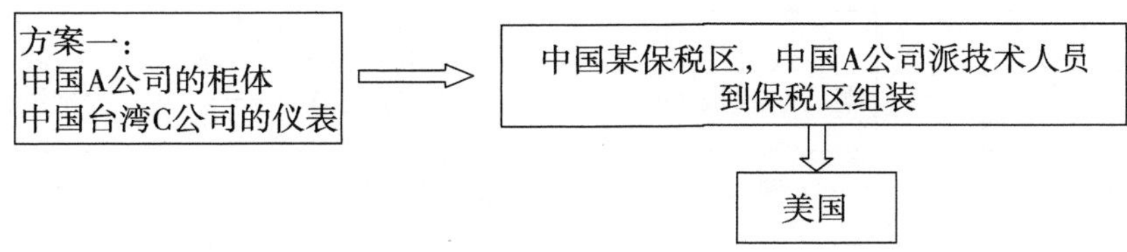

分析：

此方案的优点在于节省成本，保证产品质量。

二、出口加工区

（一）出口加工区简介

出口加工区是经国务院批准在中华人民共和国境内设立的，具有加工制造、保税物流、研发、检测、维修等功能的海关特殊监管区域。

出口加工区功能：加工、制造；保税物流；研发、检测、维修；经海关批准的其他业务。

（二）出口加工区进出货物报关程序

出口加工区的货物通关，“一线免证保（免）税，二线应证应税，区内流转便利”。其中，“一线”是指出口加工区与境外之间，“二线”是指出口加工区与境内区外之间，“区内流转”是指货物在同一出口加工区内的不同企业之间。出口加工区进出货物流程如图 4－22 所示。

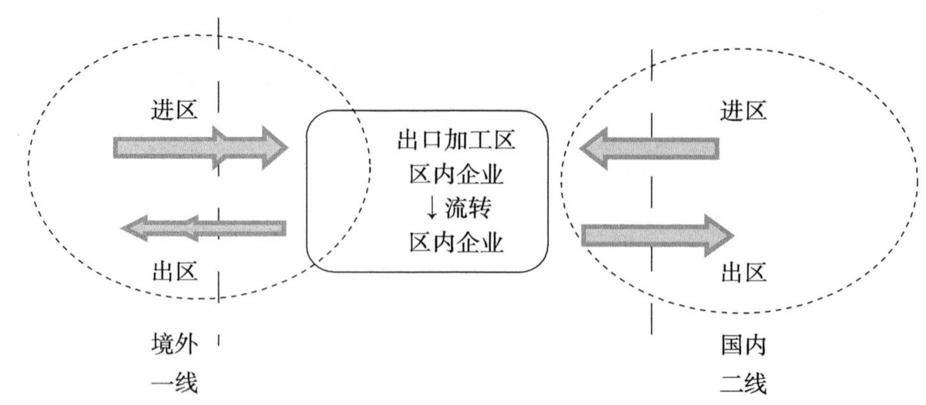

图 4－22　出口加工区进出货物流程

1. 境外货物进区

（1）一线进境操作流程

一线进境操作流程，如图 4－23 所示。

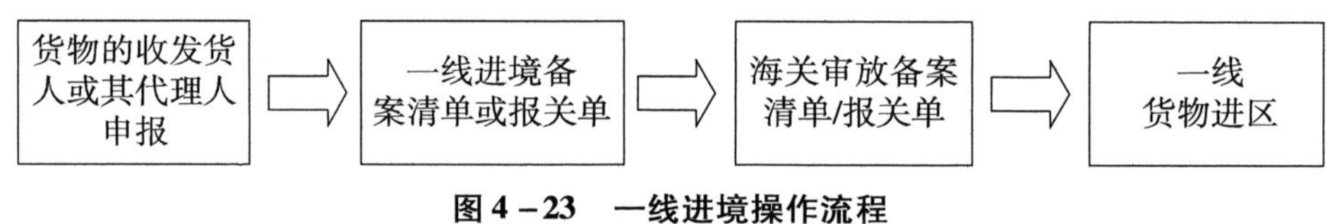

图 4－23　一线进境操作流程

（2）一线进境货物保税，实行备案制

海关对出口加工区与境外之间进出的货物实行备案制管理，对从境外进入、出口加工区的货物予以保税，但减免税货物、征税货物（区内自用的交通运输工具、生活消费用品等）除外。实行备案制管理的，货物的收发货人或其代理人应当如实填写进出境货物备案清单，向海关备案。

（3）一线进境货物免证

出口加工区与境外之间进出的货物，不实行进出口配额、许可证件管理，但法律、行政法规和规章另有规定的除外。对于同一配额、许可证件项下的货物，海关在进区环节已经核验配额、许可证件的，在出境环节不再要求企业出具配额、许可证件原件。

（4）按照出口加工区相关规定填报相应报关单证、相关监管方式

①区内企业从境外购进的用于研发的料件、成品，或者研发后将该货物退回境外，但不包括企业自用或其他用途的设备，填报“特殊区域研发货物，5010”；

②区内加工企业在来料加工贸易业务项下的料件从境外进口的，填报“区内来料加工，5014”；

③区内加工企业在进料加工贸易业务项下的料件从境外进口的，填报“区内进料加工，5015”；

④区内物流企业从境外进口的用于仓储、分拨、配送、转口的物流货物，填报

"区内物流货物，5034"；

⑤区内企业从境外进口的用于区内业务所需的设备、基建物资，以及区内企业和行政管理机构自用合理数量的办公用品等，填报"境外设备进区，5335"；

⑥区内企业经营来料加工业务，出境的成品返回区内退换的，填报"来料成品退换，4400"；

⑦区内企业经营进料加工业务，出境的成品返回区内退换的，填报"进料成品退换，4600"；

⑧从境外进入特殊区域的检测、维修货物，区内企业填报"修理物品，1300"。

2. 国内货物进区

（1）二线进区操作流程

区内企业获取代理申报进境备案清单，区外企业或其代理同时申报出口报关单。

①二线进区货物实行"双报关"，即区内企业申报进境备案清单，区外企业同时申报出口报关单。

②二线货物应当在出口加工区主管海关办理海关手续。

③海关监管货物从出口加工区与区外之间进出的，海关可以要求提供相应的担保。

（2）二线进区货物视同出口，应证应税（出口关税）退税（增值税）

出口加工区与区外之间进出的货物，区内企业或者区外收发货人按照进出口货物的有关规定向保税港区主管海关办理申报手续。需要征税的，区内企业或者区外收发货人按照货物进出区时的实际状态缴纳税款；区外货物进入出口加工区的出口退税商品，海关签发用于出口退税的出口货物报关单证明联，但对出口加工区的区内生产企业在境内区外采购用于生产出口产品的部分原材料，进区时不征收出口关税。

二线进区货物属于配额、许可证件管理商品的，区内企业或者区外收货人还应当向海关出具配额、许可证件。

（3）按照出口加工区相关规定填报相应报关单证、相关监管方式

①区内物流、加工企业从境内（区外）购进的料件，填报"料件进出区，5000"；

②区内企业加工后的成品（包括研发成品和物流企业简单加工的成品）进入境内（区外）的，填报"成品进出区，5100"；

③区内企业从境内（区外）购进的自用设备、物资，填报"设备进出区，5300"；

④从境内（区外）进入特殊区域的检测、维修货物，区内企业填报"修理物品，1300"；

⑤区内企业产品、设备运往境内（区外）测试、检验或委托加工产品的，复运回区内，填报"暂时进出货物，2600"；

⑥区内企业产品运出境内（区外）展览完毕运回区内的，填报"展览品，2700"。

3. 区内货物出境

（1）一线出境操作流程

一线出境操作流程如图 4－24 所示。

图 4－24　一线出境操作流程

（2）一线出境货物免征出口关税，实行备案制

从出口加工区运往境外的货物免征出口关税，但法律、行政法规另有规定的除外。

海关对出口加工区与境外之间的货物实行备案制管理，对从境外进入出口加工区的货物予以保税，但减免税货物、征税货物（区内自用的交通运输工具、生活消费用品等）除外。实行备案制管理的货物的收发货人或其代理人应当如实填写进出境货物备案清单，向海关备案。

（3）一线出境货物免证

出口加工区与境外之间进出的货物不实行进出口配额、许可证件管理，但法律、行政法规和规章另有规定的除外。对于同一配额、许可证件项下的货物，海关在进区环节已经核验配额、许可证件的，在出境环节不再要求企业出具配额、许可证件原件。

（4）按照出口加工区相关规定填报相应报关单证、相关监管方式

①区内企业将用于研发的料件、成品退回境外，但不包括企业自用或其他用途的设备，填报“特殊区域研发货物，5010”。

②区内加工企业在来料加工贸易业务项下的制成品申报出境的，填报“区内来料加工，5014”。

③区内加工企业在进料加工贸易业务项下的制成品申报出境的，填报“区内进料加工，5015”。

④下列进出特殊区域的货物，填报“区内物流货物，5034”：区内物流企业运往境外的用于仓储、分拨、配送、转口的物流货物；区内加工企业将境内入区且未经加工的料件申报出境的。

⑤区内企业将监管方式“境外设备进区，5335”项下的货物退运境外的，填报“区内设备退运，5361”。

⑥区内企业经营来料加工业务，从境外进口的料件复出境的，填报“来料料件复出，0265”。

⑦区内企业经营来料加工业务，进境的料件出境退换的，填报“来料料件退换，0300”。

⑧区内企业经营进料加工业务，从境外进口的料件复出境的，填报“进料料件复出，0664”。

⑨区内企业经营进料加工业务，进境的料件出境退换的，填报“进料料件退换，0700”。

⑩特殊区域运往境外的检测、维修货物，区内企业填报“修理物品，1300”。

⑪区内企业将来料加工项下的边角料复出境的，填报“来料边角料复出，0864”；将进料加工项下的边角料复出境的，填报“进料边角料复出，0865”。

4. **区内货物出区**

区内货物出区又可称为二线出区。

（1）出口加工区货物出区深加工结转

出口加工区区内货物以保税结转形式出区的，称为出口加工区货物出区深加工结转，是指区内加工企业（以下简称转出企业）按照《中华人民共和国海关对出口加工区监管的暂行办法》的有关规定办理报关手续，将本企业加工生产的产品直接或者通过保税仓储企业转入其他出口加工区、保税区等海关特殊监管区域及区外加工贸易企业（以下简称转入企业），进一步加工后复出口的经营活动。

出口加工区货物出区深加工结转分为结转到其他海关特殊区域和结转到区外加工贸易企业两种：

出口加工区货物出区深加工结转（结转到其他海关特殊区域）操作流程，如图4－25所示。

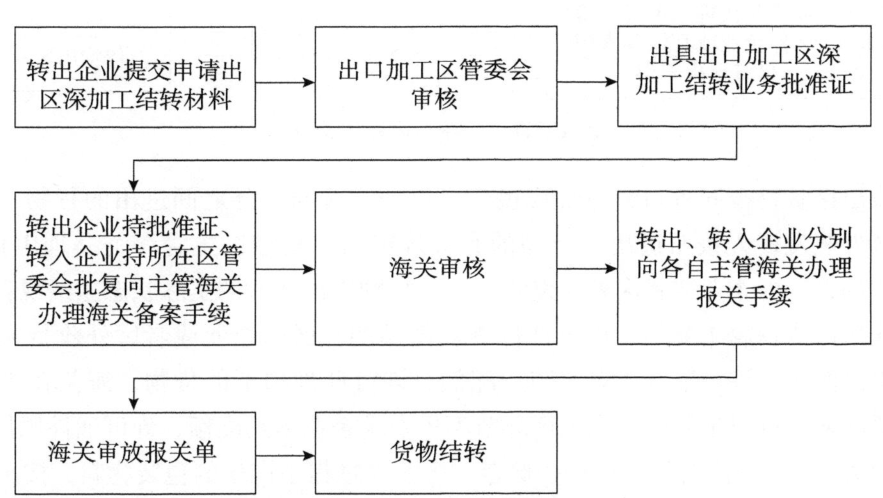

图4－25　出口加工区货物出区深加工结转（结转到其他海关特殊区域）操作流程

出口加工区货物出区深加工结转（结转到区外加工贸易企业）操作流程如图4－26所示。

（2）其他二线出区

其他二线出区是指出口加工区区内货物以非保税结转形式出区。二线出区操作流程如图4－27所示。二线出区货物实行“双报关”，即区内企业或其代理人申报出境备案清单，区外企业或其代理人同时申报进口报关单。其货物应当在出口加工区主管海关办理海关手续，海关同时审放备案清单和报关单。海关监管货物从出口加工区与区外之间进出的，海关可以要求提供相应的担保。

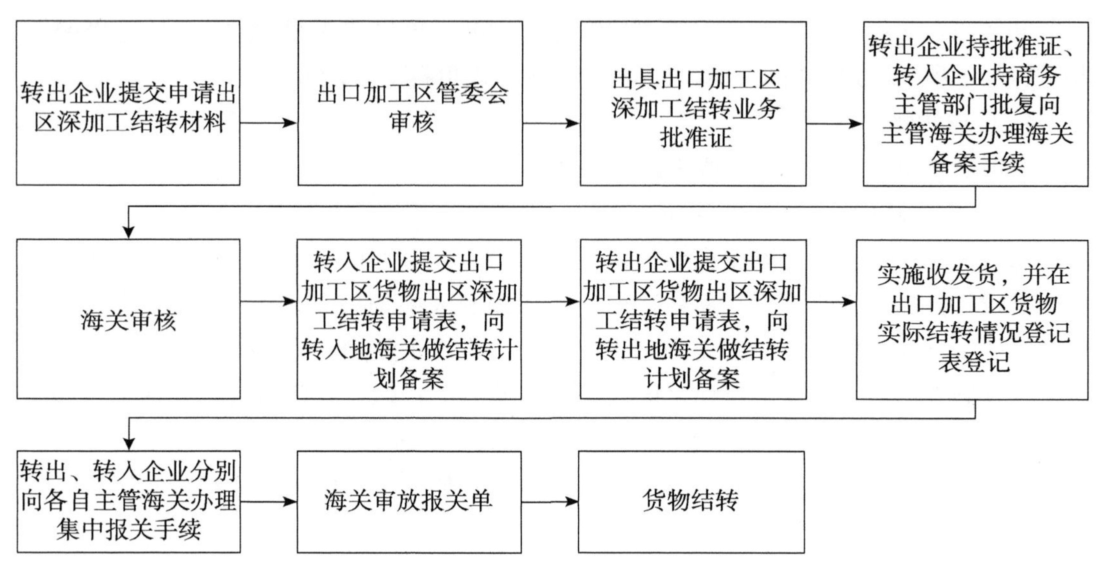

图 4－26　出口加工区货物出区深加工结转（结转到区外加工贸易企业）操作流程

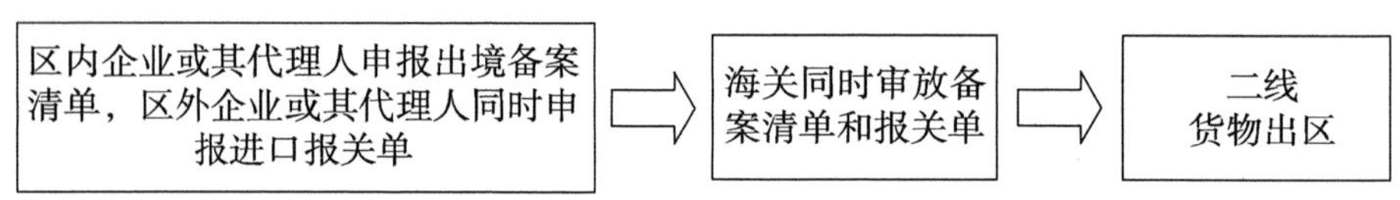

图 4－27　二线出区操作流程

二线出区货物视同进口，应证应税。出口加工区与区外之间进出的货物，区内企业或者区外收发货人按照进出口货物的有关规定向保税港区主管海关办理申报手续。需要征税的，区内企业或者区外收发货人按照货物进出区时的实际状态缴纳税款。

二线出区货物属于配额、许可证件管理商品的，区内企业或者区外收货人还应当向海关出具配额、许可证件。对于同一配额、许可证件项下的货物，海关在进境环节已经核验配额、许可证件的，在出区环节不再要求企业出具配额、许可证件原件。

区内边角料、废品及加工生产、储存、运输等过程中产生的包装物料，按出区时的实际状态征税。属于进口配额、许可证件管理商品的，免领进口配额、许可证件；属于列入禁止进口废品目录的废物以及其他危险废物需出区处置的，有关企业凭出口加工区行政管理机构以及所在地的市级环保部门批件等材料，向海关输出区办理手续。

（3）按照出口加工区相关规定填报相应报关单证、相关监管方式

①下列进出特殊区域的货物，填报“料件进出区，5000”：区内物流、加工企业运往境外的料件（不包括经过区内企业实质性加工的成品）；区内物流、加工企业从境内购入的料件因故退运、退换的。

②区内企业加工后的成品（包括研发成品和物流企业简单加工的成品）进入境内区外的填报“成品进出区，5100”。

③下列进出特殊区域的企业自用设备、物资，填报“设备进出区，5300”：区内企

业将从境内区外购进的自用设备、物资从特殊区域销往境内区外，结转到同一特殊区域或者另一特殊区域的企业，或在境内区外退运、退换的；区内企业从境外进口的自用设备、物资，申报进入境内区外的。

④从境外进入特殊区域的检测、维修货物，区内企业填报“修理物品，1300”。

⑤区内企业将来料加工项下的边角料销往境内区外的，填报“来料边角料内销，0844”；将进料加工项下的边角料销往境内区外的，填报“进料边角料内销，0845”。

⑥区内企业产品、设备运往境内区外测试、检验或委托加工的产品，填报“暂时进出货物，2600”。

⑦区内企业产品运往境内区外展览的，填报“展览品，2700”。

⑧无原始报关单件后续补税的，填报“后续补税，9700”。

（4）经海关核准，区内企业的二线货物可以办理集中申报手续。

5. 货物区内流转

货物区内流转（以下简称区内流转），出口加工区内货物可以自由流转。区内企业转让、转移货物的，双方企业应当及时向海关报送转让、转移货物的品名、数量、金额等电子数据信息。

任务实施

我国A公司是日本C公司的供应商，进料加工生产机器零部件出口日本。A公司接到日本C公司的邮件，要求A公司出口的成品中增加一份产品说明书，但是这个产品说明书是由另一家供应商B公司提供，B公司以往都是以一般贸易出口至日本后在日本统一包装。怎样才能更好地处理该问题？请完成以下任务。

任务一：制订报关计划。

任务二：制订通关方案。

操作分析：

第一步，制订报关计划，对应任务一。A公司机器零部件出口至出口监管仓库，B公司说明书出口至出口加工区，在出口加工区进行包装。

第二步，制订通关方案，对应任务二。A公司机器零部件以加工贸易方式出口至出口监管仓库，B公司说明书以一般贸易出口至出口监管仓库。

报关单填制注意事项：

A公司和B公司报关应填写出口报关单：①运输方式，监管仓库，1；②运抵国，中国，CHN；③指运港，中国，CNH；④最终目的国，中国，CHN；⑤备注，填写存入的出口监管仓库名称以及出口监管仓库货物入仓清单编号；⑥关联报关单号，填写CJ＋出口监管仓库10位数编码。

同步训练

一、单选题

1.（　　）是指进口料件由境外企业提供，经营企业不需付汇进口，按照境外企业的要求进行加工或者装配，只收取加工费，制成品由境外企业销售的经营活动。

A. 进料加工　　B. 来料加工　　C. 出料加工　　D. 一般加工

2.（　　）是指保税加工企业从事加工复出口业务，在生产过程中产生的有严重缺陷或者达不到出口合同标准，无法复出口的制品。

A. 进口料件　　B. 边角料　　C. 残次品　　D. 副产品

3. 目前，海关对保税加工备案的电子化手册以（　　）为单元进行管理。

A. 合同　　B. 企业　　C. 料件　　D. 成品

4.（　　）是指加工后，料件通过物理变化或者化学反应存在或者转化到单位成品中的量。

A. 单耗　　B. 净耗　　C. 工艺损耗　　D. 工艺损耗率

5. 外发加工基本情况备案应当在货物首次外发之日起（　　）内向海关办理。

A. 3 日　　B. 3 个工作日　　C. 5 日　　D. 5 个工作日

6. 经营企业自加工贸易手册项下最后一批成品出口或者加工贸易手册到期之日起（　　）内向海关报核。

A. 15 日　　B. 30 日　　C. 90 日　　D. 180 日

7. 加工贸易经营单位委托异地加工企业加工产品出口，应当向（　　）办理合同备案手续。

A. 加工企业所在地主管海关　　B. 经营单位所在地主管海关

C. 海关总署　　D. 进口料件进境地海关

8. 下列货物不得存入保税仓库的是（　　）。

A. 加工贸易出口货物　　B. 进境转口货物

C. 供应国际航行船舶的进口油料　　D. 外商进境暂存货物

二、多选题

1. 下列关于保税加工货物进出口与一般进出口货物进出口的表述，正确的有（　　）。

A. 保税加工进口料件暂缓缴纳进口关税和进口环节税

B. 一般进出口料件进口时缴纳进口关税和进口环节税

C. 保税加工进口料件除了国家另有规定属于进口限制性规定的，免于提交进口许可证件

D. 一般进出口料件属于国家对进出口有限制性规定的，应当向海关提交进出口许可证件

2. 下列属于保税加工货物管理范围的有（　　）。

A. 制成品　　B. 副产品　　C. 残次品　　D. 边角料

3. 下列关于来料加工和进料加工的表述，正确的有（　　）。

A. 来料加工料件由境外企业免费提供，进料加工料件由境内经营企业付汇购买

B. 来料加工的利润是加工费，进料加工的利润是销售利润

C. 来料加工与进料加工的进口料件都是保税的

D. 来料加工与进料加工的营销风险全由境内经营企业承担

4. 电子化手册备案资料库的主要内容包括（　　）。

A. 成品和料件的 H. S. 编码

B. 成品和料件的名称

C. 成品和料件的计量单位

D. 申报最近一年的加工贸易业绩，以进口总值计

5. 下列关于保税储存期限的表述，正确的有（　　）。

A. 保税仓库货物的储存期限为 1 年，可以申请延长，延长的期限最长不超过 1 年

B. 出口监管仓库货物储存期限为 6 个月，可以申请延长，延长期限不超过 6 个月

C. 保税物流中心保税储存期限为 2 年，可以申请延长，延长期限不超过 6 个月

D. 保税物流园区货物不设储存期限

6. 海关对保税物流货物监管的基本特征，除了监管延伸、纳税暂缓，还有（　　）。

A. 设立审批　　B. 准入保税　　C. 复运出境　　D. 运离结关

7. 保税区进境的（　　），使用进出境货物备案清单报关。

A. 加工贸易料件　　B. 加工贸易设备　　C. 转口贸易货物　　D. 仓储货物

能力提升

A 公司是一家服装进出口公司，所在地主管海关为沈阳海关，从香港进口一批原产于澳大利亚的服装辅料，价值 15 万美元，用于加工服装。货物经墨尔本装船至香港，经香港转船后运至大连，A 公司委托大连 B 报关行持手册向大连大窑湾海关申报进口，后转运至沈阳。服装面料加工完毕，部分结转至大连 C 服装有限公司加工西服出口。

1. A 公司经海关批准并备案后将部分服装面料交 C 公司加工西服出口的经营活动，在海关管理中属于（　　）。

A. 保税加工货物异地加工　　B. 保税加工货物外发加工

C. 保税加工货物深加工结转　　D. 保税加工货物料件结转

2. A 公司将服装面料结转至 C 公司，关于双方应办理的海关手续的表述，正确的是（　　）。

A. A 公司应先向沈阳海关备案结转计划，经沈阳海关审批后，C 公司再向所在地主管海关备案

B. 结转计划分别经 A 公司和 C 公司所在地海关审批后，A 公司和 C 公司即可进行实际收发货

C. A 公司应在 C 公司办结结转进口手续后，在海关规定时间内办结该批货物的结转出口报关手续

D. C 公司应在海关规定时间内填制进口货物报关单，办结该批货物的结转进口报关手续

3. A 公司将服装辅料加工完毕后，应向海关申请合同报核。报核单证包括（　　）。

A. 企业合同核销申请表　　B. 加工贸易手册

C. 进出口货物报关单　　D. 核销核算表

模块五　其他进出口货物报关

学习目标

▲ 知识目标

1. 掌握减免税货物范围及报关要点；
2. 熟悉暂准进出境货物的范围及报关要点；
3. 掌握过境、转运、通运货物的范围及报关要点；
4. 了解进出境快件及其他进出境货物的报关要点。

▲ 技能目标

1. 能够完成减免税货物报关手续；
2. 能够完成各种暂准进出境货物的报关流程；
3. 能够完成过境、转运、通运货物、进出境快件及其他进出境货物的报关。

任务一　减免税货物的报关

任务导入

小李是前程国际货运代理有限公司刚参加工作的报关员，该公司报关经理董新安排小李协助同事办理一票货物进口报关，详细业务情况如下。

浙江天玛时服装有限公司（属于国家鼓励发展产业类）在其投资总额内从境外购进一批免税纺织机械，在海关查验该批进口设备时，收货单位的陪同查验人员开拆包装不慎，将其中一台设备的某一部分损坏并在查验记录上注明。此后，该企业又从同一供货处购进生产原料一批，其中35%的加工产品内销，45%的加工产品返销境外，20%的加工产品结转给另一直属关区的其他加工贸易企业继续加工产品后销往境外。料件进口前，该企业已向海关办妥加工贸易合同登记备案手续和深加工结转手续。在海关监管期内，该企业为调整产业结构，将该加工设备出售给某内资企业。

思考： 1. 在海关查验时造成的加工设备损坏，应该怎么处理？

2. 料件进口应以哪种方式办理进口申报手续？

3. 免税纺织机械进口时该怎么办理？

相关知识

一、减免税货物概述

（一）减免税货物的含义

减免税货物是指海关根据国家的政策规定准予减税、免税进口的货物。

减免税是进出口货物减征或者免征关税、进口环节海关代征税的简称，减免税可以分为三类，即法定减免税、特定减免税和临时减免税，而特定减免税和临时减免税都属于政策性减免税范围，两者并无明显区别。

自2009年1月1日起，国家实施增值税转型改革后，大部分进口减免税货物恢复征收进口增值税，只免征进口关税。

法定减免税是指《海关法》等法律法规实施的减免税，除外国政府、国际组织无偿赠送的物资外，一般无须前期办理减免税申请，后期办理销案。

政策性减免税，大多是指根据国家政治、经济政策的需要，对特定地区、特定企业或者有特定用途的进出口货物，给予的减免进出口税收的优惠政策，包括基于特定目的实行的临时减免税政策。

法定减免税和临时减免税的适用面较窄，若无特别说明，这里主要是指特定减免税货物。特定减免税货物是指海关根据国家的政策规定准予减免税进口，适用于特定地区、特定企业、特定用途的货物。特定减免税货物的范围如表5－1所示。

延伸阅读

法定减免税货物的具体范围

关税税额在50元以下的一票货物；无商业价值的广告品和货样；外国政府、国际组织无偿赠送的物资；在海关放行前遭受损坏或损失的货物；进出境运输工具装载的途中必需燃料、物料和饮食用品；中华人民共和国缔结或参加的国际条约规定减征、免征关税的货物、物品；法律规定减征、免征关税的其他货物、物品。

表5－1　特定减免税货物的范围

货物类型	定义	举例
特定地区	我国关境内由行政法规规定的某一特别限定区域，享受减免税优惠的进口货物只能在这个特别限定的区域内使用	保税区、出口加工区、保税物流园区、保税港区等特定区域进口生产性的基础设施建设项目所需要的机器、设备和其他基建物资等，予以免税
特定企业	国家规定享受减免税优惠的进口货物只能由国务院制定的行政法规专门规定的企业使用	外商投资企业进口减免税货物
特定用途	国家规定可以享受减免税优惠的进口货物只能用于行政法规专门规定的用途	外商投资项目投资额度内进口的自用设备；国内属国家重点鼓励发展产业的投资项目进口的自用设备；科研机构和大专院校进口的国内不能生产或者性能不能满足需要的科学研究和教学用品；残疾人专用品及残疾人组织和单位进口的货物

思考

1. 四川雅安地震后的第一批国外救援物资是俄罗斯政府赠送的，这属于法定减免税货物吗？

2. 四川雅安地震后，某外国知名企业向我国无偿捐赠一批医疗设备，这属于法定减免税货物吗？

（二）减免税货物的管理

1. 监管年限

货物经进口后在特定的海关监管期限内接受海关监管。进口货物的海关监管期限依货物种类的不同而不同，一般来说，船舶、飞机的监管期限为8年，机动车辆的监管期限为6年，其他货物的监管期限为5年。

经典案例

A企业特定减免税进口飞机一架，两年后经批准按折旧价格转让给同样享受特定减免税优惠待遇的B企业，海关对B企业飞机的监管期限是6年。

分析：转入地主管海关在剩余监管年限内对结转减免税货物继续实施后续监管。因此，该货物的监管年限为8年减2年，即6年。

监管年限自货物进口放行之日起计算。在海关监管年限内，减免税申请人应当自进口减免税货物放行之日起，在每年的第1季度向主管海关递交减免税货物使用状况报告书，报告减免税货物使用状况。在海关监管年限及其后3年内，海关可以对减免税申请人进口和使用减免税货物情况实施稽查。

2. 减免税额度

在海关监管年限内，减免税申请人将进口减免税货物转让给进口同一货物享受同等减免税优惠待遇的其他单位的，不予恢复减免税货物转出申请人的减免税额度，减免税货物转入申请人的减免税额度按照海关审定的货物结转时的价格、数量或者应缴税款予以扣减。

减免税货物因品质或规格原因原状退运出境，减免税申请人以无代价抵偿方式进口同一货物的，不予恢复其减免税额度，未以无代价抵偿方式进口同一类型货物的，减免税申请人在原减免税货物退运出境之日起3个月内提出申请，经海关批准可以恢复其减免税额度，对其他提前解除监管的情形，不予恢复减免税额度。

思考

外商投资企业A公司在我国东部地区进行飞机制造项目的投资，经海关审定，该项目的减免税额度为7000万元。该公司进口一套价值500万元的飞机制造设备，3年后，经批准按折旧价格（300万元）转让给同样享受减免税待遇的B公司（该公司的减免税额度为5000万元），在海关办理了有关的结转手续，则A公司的减免税额度为（　　），B公司的减免税额度为（　　），海关对该套设备还需监管（　　）。

A. 7000万元，5000万元，5年　　B. 6500万元，4700万元，5年

C. 6500万元，4700万元，2年　　D. 7000万元，5000万元，2年

3. 担保放行

国家对限制类进出口货物要求应提供许可证件，不能提供许可证件的，以及法律、行政法规不得提供担保的其他情形，进出口地海关不得办理减免税货物凭税款担保放行手续。

减免税申请人若办理税款担保手续，应当在货物申报进出口前向主管海关提出申请，并按照有关进出口税收优惠政策的规定向海关提交相关材料。主管海关准予担保的，出具准予担保证书，进出口地海关凭主管海关出具的证明，办理货物的税款担保和验放手续。

税收担保期限不超过6个月的，经直属海关关长或其授权人批准可以延期，延期时间自税收担保期限届满之日起算，延长期限不超过6个月。特殊情况仍需延期的，

应当经海关总署批准。

二、减免税货物报关程序

减免税货物的报关程序大体有减免税备案和审批、进口报关、后续处置三个阶段。

（一）减免税备案和审批

减免税申请人应当向其所在地海关申请办理减免税备案、审批手续，特殊情况除外。投资项目所在地海关与减免税申请人所在地海关不是同一海关的，减免税申请人应当向投资项目所在地海关申请办理减免税备案、审批手续。

思考

广州某外商投资企业决定在东莞出口加工区投资建立一家电子产品加工厂，建厂的生产设备拟从美国进口，使用资金为投资总额内资金，为了获得关税减免优惠，该企业应在哪里的海关办理减免税的备案、审批手续？为什么？

1. 减免税备案

减免税申请人到主管海关办理减免税备案手续，海关对申请享受减免税优惠政策的减免税申请人进行资格确认，对项目是否符合减免税政策要求进行审核，确定项目的减免税额度等事项。

减免税备案步骤如图 5－1 所示。

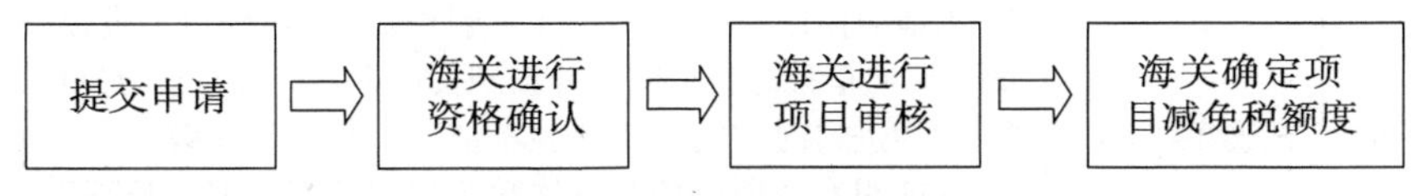

图 5－1　减免税备案步骤

2. 减免税审批

减免税备案后，货物进口前减免税申请人应当持以下单证向主管海关申请办理进口货物减免税审批手续：进出口货物征免税申请表；企业营业执照或者事业单位法人证书、国家机关设立文件、登记证书；进出口合同、发票及进口货物情况资料；享受进口税收优惠政策资格的证明材料；海关要求的其他材料。

减免税申请办理步骤如图 5－2 所示。

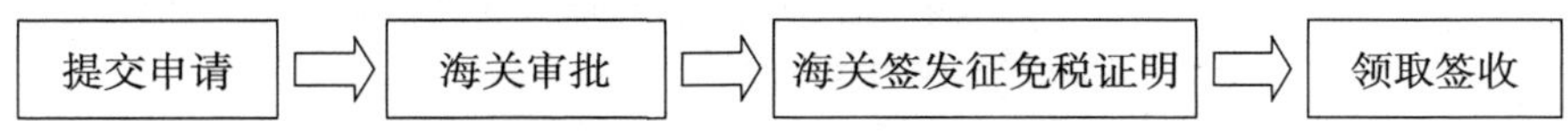

图 5－2　减免税申请办理步骤

海关收到减免税审批申请后，经审核做出所申请货物征税、减税或免税的决定，并签发进出口货物征免税证明，如图5－3所示。

中华人民共和国海关
进出口货物征免税证明

编号：

减免税申请人：			征免性质/代码：			审批依据：				
发证日期：			有效期：至　年　月　日止							
到货口岸：			合同号：			项目性质：				
序号	货名	规格	税号	数量	单位	金额	币制	主管海关审批征免意见		
								关税	增值税	其他
1										
2										
3										
4										
5										
备注										
审批海关签章： 负责人： 年　月　日		核放海关批注： 负责人： 年　月　日		注意事项及权利、义务提示： 1. 本证明使用一次有效。同一合同项下货物分口岸进口或分批到货的，应向审批海关申明，并按到货口岸、到货日期分别申请此证明。 2. 货物进口时应向海关交验本证明，复印件无效。 3. 本证明有效期应按照具体政策规定填写，但最长不得超过半年；如需延期，应在有效期内向原审批海关提出延期申请。 4. 规定由海关监管使用的减免税货物，在海关监管年限内，减免税申请人应按照特定用途、特定企业、特定地区使用；未经海关许可，不得擅自转让、抵押、质押、移作他用或者进行其他处置，否则海关将依法处理。 5. 如不服本证明决定，依照《中华人民共和国行政复议法》第九条、第十二条、第十六条，《海关法》第六十四条之规定，可以在本证明送达之日起六十日内向上一级海关（海关总署）申请行政复议，对复议决定仍不服的，依照《中华人民共和国行政诉讼法》第三十八条第二款的规定，可以自收到复议决定书之日起十五日内，向人民法院提起诉讼						

图5－3　进出口货物征免税证明

进出口货物征免税证明有效期为6个月，如有特殊情况，可以向海关申请延长，延长的最长期限为6个月，实行“一批一证”“一证一关”原则。如果一批特定减免税货物需要分两个口岸进口或者分两次进口，持证人应当事先分别申领征免税证明。

思考

北京某外资企业从美国购进大型机器成套设备，分三批运输进口，其中两批从天津进口，另一批从青岛进口。该企业在向海关申请办理该套设备的减免税手续时，应该（　　）。

A. 向北京海关分别申领两份征免税证明

B. 向北京海关分别申领三份征免税证明

C. 向天津海关申领一份征免税证明，向青岛海关申领一份征免税证明

D. 向天津海关申领两份征免税证明，向青岛海关申领一份征免税证明

（二）进口报关

与一般进出口货物报关不同，进口货物报关单上的“备案号”一栏要填写进出口货物征免税证明上的12位编号；进口时除了向海关提交报关单及随附单证，还应当提交进出口货物征免税证明。

（三）后续处置

在海关监管年限内，减免税申请人往往改变了减免税货物当初的使用用途，这样就存在后续处置的问题。减免税货物的后续处置如表5－2所示。

表5－2　　减免税货物的后续处置

在海关监管年限内的后续处置	海关监管
变更使用地点	需要向主管海关提出申请，持有关单证及需要异地使用的说明材料向主管海关申请办理异地监管手续
结转	需经转出地主管海关审核同意
转让	将进口减免税货物转让给不享受进口税收优惠政策或者进口同一货物不享受同等减免税优惠待遇的其他单位的，须向主管海关办理补缴税款和解除监管手续
移作他用	经海关批准，按海关批准的使用地区、用途、企业将减免税货物移作他用的时间补缴相应税款

续 表

在海关监管年限内的后续处置	海关监管
退运出口	持出口货物报关单向主管海关办理解除监管手续
减免税申请人变更、终止	减免税申请人分立、合并、股东变更、改制等变更情形，应自营业执照颁发之日起30日内向主管海关报告；需要补征税款的补税，继续享受减免税的办理备案变更或结转手续
	因破产、改制导致无承受人，原减免税申请人自资产清算之日起30日内向主管海关办理补税和解除监管手续
贷款抵押	向主管海关书面申请，经审核批准，方能且只能向金融机构抵押贷款，并应提供担保
解除监管	监管年限内，补缴税款，补交许可证件，办理解除监管手续；监管年限届满，自动解除监管

思考

资料：西安兴达公司为进料加工企业，2010年7月，以鼓励项目免税进口一批设备。现海关监管到期，准备向海关申请解除监管证明，可是录单时发现QP系统没有2010年的征免税资料。

讨论：该公司要怎样才能办理解除监管证明手续？

任务二　暂准进出境货物的报关

任务导入

中国香港某影视公司到中国内地来采拍外景，5月5日办理了暂准进口通关手续，期限为6个月，摄影器材以ATA单证册①为担保免税通关。6个月后，该公司采拍任务未完成，需要申请延期2个月，得到了海关的批准，该批摄影器材仍可在境内使用，

① ATA单证册（ATA Carnet）是一份国际通用的海关文件，它是世界海关组织为暂准进口货物而专门创设的。

并享受暂准进口货物的“担保免税”待遇。

思考：这种说法是否合理？为什么？

相关知识

一、暂准进出境货物的概述

暂准进出境货物指为了特定目的经海关批准暂时进境或暂时出境并在规定的期限内按原状复运出境或复运进境的货物。

（一）暂准进出境货物的监管特征

1. 有条件暂时免予缴纳税费

在进境或者出境时向海关缴纳相当于应纳税款的保证金或者提供其他担保的，暂时免予缴纳全部税费。

2. 免予提交进出口许可证件

暂准进出境货物不是实际进出口货物，可免予交验进出口许可证件。

3. 在规定期限内按原状复运进出境

暂准进出境货物应当自进境或出境起6个月内复运出境或复运进境；经收发货人申请，主管海关可根据规定延长复运出境或者复运进境的期限。

4. 按货物实际流向办结海关手续

暂准进出境货物都必须在规定期限内由货物的收发货人根据货物不同的情况向海关办理核销结关手续。

（二）暂准进出境货物的范围

暂准进出境货物分为两大类。

第一类（经海关批准暂时进境或出境，缴纳保证金，在规定的期限内复运出境或复运进境的货物）：在展览会、交易会、会议及类似活动中展示或者使用的货物；文化、体育交流活动中使用的表演、比赛用品；进行新闻报道或者摄制电影、电视节目使用的仪器、设备及用品；开展科研、教学、医疗活动使用的仪器、设备及用品；上述四项所列活动中使用的交通工具及特种车辆；暂时进出的货样；供安装、调试、检测设备时使用的仪器、工具；盛装货物的容器；其他暂时进出境货物用于非商业目的的货物。

第二类：第一类以外的暂准进出境货物，如工程施工中使用的设备、仪器和用品。第二类暂准进出境货物应当按照该货物的完税价格和其在境内、境外滞留时间的比例按月缴纳进口税和出口税。

思考

下列进境后复运出境的货物属于暂准进境货物的有哪些？

汽车展览会用展车；

工程施工用盾构机；

旅游自用驾车；

电视节目录制专用车。

二、暂准进出境货物的报关程序

（一）使用 ATA 单证册的暂准进出境货物

世界海关组织推行 ATA 单证册，其目的是简化特定货物的进出境通关程序，促进国际经济、科技、文化的交流。

1. ATA 单证册的含义

ATA 单证册是暂准进口单证册的简称，是指世界海关组织通过的《货物暂准进口公约》及其附约 A 和《ATA 公约》中规定使用的，用于替代各缔约方海关暂准进出口货物报关单和税费担保的国际性通关文件。

2. ATA 单证册的格式

一份 ATA 单证册一般由 8 页 ATA 单证组成：一页绿色封面单证、一页黄色出口单证、一页白色进口单证、一页白色复出口单证、两页蓝色过境单证、一页黄色复进口单证、一页绿色封底单证。

3. ATA 单证册的适用

在我国，ATA 单证册的适用范围仅限于展览会、交易会、国际会议及类似活动项下的货物。除此以外的货物，我国海关不接受持 ATA 单证册办理进出口申报手续。

4. ATA 单证册的管理

ATA 单证册的担保协会和出证协会一般是由国际商会国际局的各国海关批准的各国国际商会。中国国际商会是我国 ATA 单证册的担保机构和出证机构。ATA 单证的有效期，在我国为 6 个月，超过 6 个月的可以向海关申请延期，延期最多不超过 3 次，每次延长期限不超过 6 个月。18 个月延长期限满后仍需延期的，由主管地直属海关报海关总署审批；参加展期在 24 个月以上展览会的展览品，在 18 个月延长期满后仍需延期的，由主管地直属海关报海关总署审批。我国海关接受中文或英文填写的 ATA 单证册。

5. **使用 ATA 单证册的暂准进出境货物的报关**

以暂准出境货物为例，其报关程序如图 5－4 所示。

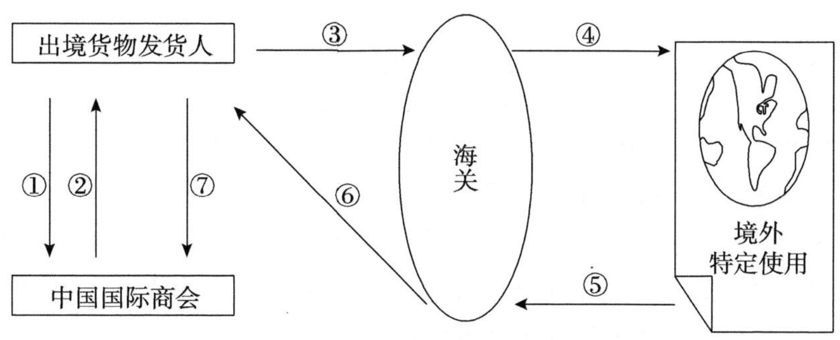

图 5－4　暂准出境货物报关程序

（1）出境货物发货人向出证协会（中国国际商会）提出申请，缴纳一定手续费，按规定提供担保。

（2）中国国际商会向出境货物发货人发放 ATA 单证册。

（3）出境货物发货人或代理人持 ATA 单证册向出境地海关申报出境展览品，提交国家主管部门的批准文件、纸质 ATA 单证册、装货单等单证；海关在绿色封面单证和黄色出口单证上签注并留存黄色出口单证（正联），退还其存根联和 ATA 单证册其他各联。

（4）货物出境，用于境外特定使用。

（5）在规定期限内出境展览品复运进境。

（6）ATA 单证册持证人向进境地海关申报复运进境，进境地海关在黄色复进口单证上签注，留存单证（正联），退还其存根联和 ATA 单证册其他各联，正式核销结关。

（7）ATA 单证册持证人将经各海关签注的 ATA 单证册交还出证协会（中国国际商会）。

思考

讨论：中国政府已部分加入《ATA 公约》和《货物暂准进口公约》，按照现行规定，请判断以下货物是否都属于我国 ATA 单证册适用范围并谈谈为什么。

A. 昆明世界园艺博览会上的进口展览品

B. 广州商品交易会上的暂准进口货物

C. 财富论坛年会暂准进口的陈列品

D. 美国政府代表团访华人员随身携带的物品

延伸阅读

ATA 单证册

ATA 单证册（ATA Carnet）是一份国际通用的海关文件，它是世界海关组织为暂准进出口货物而专门创设的，有着“货物通关护照”的称号。凭借 ATA 单证册，暂准进出口货物在各国海关享受免税进口和免予填写国内报关文件等通关便利，在简化货物通关手续的同时，节省了通关费用和时间。ATA 单证册主要适用于国际博览会、交易会、展览会、国际会议及类似活动中陈列或使用的物品等。

我国于 1993 年加入了《关于货物暂准进口的 ATA 单证册海关公约》《货物暂准进口公约》《展览会和交易会公约》。自 1998 年 1 月起，我国开始实施 ATA 单证册制度。经国务院批准、海关总署授权，中国国际商会是我国 ATA 单证册的出证和担保机构，负责我国 ATA 单证册的签发和担保工作。

ATA 单证册的有效期为 1 年。

（二）不使用 ATA 单证册的暂准进出境货物

1. 进出境展览品的范围

（1）进境展览品

凡展览会中使用、按展览品申报的展览用品，在合理范围内的可免征进口关税和进口环节税，具体包括以下几类：①在展览会中展示或示范用的小件样品；②为示范展出的机器或器具所用的物品；③展览者设置临时展台的建筑材料及装饰材料；④供展览品做示范宣传用的电影片、幻灯片、录像带、录音带、说明书、广告等；⑤供展览会使用的档案、表格及其他文件。

展览会期间出售的小卖品，属于一般进口货物范围，进口时应缴纳进口关税并提交相关许可证件；展览会期间使用的酒精饮料、烟草制品及燃料，不适用有关免税规定。

（2）出境展览品

出境展览品包括国内单位赴国外举办展览会或参加国外博览会、展览会而运出境的展览品，以及与展览活动有关的宣传品、布置品、招待品及其他公用物品。与展览活动有关的小卖品、展卖品，可以按展览品报关出境，不按规定期限复运进境的办理一般出口手续，缴纳出口关税并交验相关出口许可证件。

2. 展览品的暂准进出境期限

展览品的暂准进出境期限与 ATA 单证册下货物的期限一致。

3. 展览品的进出境申报

展览品进出境 20 个工作日前，应持举办展览会的批准文件、有关部门备案证明连同展览品清单送交展出地（指运地）或出境地海关，办理登记备案手续。展览会主办单位或其代理人向海关提供担保。

进出境展览品必须在规定期限复运进出境，海关分别签发报关单证明联，凭以向主管海关办理核销结关手续。

进境展览品在展览期间被人购买的，出口展览品在境外参加展览会后被销售的，或展览品放弃或赠送的，一律按一般进出口货物办理进出口报关手续。对于损毁的展览品，海关根据毁坏程度估价征税；对于丢失或被窃的展览品，海关按照进出口同类货物征收进出口税。

（三）集装箱箱体

集装箱箱体既是一种运输设备，又是一种货物，当货物用集装箱装载进出口时，集装箱箱体就作为一种运输设备，当一个企业购买进口或销售出口集装箱时，集装箱箱体又与普通的进出口货物一样。

根据集装箱的所有要求情况，暂准进出境的集装箱分为两种，它们具有不同的报关要求。暂准进出境集装箱箱体的报关要求如表 5－3 所示。

表 5－3　　暂准进出境集装箱箱体的报关要求

所有权	报关要求
境内生产的集装箱及我国营运人购买进口的集装箱	①投入国际运输前，营运人应当向其所在地海关办理登记手续。 ②海关准予登记并符合规定的集装箱箱体，无论是否装载货物，海关均准予暂时进境和异地出境，营运人或其代理人无须对箱体单独向海关办理报关手续，进出境时也不受规定的期限限制
境外集装箱箱体	①暂准进境，无论是否装载货物，承运人或其代理人均应当对箱体单独向海关申报，并应当于入境之日起 6 个月内复运出境。 ②如因特殊情况不能按期复运出境的，营运人应当向暂准进境地海关提出延期申请，经海关审核后可以延期，但延期最长不得超过 3 个月，逾期应按规定向海关办理进口报关纳税手续

（四）其他暂准进出境货物

可暂不缴纳税款的 9 项暂准进出境货物，除上述 3 种按各自的监管方式由海关进行监管外，均按其他暂准进出境货物进行监管。

其他暂准进出境货物进出境属海关行政许可项目，海关审核许可的，原则上暂缓缴纳进出口税费，不需交验许可证件，但必须向海关提供担保。

其他暂准进出境货物应当自进境之日起 6 个月内复运进出境，超过 6 个月的可以向海关申请延期，延期最多不超过 3 次，每次延长期限不超过 6 个月。18 个月延长期限届满后仍需要延期的，由主管直属海关报海关总署审批。

其他暂准进出境货物在报关后续阶段均应按货物的实际去向提供有关单据、单证核销，海关退还保证金等，办理核销结关手续或相关手续。复运进出境的凭复运进出境报关单核销结关；转为正式进出口的提交相关许可证件，缴纳税费；放弃的按放弃货物处理。

职场热线

问：我公司接受委托，客户在国外有一个展会布展项目，其中有一批货物是空调，属于租赁性质，想通过 ATA 办理通关，请问该空调是否能进行 ATA 操作？

答：ATA 单证册项下货物属于暂准进出境货物，你公司拟申报的是租赁货物，不可以使用 ATA 单证册办理暂准进出境手续。

任务三　其他进出境货物的报关

任务导入

2016 年 4 月湖南某鼓风机集团向南非出口了一批鼓风机，客户在销售过程中发现部分鼓风机质量不合格，经双方协商，决定将不合格货物运回国内。

思考：1. 这种货物在进口时如何报关？

2. 进口报关时如何处理税款？

3. 其他进出境货物如何报关？

相关知识

一、过境、转运、通运货物

过境货物是指从境外启运，在我国境内不论是否换装运输工具，通过陆路运输，继续运往境外的货物。

转运货物是指由境外启运，通过我国境内设立海关的地点换装运输工具而不通过境内陆路运输继续运往境外的货物。

通运货物是指由境外启运，由船舶、航空器载运进境并由原运输工具载运出境的货物。

过境、转运、通运货物的区别如表 5－4 所示。

表 5－4　　过境、转运、通运货物的区别

项目＼货物	过境货物	转运货物	通运货物
运输方式	通过我国内陆运输	不通过我国境内陆路运输	原装载运输工具进出境
是否换装运输工具	不论是否换装	换装	不换装
期限	6 个月，可延长 3 个月	3 个月	无表述

过境、转运、通运货物的报关程序如表 5－5 所示。

表 5－5　　过境、转运、通运货物的报关程序

类型	报关程序
过境货物	①进境时，过境货物经营人或报关企业应当向海关提交过境货物报关单、运单及其他相关单证；②海关审核，在运单上加盖“海关监管货物”戳记，将过境货物报关单和过境货物清单制作“关封”后加盖“海关监管货物”专用章，交经营人或报关企业；③出境时，向出境地海关递交“关封”和其他单证，海关验核放行
转运货物	①载有转运货物的运输工具进境后，承运人在进口载货清单上列明转运货物的名称、数量、启运地和到达地，并向主管海关申报进境；②申报经海关同意后，在海关指定的地点换装运输工具；③在规定时间内运送出境
通运货物	①进境时，运输工具负责人向进境地海关申报；②进境地海关接受申报，在运输工具抵离境时对申报的货物予以核查，并监管货物实际离境

延伸阅读

禁止过境货物的范围

来自或运往我国停止或禁止贸易的国家和地区的；武器、弹药、爆炸物及军需品；烈性毒药、麻醉品和毒品；其他我国法律、行政法规禁止过境的货物、物品。

二、货样、广告品

（一）货样、广告品概述

1. 货样、广告品的含义

货样是指专供订货参考的进出口货物样品，广告品是指用以宣传有关商品的进出口广告宣传品。

2. 分类

（1）货样广告品 A：有进出口经营权的企业（单位）价购或售出的货样、广告品。

（2）货样广告品 B：没有进出口经营权的企业（单位）进出口及免费提供进出口的货样、广告品。

（二）进出口货样、广告品的报关程序

进出口货样、广告品的报关程序：申报—配合查验—缴纳税费—提取或装运货物（暂准进出境的货样、广告品除外）。

1. 证件管理

属于许可证件管理的货样、广告品，凭进口许可证件向海关申报。

非许可证件管理的货样、广告品，有进出口经营权的企业（单位），凭经营权向海关申报进口。没有经营权的企业（单位），进口数量合理且价值在人民币 1000 元及以下的，凭其主管司局级以上的单位证明向海关申报进口；数量不合理或价值在 1000 元以上的，凭省级商务主管部门的审批证件向海关申报进口。

列入《法检目录》的进出口货样、广告品，凭商检局签发的出入境货物通关单向海关申报。

免证情形：进口货样、广告品属自动进口许可证管理的机电产品和一般商品，每批次价值人民币 5000 元以下的，免领自动进口许可证（旧机电产品除外）。出口货样每批次价值人民币 3 万元以下的，免领出口许可证（两用物项和技术出口许可证除外）。

2. 税收管理

进出口货样、广告品除法定减免税外，一律照章征税。

三、租赁货物

（一）租赁货物概述

1. 租赁货物的含义

租赁是所有权和使用权之间的一种借贷关系，即由资产所有者（出租人）按契约

规定将租赁物件租给使用人（承租人），使用人在规定期限内支付租金并享有租赁物件使用权的一种经济行为。跨越国（地区）境的租赁就是国际租赁，以国际租赁方式进出境的货物即租赁进出口货物。

2. **范围**

国际租赁有两种，一种是金融租赁，另一种是经营租赁。金融租赁与经营租赁对比如表5－6所示。

表5－6　金融租赁与经营租赁对比

类别	性质	是否复运出境	租金
金融租赁进口货物	融资	期满转让，不复运出境	分期支付，高于货价
经营租赁进口货物	服务	期满复运出境	总额低于货价

（二）租赁货物的报关程序

1. 金融租赁进口货物的报关程序

（1）按货物的完税价格缴纳税款

海关审查确定货物的完税价格，计算税款数额，缴纳进口税费后放行。海关现场放行后，不再对货物进行监管。

（2）按租金分期缴纳税款

①收货人或其代理人在租赁货物进口时应当向海关提供租赁合同，按照第一期应当支付的租金和货物实际价格分别填制报关单向海关申报（填两张报关单，按照第一期应当支付的租金填制另一张报关单用于征税，按照货物的实际价格填制一张报关单用于统计）。

②放行：对于按租金分期缴纳税款的货物，海关放行后还需要对货物进行监管。纳税义务人在支付租金后15日内（含第15日）按支付租金金额向海关申报。

③需后续监管的，在租赁期届满之日起30日内向海关办结海关手续。

2. 经营租赁进口货物的报关程序

（1）经营租赁租金低于货价，所以纳税义务人只会选择按租金缴纳税款。

（2）按海关审查确定的第一期应当支付的租金或租金总额和货物的实际价格分别填制报关单向海关申报。

（3）海关放行后对货物继续进行监管。纳税义务人在每次支付租金后15日内向海关申报，在租赁期届满之日起30日内向海关办结海关手续。

四、出料加工货物

（一）出料加工货物的含义

出料加工货物是指我国境内企业运到境外进行技术加工后复运进境的货物。出料加工原则上不能改变原出口货物的物理形态，完全改变原出口货物物理形态的出境加工属于一般出口。

出料加工货物自运出境之日起6个月内应当复运进境；因正当理由不能在海关规定期限内将出料加工货物复运进境的，应当在到期之前书面向海关说明情况，申请延期，经海关批准可以延期，但延长的期限最长不得超过3个月。

（二）出料加工货物的报关程序

出料加工货物报关程序是备案—进出口申报—核销。

1. 备案

到海关办理出料加工合同的备案申请手续，海关根据出料加工的有关规定审核决定是否受理备案，受理备案的应当核发出料加工登记手册。

2. 进出口申报

（1）出境申报

出料加工货物出境，应向海关提交登记手册、出口货物报关单、货运单据及其他海关需要的单证申报出口，属许可证件管理的商品免交许可证件，属于应征出口税的商品应提供担保。

（2）进境申报

①出料加工货物复运进口，收货人或其代理人应向海关提交手册、进口货物报关单、货运单据及其他海关需要的单证申报进口。

②海关对出料加工复进口货物，以境外加工费、材料费、复运进境的运输及其相关费用和保险费审查确定完税价格，征收进口关税和进口环节海关代征税。

3. 核销

（1）出料加工货物全部复运进境后，经营人应当向海关报核，海关进行核销，提供担保的应当退还保证金或者撤销担保。

（2）出料加工货物未按海关允许期限复运进境的，海关按一般进口货物办理，将货物出境时收取的税款担保金转为税款，货物进境时按一般进口货物征收进口关税和进口环节海关代征税。

五、无代价抵偿货物

（一）无代价抵偿货物概述

1. 无代价抵偿货物的含义

无代价抵偿货物是指进出口货物在海关放行后，因残损、短少、品质不良或规格不符，由进出口货物的发货人、承运人或者保险公司免费补偿或更换的，与原货物相同或者与合同规定相符的货物。

收发货人申报进出口的无代价抵偿货物，与退运出境或者退运进境的原货物不完全相同或者与合同规定不完全相符的，经收发货人说明理由，海关审核认为理由正当且税则号列未发生改变的，仍属于无代价抵偿货物范围。

收发货人申报进出口的免费补偿或者更换的货物，其税则号列与原进出口货物的税则号列不一致的，不属于无代价抵偿货物范围，属于一般进出口货物范围。

2. 无代价抵偿货物特征

（1）进出口无代价抵偿货物免予交验进出口许可证件。

（2）不征收进出口税费但是进出口与原货物或合同规定不完全相符的无代价抵偿货物，应当按规定计算与原进出口货物的税款差额：①高出原征收税款，应当征收超出部分的税款；②低于原征收税款，原进出口货物的发货人、承运人或者保险公司同时补偿货款的，应当退还补偿货款部分的税款，未补偿货款的不予退还。

（3）现场放行后，海关不再按照无代价抵偿货物进行监管。

（二）无代价抵偿货物的报关程序

无代价抵偿大体可分为两种，一种是短少抵偿，另一种是残损、品质不良或规格不符抵偿。两种抵偿引起的两类进出口无代价抵偿货物在报关程序上有所区别，下面主要介绍第二种情况。

1. 残损、品质不良或规格不符引起的无代价抵偿货物进出口海关手续

进出口无代价抵偿货物前应当先办理被更换的原进出口货物中残损、品质不良或规格不符合货物的有关海关手续。

（1）原进口货物退运出境以及原出口货物退运进境

被更换的原进口货物退运出境时不征收出口关税；被更换的原出口货物退运进境时不征收进口关税和进口环节代征税。

（2）原进口货物不退运出境，放弃交由海关处理

海关依法处理并向收货人提供依据，凭以申报进口无代价抵偿货物。

（3）原进口货物不退运出境也不放弃以及原出口货物不退运进境

被更换的原进口货物中残损、品质不良或规格不符货物，不退运出境且不放弃交由海关处理的，原进口货物的收货人，应当按照海关接受无代价抵偿货物申报进口之日适用的有关规定申报进口，并按照海关对原进口货物重新估定的价格计算的税款缴纳进口税和进口环节海关代征税，属许可证件管理的还应当交验许可证件。

2. 期限

向海关申报进出口无代价抵偿货物，应当在原进出口合同规定的索赔期限内，而且不超过原货物进出口之日起 3 年。

3. **报关应提供的单证**

(1) 进口要提供的单证

①原进口货物报关单;

②原进口货物退运出境的出口货物报关单，或者原进口货物交由海关处理的货物放弃处理证明，或者已经办理纳税手续的单证（短少抵偿的除外);

③原进口货物税款缴纳书或者进出口货物征免税证明;

④买卖双方签订的索赔协议。

海关认为需要时，纳税义务人还应当提交具有资质的商品检验机构出具的原进口货物残损、短少、品质不良或者规格不符的检验证明书或者其他有关证明文件。

(2) 出口要提供的单证

①原出口货物报关单;

②原出口货物退运进境的进口货物报关单，或者已经办理纳税手续的单证（短少抵偿的除外);

③原出口货物税款缴纳书;

④买卖双方签订的索赔协议。

思考

资料：一般贸易进口的料件由于质量不合格且料件对双方均无使用价值，经双方协商，决定在中国报废，而供货商将免费再发放一次。

讨论：再次进口可以申请免征关税吗？需要怎么做？

六、进出境修理货物

(一) 进出境修理货物概述

1. 进出境修理货物的含义

进境修理货物是指运进境进行维护修理后复运出境的机械器具、运输工具或者其他货物，以及为维修这些货物需要进口的原材料、零部件。出境修理货物是指运出境进行维护修理后复运进境的机械器具、运输工具或者其他货物，以及为维修这些货物需要出口的原材料、零部件。

进境修理包括原出口货物运进境修理和其他货物运进境修理。出境修理包括原进口货物运出境修理和其他货物运出境修理。

原进口货物出境修理包括原进口货物在保修期内运出境修理和原进口货物在保修期外运出境修理。

2. 特征

（1）进境维修货物免纳税费，但要提供担保并接受海关的后续监管。

（2）出境维修货物进境时在保修期内并由境外免费维修的免征税费。

注意：在保修期外（或虽然是保修期内但境外维修收费的），按境外修理费和料件费审定完税价格，计征税费。

（3）进出境维修货物免交许可证件。

（二）进出境修理货物报关程序

1. 进境修理货物

（1）货物进境后，收货人或其代理人持维修合同或者含有保修条款的原出口合同及申报进口的有关单证办理货物进口申报手续，并提供进口税款担保。

（2）货物进口后在境内维修的期限为进口之日起6个月，可以申请延长，延长的期限最长不超过6个月。

（3）修理货物复运出境申报时应当提供原修理货物进口申报时的报关单。

（4）复运出境后应当申请销案，正常销案的海关应退还保证金或撤销担保。

2. 出境修理货物

（1）货物出境时，向海关提交维修合同和含有维修条款的原进口合同及申报出口需要的有关单证，办理出境申报手续。

（2）货物出境后，在境外维修的期限为出境之日起6个月，可以申请延长，延长的期限最长不超过6个月。

（3）货物复运进境时应向海关申报在境外支付的修理费和材料费，由海关审查确定完税价格。

超过海关规定期限复运进境的，海关按一般进口货物计征进口关税和进口代征税。

思考

资料：我公司是一家外资企业的售后服务部门，由于需要经常将坏件发往海外进行维修，维修完再返回，实际操作中偶尔会遇到海外的维修中心告知某件无法维修需报废，对方可提供一件同产品型号的好件替换但费用比维修费高的情况。

讨论：如果我公司接受替换，可以仍用修理物品的方式返回吗?

七、溢卸货物和误卸货物

（一）溢卸货物和误卸货物的含义

溢卸货物是指未列入进口载货清单、提单或运单的货物，或多于进口载货清单、提单或运单所列数量的货物。

误卸货物是指将指运境外港口、车站或境内其他地点的货物，在本港（车站）卸下的货物。

经海关核实的溢卸货物和误卸货物，由载运该货物的原运输工具负责人自运输工具卸货之日起 3 个月内向海关申请办理退运出境手续。

经海关核实的溢卸货物和误卸货物，由该货物的收发货人自运输工具卸货之日起 3 个月内向海关申请办理退运或者申报进口手续。经申请也可延期办理，可以延期 3 个月，超期未办理的，海关提取后依法变卖处理。

溢卸货物、误卸货物属于危险品或者鲜活、易腐、易烂、易失效、易变质、易贬值等不宜长期保存货物的，海关可以根据实际情况提前提取，依法变卖处理，变卖所得价款按相关规定处理。

（二）溢卸货物和误卸货物报关程序

溢卸货物和误卸货物报关程序的适用根据货物的处置来定，大体可分为 5 种情况。

1. 退运境外

属于溢卸货物或误卸货物，能够提供发货人或者承运人书面证明文书的，当事人可以向海关申请办理直接退运手续。

2. 溢短相补

（1）应与短卸货物原收货人协商同意，并限于同一运输工具、同一品种的货物。

（2）非同一运输工具或同一运输工具非同一航次之间抵补的，只限于同一运输公司、同一发货人、同一品种的进口货物。

（3）由短卸货物原收货人或其代理人按照无代价抵偿货物的报关程序办理进口手续。

3. 物归“原主”

物归“原主”有以下两层含义。

（1）运境外港口、车站的误卸货物，运输工具负责人或其代理人要求运往境外时，经海关核实后按照转运货物的报关程序办理海关手续，转运至境外。

（2）运境内其他港口、车站的误卸货物，可由原收货人或其代理人就地向进境地海关办理进口申报手续，也可以经进境地海关同意办理转关运输手续。

4. 就地进口

溢卸货物由原收货人接受的，原收货人或其代理人应按一般进口货物报关程序办理进口手续，填写进口货物报关单，向进境地海关申报，并提供相关的溢卸货物证明，如属于许可证件管理商品的，应提供有关的许可证件。海关征收进口关税和进口环节海关代征税后，放行货物。

5. 境内转售

原收货人不接受溢卸货物、误卸货物，或不办理溢卸货物、误卸货物的退运手续的，运输工具负责人或其代理人要求在国内进行销售的，由购货单位向海关办理相应的进口手续。

八、退运货物

退运货物是指原出口货物或进口货物因各种原因造成退运进口或者退运出口的货物。退运货物包括一般退运货物和直接退运货物。

（一）一般退运货物

一般退运货物是指已经办理出口或进口申报手续且海关放行后因各种原因造成退运进口或退运出口的货物。一般退运货物的报关程序如表 5－7 所示。

表 5－7　　一般退运货物的报关程序

类别		报关	税收
一般退运进口货物	原出口货物已收汇	填写进口货物报关单，凭以下单证报关：原出口货物报关单；外汇核销单出口退税专用联正本；出口商品退运已补证明；保险公司证明/承运人溢装、漏卸证明	因品质/规格自出口之日起1年内原状退运进境货物，免征进口税。在缴纳出口退税所获款项后可在1年内申请退还所征出口关税
	原出口货物未收汇	填写进口货物报关单，凭以下单证报关：原出口货物报关单；出口收汇核销单正本；报关单退税证明联	
一般退运出口货物		填写出口货物报关单，凭以下单证报关：原进口货物报关单；保险公司证明/承运人溢装、漏卸证明	因品质/规格自进口之日起1年内原状退运出境货物，已征进口税可在1年内申请退还

（二）直接退运货物

直接退运货物指在进境后、办结海关放行手续前，进口货物收发货人、原运输工具负责人或者其代理人（以下简称当事人）申请直接退运境外，或者海关根据国家有关规定责令直接退运境外的全部或者部分货物。

进口转关货物在进境地海关放行后，当事人申请办理退运手续的，不属于直接退运货物，应按照一般退运货物办理退运手续。直接退运货物的报关程序如表 5－8 所示。

表 5－8　　直接退运货物的报关程序

类别	范围	报关
当事人直接申请退运货物	①因国家贸易管理政策调整，收货人无法提供相关证件的； ②属于错发、误卸或者溢卸货物，能够提供发货人或者承运人书面证明文书的； ③收发货人双方协商一致同意退运，能够提供双方同意退运的书面证明文书的； ④有关贸易发生纠纷，能够提供法院判决书、仲裁机构仲裁决定书或者无争议的有效货物所有权凭证的； ⑤货物残损或者国家检验检疫不合格，能提供国家检验检疫部门根据收货人申请而出具的相关检验证明文书的	①报关单证：进口货物直接退运申请表、合同、发票、装箱单、原报关货物的原报关单、运输单证、证明文件。 ②报关程序：出口货物报关单、进口货物报关单，属错发/误卸/溢出退运的免填，凭准予直接退运决定书办理直接退运手续。 ③税证：免税免滞报金，不统计，免证
海关责令直接退运货物	①进口国家禁止进口的货物，经海关依法处理后的； ②违反国家检验检疫政策法规，经国家检验检疫部门处理并且出具检验检疫处理通知书或者其他证明文书后的； ③未经许可擅自进口属于限制进口用作原料的固体废物，经海关依法处理后的； ④违反国家有关法律、行政法规，应当责令直接退运的其他情形	①报关单证：责令直接退运决定书。 ②报关程序：填写出口货物报关单、进口货物报关单，属错发/误卸/溢出退运的免填，凭责令直接退运决定书办理直接退运手续。 ③税证：免税免滞报金，不统计，免证

思考

资料：我公司收到一票从日本发过来的免费小货样（价值 4900 日元），但检查后发现该货物涉及 3C 认证，我公司无法提供。该货物从飞机上下来后一直没有进行任何申报，现在想直接退回日本。

讨论：应如何办理相关手续？

九、退关货物

（一）退关货物的含义

退关货物又称出口退关货物，指向海关申报出口并获准放行，因故未能装上运输工具，经发货单位请求退运出海关监管区不再出口的货物。

（二）退关货物的海关手续

（1）在得知出口货物未装上运输工具并决定不再出口之日起 3 日内向海关申请退关。

（2）经海关核准且撤销出口申报后方能将货物运出海关监管场所。

（3）已缴纳出口税的退关货物，可以在缴纳税款之日起 1 年内向海关申请退税。

（4）办理退关手续后，海关应对所有单证予以注销并删除有关报关电子数据。

十、放弃货物

（一）放弃货物的含义

放弃货物又称放弃进口货物，是指进口货物的收货人或其所有人声明放弃，由海关提取依法变卖处理的货物。

（二）放弃货物的范围

（1）没有办结海关手续的一般进口货物。

（2）保税货物。

（3）在监管期内的特定减免税货物。

（4）暂准进境货物。

（5）其他没有办结海关手续的进境货物。

国家禁止或限制进口的废物、对环境造成污染的货物不得声明放弃。

（三）放弃货物的处理

放弃进口货物由海关提取，依法变卖处理。变卖进口货物所得的价款，先拨付变卖处理实际支付的费用，再扣除运输、装卸、储存等费用，若不足以支付，运输、装卸、储存等费用按比例分摊，变卖价款扣除相关费用后尚有余款的上缴国库。

十一、超期未报关货物

（一）超期未报关货物的含义

超期未报关货物是指在规定的期限内未办结海关手续的海关监管货物。

超期未报关货物的范围如下：

（1）自运输工具申报进境之日起超过 3 个月未向海关申报的进口货物；

（2）在海关批准的延长期满仍未办结海关手续的溢卸货物、误卸货物；

（3）超过规定期限 3 个月未向海关办理复运出境或者其他海关手续的保税货物；

(4) 超过规定期限 3 个月未向海关办理复运出境或者其他海关手续的暂准进境货物；

(5) 超过规定期限 3 个月未运输出境的过境、转运和通运货物。

(二) 超期未报关货物的处理

超期未报关进口货物由海关提取，依法变卖处理。

(1) 属于《法检目录》的，检验检疫费用和其他变卖处理实际支出的费用从变卖款中支付。

(2) 变卖所得的价款，在优先拨付变卖处理实际支出的费用后按下列顺序扣除相关费用和税款：①运费、装卸、储存费用；②进口关税；③进口环节海关代征税（增值税和消费税）；④滞报金。

(3) 扣除相关费用和税款后尚有余款的，自货物依法变卖之日起 1 年内经进口货物收发货人申请予以发还。其中，属于许可证件管理的，应当提交许可证件，不能提供的，不予发还。逾期无申请、申请不予受理或者不予发还的，余款上缴国库。

(4) 经海关审核符合被变卖进口货物收货人资格的发还余款的申请人，应当按照海关对进口货物的申报规定补办进口申报手续。

十二、进出境快件

(一) 进出境快件概述

进出境快件是指进出境快件运营人以向客户承诺的快速商业运作方式承揽、承运的进出境货物、物品。进出境快件运营人即营运人，是指依法注册并在海关登记备案的从事进出口快件运营业务的国际货物运输代理企业。

进出境快件包括 3 类：一是文件类，包括免税且无商业价值的文件、单证、单据等；二是个人物品类，包括自用、合理数量范围内的进出境旅客分离运输的行李和个人物品；三是货物类，指除文件和个人物品外的其他进出境快件。

(二) 进出境快件的报关程序

进境快件应自运输工具申报进境之日起 14 日内，出境快件在运输工具离境 3 小时之前，向海关申报；不同的进出境快件申报时需要提交不同的单证。进出境快件的报关如表 5 - 9 所示。

任务实施

××公安局邀请境外一无线电设备生产厂商到工业展览馆展出其价值 150 万美元

表 5－9　　　　进出境快件的报关

<table>
<tr><th colspan="2">分类</th><th>运营人提交的报关单证</th></tr>
<tr><td colspan="2">文件类</td><td>进出境快件 KJ1 报关单、总运单（副本）、其他单证</td></tr>
<tr><td colspan="2">个人物品类</td><td>进出境快件个人物品报关单、每一进境快件的分运单、进境快件收件人或出境快件发件人身份证复印件、其他单证</td></tr>
<tr><td rowspan="3">货物类</td><td>进口：关税 50 元以下和海关规定准予免税的货样、广告品；
出口：货样、广告品（征出口关税的、实行许可证件管理的、需出口收汇的、需出口退税的等除外）</td><td>进出境快件 KJ2 报关单、每一进境快件的分运单、发票、其他单证</td></tr>
<tr><td>进口：应予征税的货样、广告品（实行许可证件管理的、需进口付汇的除外）</td><td>进出境快件 KJ3 报关单、每一进境快件的分运单、发票、其他单证</td></tr>
<tr><td>其他货物类</td><td>一般进出口货物报关单</td></tr>
</table>

的无线电设备，并委托佳航报关公司办理一切手续，展出后又决定把其中价值 50 万美元的设备运到上海展出。设备从上海返回后，××公安局决定购买其中 30 万美元的设备，境外厂商为了感谢××公安局，赠送了 8 万美元的设备，其余设备退出境外。佳航报关公司的报关员应当办理哪些手续？

第一步，办理展出手续。

（1）进境展览要由境内展出单位的上级主管部门审批，××公安局办展，由公安部或××市政府审批；无线电设备要由无线电管理委员会审批。

（2）凭政府批件、无线电管理委员会批件、展品清单及其他展出资料到××海关备案。

（3）物品到港后，填写进口货物报关单，办理电子通关。

（4）向展出地海关交单，包括报关单、无线电管理委员会批件、发票、装箱单、提货单等。

（5）提供担保。

（6）取得海关加盖放行章的提货单。

（7）提货。

（8）在布置展出时，陪同海关查验，负责搬移货物、开拆、重封包装。

第二步，办理上海展出手续。

（1）凭上海展出单位上级主管部门的批件、展出清单及其他资料到上海海关备案。

（2）向上海海关提前报关转关或向××海关直接转关，办理 30 万美元展品的转关运输手续。

(3) 在上海海关办理展出手续，闭馆后再以转关运输的方式转运至原展出地，到原展出地办理有关手续。

第三步，办理留购与赠送手续。

(1) 30 万美元的留购展品。佳航报关公司有进出口经营权，与参展商签订进口合同；填写进口货物报关单，办理电子通关，提供无线电管理委员会批件、机电产品登记证明，以留购价作为完税价格缴纳进口税。

(2) 8 万美元的赠送展品。属于经贸往来无偿赠送的物品，要由××公安局上级主管部门审批，办理无线电审批批件和机电审查批件，照章纳税；填写报关单，办理电子通关，以进口 CIF 价格作为完税价格缴纳进口税。

第四步，办理 112 万美元的展品离境报关。

第五步，撤销担保。

凭已办结海关手续的有关单证及担保收据向主管海关办理撤销担保手续。

同步训练

一、单选题

1. 北京某外资企业在兰州投资一个项目，向海关办理了备案手续及审批手续后，从美国购进大型机器成套设备，分三批运输进口，其中两批从天津进口，另一批从青岛进口。该企业向海关申请办理该套设备的减免税手续的做法，正确的是（　　）。

A. 向北京海关分别申领三份征免税证明

B. 向兰州海关分别申领三份征免税证明

C. 向天津海关申领两份征免税证明，向青岛海关申领一份征免税证明

D. 向天津海关申领一份征免税证明，向青岛海关申领一份征免税证明

2. 使用 ATA 单证册报关的展览品，暂准进出境期限为自进境之日起（　　）内。超过期限的，ATA 单证册持证人可以向海关申请延期。参加展期在 24 个月以上展览会的展览品，在 18 个月延长期届满后仍需要延期的，由（　　）审批。

A. 6 个月；主管地直属海关　　B. 6 个月；海关总署

C. 12 个月；主管地直属海关　　D. 12 个月；海关总署

3. 关于展览品和展览用品的进境许可证件管理，下列表述正确的是（　　）。

A. 因不属实际进口，免予提交进口许可证件

B. 属于国家实行许可证件管理的，应当向海关交验相关证件，办理进口手续

C. 展览品，除另有规定外，免予提交进口许可证件；展览用品，属于国家实行许

可证件管理的，应当向海关交验相关证件

D. 海关派员进驻展览场所执行监管的，进境展览品、展览用品免予提交进口许可证件，否则应当向海关交验相关证件

4. 进出口货物征免税证明有效期为（　　），实行（　　）原则。

A. 6 个月，一证一批　　B. 12 个月，一证一批

C. 6 个月，非一证一批　　D. 12 个月，非一证一批

5. 上海某航运公司完税进口一批驳船，使用不久后发现大部分驳船油漆剥落，向境外供应商提出索赔，供应商同意减价 60 万美元，并应进口方的要求以等值的驳船用润滑油补偿。该批润滑油进口时应当办理的海关手续是（　　）。

A. 按一般进口货物报关，缴纳进口税

B. 按一般进口货物报关，免纳进口税

C. 按无代价抵偿货物报关，缴纳进口税

D. 按无代价抵偿货物报关，免纳进口税

6. 申请出口货物退关的，应当自得知出口货物未装上运输工具并决定不在出口之日起（　　）内向海关申请。

A. 24 小时　　B. 3 天　　C. 14 天　　D. 3 个月

7. 下列进口货物中，属于法定减免税范围的是（　　）。

A. 完税价格在人民币 50 元以下的一票货物

B. 无商业价值的货样、广告品

C. 外国政府、国际组织、商业机构无偿赠送的货物

D. 在海关放行后遭受损坏或损失的货物

二、多选题

1. 已进境的展览品在某些情形下不需要缴纳进口税，这些情形包括（　　）。

A. 展览品复运出境的　　B. 展览品放弃交由海关处理的

C. 展览品被窃的　　D. 展览品因不可抗力原因灭失的

2. 下列物品中，（　　）可按展览品申报进境。

A. 参展商免费提供并在展出中免费散发的与展出活动有关的宣传印刷品、说明书、价目表

B. 为配合展出，将在展览会上出售的小卖品

C. 为展出的机器或器具进行操作示范，并在示范过程中被消耗的物品

D. 展览会期间招待使用的含酒精饮料

3. 下列关于按租金分期缴纳税款的租赁进口货物的报关手续，正确的有（　　）。

A. 收货人或其代理人在租赁货物进口报关时应当向海关提供租赁合同

B. 收货人或其代理人需要填制两张报关单，按照第一期应当支付的租金填制 1 张报关单用于征税，按照货物的实际价格填制 1 张报关单用于统计

C. 纳税义务人在每次支付租金后15日内（含第15日）按支付租金额向海关申报纳税

D. 纳税义务人应当在租期届满之日起15日内申请办结海关手续

4. 出料加工货物按规定期限复进口，海关审定完税价格时，其价格因素包括（　　）。

A. 原出口料件成本价　　B. 境外加工费

C. 境外加工的材料费　　D. 复运进境的运输及其相关费用、保险费

5. 补偿货物进口时，可以以无代价抵偿货物向海关申报进口的情形有（　　）。

A. 合同规定的索赔期1年，原货物进口1年

B. 合同规定的索赔期2年，原货物进口3年

C. 合同规定的索赔期5年，原货物进口3年

D. 合同规定的索赔期10年，原货物进口5年

6. 因出口短少而申报出口的无代价抵偿货物，报关需要提交（　　）。

A. 原出口货物报关单　　B. 原出口货物税款缴纳书

C. 买卖双方签订的索赔协议　　D. 出口许可证件

7. 下列关于直接退运货物报关手续的表述，正确的有（　　）。

A. 先报出口，再报进口　　B. 因发货人错发的，免填报关单

C. 不需要交验进出口许可证件　　D. 免予征收各种税费及滞报金

8. 海关责令直接退运的货物（　　）。

A. 免交进出口许可证件　　B. 免征关税

C. 免收滞报金　　D. 不列入海关统计

三、判断题

1. 如果一批特定减免税货物从不同口岸进口，可以只办理一份进出口货物征免税证明。（　　）

2. 有进出口经营权的企业免费提供进出口的货样、广告品为货样广告品A。（　　）

3. 按租金支付进口税的租赁货物进口时，收货人应当填制两份进口报关单向海关申报。（　　）

4. 出料加工货物未按海关允许期限复运进境的，海关按照一般进口货物办理。（　　）

5. 无代价抵偿货物是指进出口货物在海关放行后，因残损、缺少、品质不良或规格不符，由进出口货物的收发货人、承运人或者保险公司免费补偿或更换的与原货物相同或者与合同规定相符的货物。（　　）

6. 出境修理货物超过海关规定期限复运进境的，海关按一般进口货物计征进口关税和进口环节海关代征税。（　　）

能力提升

综合实务（一）

经批准某地举行国际商品博览会。展品及与展出活动有关的其他物品，使用境外集装箱装载进境，经黄埔海关验放，由主办单位向展出地海关申报进口。展出期间，部分展品被境内单位购买。展出结束后，上述展览品，除复运出境及已被留购的以外，因修建、布置展台等进口的一次性廉价物品被展览品所有人放弃，部分展品被展览品所有人赠送给境内与其有经贸往来的单位。

请根据上述案例，选择回答下列问题：

1. 下列物品中，（　　）可按展览品申报进境。

A. 参展商免费提供并在展出中免费散发的与展出活动有关的宣传印刷品、说明书、价目表等

B. 为配合展出，将在展览会上出售的小卖品

C. 为展出的机器或器具进行操作示范，并在示范过程中被消耗的物品

D. 展览会期间招待使用的含酒精饮料

2. 进境展览品在办理进境海关手续时，主办单位应（　　）。

A. 使用 ATA 单证册作为报关单据

B. 在展览品进口前，向海关提出暂准进境申请

C. 向海关提供担保

D. 在展出地海关申报进境

3. 关于展览品和展览用品的进境许可证件管理，下列表述正确的是（　　）。

A. 因不属实际进口，免予提交进口许可证件

B. 属于国家实行许可证件管理的，应当向海关交验相关证件，办理进口手续

C. 展览品，除另有规定外，免予提交进口许可证件；展览用品，属于国家实行许可证件管理的，应当向海关交验相关证件

D. 海关派员进驻展览场所执行监管的，进境展览品、展览用品免予提交进口许可证件，否则应当向海关交验相关证件

4. 下列展览用品中在海关核定的合理范围内，免征进口关税和进口环节税的是（　　）。

A. 在展览活动中的小件样品，包括原装进口的或者在展览期间用进口的散装原料制成的食品或者饮料的样品

B. 为展出的机器或者器件进行操作示范被消耗或者损坏的物料

C. 布置、装饰临时展台消耗的低值货物

D. 展览用品中的酒精饮料、烟草制品及燃料

5. 在展览期间和展览结束后，展览品的各种处置，应符合下列（　　）海关规定。

A. 在展览期间，部分展品被境内单位购买的，由主办单位或其代理人向海关办理进口申报、纳税手续

B. 展览品所有人已申明放弃的一次性廉价物品，由海关变卖后将款项上缴国库

C. 展览品被其所有人赠送的，受赠人应当向海关办理进口手续，海关根据进口礼品或经贸往来的赠送品的规定办理

D. 展览品的各种处置如符合海关规定，还需要由主办单位向海关办理核销结关手续

综合实务（二）

华宁集团有限公司以 CIF 上海 USD9500/吨从法国进口 HHM5502BN 薄膜级低压高密度聚乙烯200吨（列入法检范围，属自动进口许可管理并实行“一批一证”制），进口合同还规定了数量装载的机动幅度为±5%。该批货物于2005年7月20日由汉津轮载运进口。收货单位申报前看货取样时，发现实际到货的数量为210吨，且其中混有型号为HHMTR－144的同类商品20吨。该公司立即与国外商人交涉，外商同意补偿HHM5502BN货物10吨，外商同时要求将型号为HHMTR－144的商品降价留在境内，但收货人未予接受。

根据上述案例，解答下列问题：

1. 该单位向海关办理货物进境申报时应当提交的单证有（　　）。

A. 进口货物报关单　　B. 自动进口许可证

C. 入境货物通关单　　D. 进口合同

2. 该单位向海关办理进口申报时，其申报数量应为（　　）。

A. 200吨　　B. 190吨　　C. 210吨　　D. 220吨

3. 海关对补偿进口的货物可按下列（　　）管理规定办理。

A. 按无代价抵偿货物，免证免税　　B. 按一般进口货物，领证征税

C. 按无代价抵偿货物，领证免税　　D. 按一般进口货物，免证征税

4. 错发的20吨货物如不退运境外，（　　）。

A. 可放弃交海关依法处理

B. 可由承运人委托代理人在境内销售

C. 超期未报的，海关可依法提取变卖处理

D. 海关可依法予以扣留

5. 错发的20吨货物如退运境外，（　　）。

A. 按一般退运货物处理　　B. 按退关货物处理

C. 按暂时出口货物处理　　D. 按直接退运货物处理

模块六　进出口商品归类

学习目标

▲ 知识目标

1. 了解《协调制度》的含义及基本结构；
2. 掌握归类总规则和商品归类要点。

▲ 技能目标

1. 理解海关进出口商品分类目录的编排规律；
2. 掌握品目条文、子目条文的基本概念；
3. 运用归类总规则完成进出口商品归类。

任务一　认知商品归类基础知识

任务导入

李明2016年毕业后到大连报关有限公司从事报关工作。大连宏达饲养场委托大连报关有限公司申报一批每只重量为150克的非改良种用活鸡，李明的师傅将该批活鸡归类为01051190。李明需根据师傅的归类对该编码进行分析，以熟悉我国海关进出口商品分类目录的基本结构。

要想准确、迅速地对以上任务中的商品进行归类，必须准确掌握我国海关进出口商品分类目录的编排规律及归类依据。

相关知识

一、商品编码及《协调制度》的产生

海关进出口商品归类是建立在商品分类目录基础上的。早期的国际贸易商品分类

目录只是因为对进出本国的商品征收关税而产生的，其结构较为简单，后来随着社会化大生产的发展，进出口商品品种与数量增加，除了税收的需要，人们还要了解进出口贸易情况，即还要进行贸易统计。因此，海关合作理事会与联合国分别编制了两个独立的商品分类目录，即《海关合作理事会商品分类目录》（以下简称 CCCN）和《国际贸易标准分类目录》（以下简称 SITC）。

由于商品分类目录不同，一种商品有时在一次国际贸易过程中要使用不同的编码，这给国际贸易带来极大的不便，因此，海关合作理事会于 1983 年 6 月通过了《商品名称及编码协调制度的国际公约》（以下简称《协调制度》）。《协调制度》既满足了海关税则和贸易统计需要，又包容了运输及制造业等要求，因此，《协调制度》目录自 1988 年 1 月 1 日正式生效后即被广泛应用于海关税则、国际贸易统计、原产地规则、国际贸易谈判、贸易管制等多个领域，所以其又被称为“国际贸易的语言”。截至 2017 年，已有 204 个国家、地区和国际组织采用《协调制度》分类目录。

随着新产品的不断出现和国际贸易结构的不断变化，《协调制度》一般每隔若干年就要修订一次，自 1988 年生效以来，形成了 1988 年版、1992 年版、1996 年版、2002 年版、2007 年版、2012 年版、2017 年版等版本。

延伸阅读

商品归类的依据

进出口货物的商品归类应当遵循客观、准确、统一的原则。

具体来说，对进出口货物进行商品归类的依据是：①《中华人民共和国海关进出口税则》（以下简称《进出口税则》）；②《进出口税则商品及品目注释》（以下简称《商品及品目注释》）；③《中华人民共和国本国子目注释》（以下简称《本国子目注释》）；④海关总署发布的关于商品归类的行政裁定；⑤海关总署发布的商品归类决定。

思考

资料：海关进出口商品归类是指在《协调制度》商品分类目录体系下，以《进出口税则》为基础，按照《商品及品目注释》《本国子目注释》以及海关总署发布的关于商品归类的行政裁定、商品归类决定的要求，确定进出口货物商品编码的活动。

在海关注册登记的进出口货物经营单位，可以在货物实际进出口的45日前向直属海关申请就其拟进出口的货物预先进行商品归类。

讨论：商品归类与预归类的作用有哪些？

二、《协调制度》的基本结构

《协调制度》将国际贸易涉及的各种商品按照生产类别、自然属性和不同功能用途等分为21类97章，每一章由若干品目构成，品目项下又细分出若干一级子目和二级子目。为了避免各品目和子目所列商品发生交叉归类，在类、章下加有类注、章注和子目注释。为了使每一项商品的归类具有充分的依据，设立了归类总规则，作为整个《协调制度》商品归类的总原则。

《协调制度》是一部系统的国际贸易商品分类目录，所列商品名称的分类和编排是有一定规律的。从类来看，它基本上是按社会生产的分工（或称生产部类）分类的，它将属于同一生产部类的产品归在同一类里，如农业在第一、第二类；化学工业在第六类；纺织工业在第十一类；冶金工业在第十五类；机电制造业在第十六类等。从章来看，基本上按商品的属性或用途分类。第1～83章（第64～66章除外）基本上是按商品的自然属性来分章的，而每章的前后顺序则是按照动物、植物、矿物质先后排列的。如第1～5章是活动物和动物产品；第6～14章是活植物和植物产品；第50章和第51章是蚕丝、羊毛及其他动物毛；第52章和第53章是棉花、其他植物纺织纤维和纸纱线；第54章和第55章为化学纤维。商品之所以按自然属性分类，是因为其种类、成分或原料比较容易区分，同时也因为商品价值的高低往往取决于构成商品本身原材料价值的高低。第64～66章和第84～97章是按货物的用途或功能分章，如第64章是鞋，第65章是帽，第84章是机械设备，第85章是电气设备，第87章是汽车，第89章是船舶等。这样分类的原因如下：一是因为这些物品由各种材料或多种材料构成，难以将这些物品作为哪一种材料制成的物品来分类。如鞋、帽，有可能是皮的，也有可能是布的或塑料的，有些还可能由几种材料构成的，如运动鞋，其外底是橡胶的，鞋面底是泡沫塑料的，鞋面是帆布的等。二是因为商品的价值主要体现在生产该物品的社会必要劳动时间上。如一台机器，其价值一般主要看生产这台机器所耗费的社会必要劳动时间，而不是看机器用了多少贱金属等。从目的排列看，一般也是按动物、植物、矿物质顺序排列，而且更为明显的是原材料先于产品，加工程度低的产品先于加工程度高的产品，列名具体的品种先于列名一般的品种。如在第44章，品目4403是原木，品目4404至4408是经简单加工的木材，品目4409至4413是木的半制成品，品目4414至4421是木的制成品。

《协调制度》采用结构性号列，即目的号列不是简单的顺序号，而是以线性结构排列的并有一定的含义。它的项目号列用四位数编码来表示，前两位数表示项目所在的章，后两位数表示项目在有关章的排列次序。例如，“海水”的商品编码为

“25010030”，前两位数表示该项目在第 25 章，后两位数表示所列商品为第 25 章的第一个项目。四位数号列再细分下去，用五位数码来表示的为一级子目，一级子目中又被进一步细分为用六位数码来表示的二级子目，各级子目所包括的商品总和等于其上一级子目的商品总和。

另外，《协调制度》的各章均列有一个起“兜底”作用、名为“其他”的子目，使任何进出口商品都能在这个分类体系中找到自己适当的位置。

延伸阅读

《协调制度》的辅助刊物

为使《协调制度》在执行过程中有明确、统一的解释，海关合作理事会为《协调制度》组织制定了一系列的辅助刊物，它们虽不是公约的组成部分，无法律约束力，却是《协调制度》最权威的说明性或指导性刊物。

（一）《协调制度注释》（以下简称《注释》）

它是《协调制度》最有权威性的解释说明文件。它按照《协调制度》类、章、目的顺序，逐类、逐章、逐目进行解释。每个类和章的解释前都有总说明，总体介绍本类或本章的商品情况。整个《注释》详细列出各个类、章、项目或子目的商品范围，应当包括和不包括的主要商品，对有关商品从外形、性能、生产方法、用途等多方面进行具体描述，并说明鉴别这些商品的具体方法。中国海关 1992 年将《注释》全文翻译成中文，全书共四册，约 240 万字，并根据 HS 委员会会议决定对《注释》进行跟踪维护。

（二）《协调制度归类意见汇编》

它是协调制度委员会会议对所讨论的、各国有争议的商品所做出的归类决定汇编。该书的每一项归类决定包括商品名称及其详细情况介绍，如该商品的成分、结构、规格、用途等，该商品的归类编码及归类依据。商品是按归类编码先后编排的，以方便查找。

我国海关自 1992 年 1 月 1 日起开始采用《协调制度》，进出口商品归类工作成为我国海关最早实现与国际接轨的执法项目之一。根据海关征税和海关统计工作的需要，我国在《协调制度》的基础上增设本国子目（三级和四级子目），形成了我国的海关进出口商品分类目录。

《协调制度》中的编码只有 6 位数，而我国海关进出口商品分类目录的编码为 8 位数，其中，第 7、第 8 位是我国根据实际情况加入的本国子目。

例如，“海水”的商品编码“25010030”：

<table>
<tr><td>25</td><td>01</td><td>0</td><td>0</td><td>3</td><td>0</td><td>海水</td></tr>
<tr><td rowspan="2">章</td><td rowspan="2">顺序号</td><td>一级
子目</td><td>二级
子目</td><td>三级
子目</td><td>四级
子目</td><td rowspan="4">子目条文</td></tr>
<tr><td rowspan="2">5 位
数级
子目</td><td rowspan="2">6 位
数级
子目</td><td rowspan="2">7 位
数级
子目</td><td rowspan="2">8 位
数级
子目</td></tr>
<tr><td colspan="2">品目号</td></tr>
<tr><td colspan="4">与《协调制度》完全一致</td><td colspan="2">我国子目</td></tr>
</table>

在商品名称与编码表中的货品名称前面都有一个或几个横杠：

“ - ” 表示一级子目；

“ - - ” 表示二级子目；

“ - - - ” 表示三级子目；

“ - - - - ” 表示四级子目。

任务实施

根据我国海关进出口商品分类目录的编排规律分析李明的归类依据。

商品编码表中品目 0105：

0105	家禽，即鸡、鸭、鹅、火鸡及珍珠鸡	品目
	-重量不超过 185 克	一级子目
	--鸡	二级子目
01051110	---改良种用	三级子目
01051190	---其他	三级子目
	--火鸡	二级子目
01051210	---改良种用	三级子目
01051290	---其他	三级子目
	--其他	二级子目
01051910	---改良种用	三级子目
01051990	---其他	三级子目
	-其他	一级子目
	……	

其中，四位数码称为品目，八位数码称为子目；每个编码后面的“ - ”的数量表示了它的子目级别；品目和子目后面的文字描述称为品目条文及子目条文。子目级别代表了子目在其所属品目中的排列次序。

思考

资料：沈阳德尔福纺织品有限公司出口一批全棉无纺织物制的床单（层压：360克/平方米），该床单在报关时被归类为56039410。

讨论：该编码的基本结构。

任务二　商品归类总规则的运用

任务导入

南京希望农产品发展有限公司需出口一批用于美国圣诞节食用的、重量为1000克的活火鸡，南京兴达报关有限公司小王接受南京希望农产品发展有限公司出口报关委托并对该批火鸡的商品编码进行归类。

相关知识

一、规则一的含义

类、章及分章的标题，仅为查找方便而设。具有法律效力的归类，应按品目条文和有关类注或章注确定，如品目、类注或章注无其他规定，按以下规则确定。

规则解释：

第一段“类、章及分章的标题，仅为查找方便而设”。

要将数以万计的商品归入编码表中的几千个子目并非易事，为便于查找编码，《协调制度》将一类或一章商品加以概括并冠以标题。由于现实中的商品种类繁多，通常情况下一类或一章标题很难准确地对本类、章商品加以概括，所以类、章及分章的标题仅为查找方便而设，不具有法律效力。换句话说，类、章中的商品并非全部符合标题中的描述。例如，第十五类的标题为“贱金属及其制品”，但许多贱金属制品并不归入该类，如铜纽扣归入第96章“杂项制品”；贱金属制的机械设备归入第84章“核反应堆、锅炉、机器、机械器具及其零件”；第22章的标题为“饮料、酒及醋”，但是通常被我们认为是饮料的瓶装蒸馏饮用水却不归入该章，而应归入第28章“无机化学品”，类似的例子还有很多。

第二段“具有法律效力的归类，应按品目条文和有关类注或章注确定”。

这里有两层含义：第一，具有法律效力的商品归类，是按品目名称和有关类注或章注确定商品编码；第二，许多商品可直接按目录规定进行归类。

这里介绍一下类注、章注（以下简称“注释”）的作用。注释的作用在于限定品目、类、章商品的准确范围，常用的方法有：

（1）以定义形式来界定类、章或品目的商品范围及对某些商品的定义做出解释。例如，第72章章注一（五）将不锈钢定义为：按重量计含碳量在1.2%及以下，含铬量在10.5%及以上的合金钢，不论是否含有其他元素。而《中国大百科全书·机械工程》中规定：不锈钢含铬量不小于12%。显然两者规定不相同，但作为《协调制度》归类的法律依据是前者。

（2）列举典型例子的方法。例如，第12章章注一列举了归入品目1207的主要内容包括油料作物的果实，再如第25章章注四列举了归入品目2530的主要商品。

（3）用详列具体商品名称来定义品目的商品范围。例如，第30章章注四定义了编码3006的商品范围，由十一方面的商品组成。

（4）用排他条款列举若干不能归入某一类、章或编码的商品。例如，第1章注释“本章包括所有活动物，但下列各项除外……”，这样的例子在类注、章注中还有很多。

（5）某些注释综合运用上述几种注释方法。例如，有的注释既给出了定义，又列举了一系列包括在内或除外的商品，这样能使含义更加明确。例如，第40章章注四中关于“合成橡胶”的定义。

第三段“如品目、类注或章注无其他规定”，旨在明确品目条文及与其相关的类、章注释是最重要的。换言之，它们是在确定归类时应首先考虑的规定。例如，第31章的注释规定该章某些编码仅包括某些货品，因此，这些编码就不能够根据规则二（二）扩大为包括该章注释规定不包括的商品。这里需注意的是，不能因为品目条文不明确，不论类注、章注有无规定，就按规则二归类，而必须是在品目条文、类注、章注都无其他规定的条件下才能按规则二归类。

经典案例

资料：杭州某进出口公司进口一批安全玻璃，其规格及形状适于安装在船舷窗上，请为该货物归类。

分析：玻璃应归入第70章，钢化或层压的安全玻璃归入7007，适合船舶用的归入70071110。

二、规则二的含义

品目所列货品，应包括该项货品的不完整品或未制成品，以及该项货品的完整品或制成品（或按本款可作为完整品或制成品归类的货品）在进口或出口时的未组装件或拆散件。

品目中所列材料或物质，应视为包括该种材料或物质与其他材料或物质混合或组合的物品。品目所列某种材料或物质构成的货品，应视为包括全部或部分由该种材料或物质构成的货品。由一种以上材料或物质构成的货品，应按规则三归类。

规则解释如下。

1. 第一部分

规则二分两大部分，第一部分实际上是扩大编码的商品范围，这里有两层意思：第一层意思是品目所列商品包括其不完整品或未制成品，只要其具有完整品或制成品的基本特征，就应包括在内。例如，缺一个轮子的汽车，因其缺少的部件并不能影响产品本身的特征，故应按完整品归类。第二层意思是还应视为包括该项货品的完整品或制成品在进口或出口时的未组装件或拆散件。例如，缺少某些非关键部件（螺丝、垫圈等）的风扇的散件，按风扇归入品目8414。之所以这样规定，是因为编码品目有限，不可能将各种情况的商品一一列出。下面解释一下不完整品、未制成品的概念。

（1）不完整品：尚不完整，缺少某些零部件，但具有完整品的基本特征的商品。例如，缺少一个轮胎或倒车镜等零部件的汽车，仍应按完整的汽车归类，并不因为缺少了一个轮胎而不叫作汽车；缺少键盘的便携式电脑仍应按完整的便携式电脑归类等。如没有这项规则，则需将每缺一个零部件的商品单列一个子目，一是难以列全，二是很烦琐且浪费目录资源。

（2）未制成品：已具备了成品的形状特征，但还不能直接使用，需经进一步加工才能使用的商品。例如，已具有钥匙形状的铜制钥匙坯片。

（3）因运输、包装、加工贸易等原因，进口时未组装件或拆散的货品。例如，机电产品的成套散件，此类成套散件只需简单组装即可成为完整成品。

规则二第一部分的意思归纳起来有两点：第一，扩大编码上列名商品的范围，即不仅包括该商品的完整品或制成品，还包括它的非完整品、非制成品及整机的拆散件；第二，该规则的使用是有条件的，即未完整品或未制成品一定要具有完整品（整机）的基本特征，拆散件必须是完整品的成套散件。此外，需要注意的是，规则二的第一部分不适用于第一类至第六类商品（第38章及以前的各章）。

2. 第二部分

规则二第二部分，有两层意思：第一，品目中所列某种材料包括了该种材料的混合物或组合物，也是对品目商品范围的扩大；第二，其适用条件是加进去的东西或组合起来的东西不能失去原商品的特征，即混合或组合后的商品不存在看起来可归入两个及以上品目的问题。例如，加糖的牛奶还应按牛奶归类，添加了糖的牛奶并未改变牛奶的特性，因此决不会产生是按糖归类还是按牛奶归类的疑问；添加了花椒粉的盐则改变了盐的特性，使之属性从盐改变为调味品。

经典案例

资料： 大连某公司进口一批高尔夫球车，该球车缺少四个轮子，请为该货物归类。

分析： 应作为完整的高尔夫球车归入 87031011。

三、规则三的含义

当货品按规则二（二）或由于其他原因看起来可归入两个或两个以上品目时，应按以下规则归类：

（1）列名比较具体的品目，优先于列名一般的品目。但是，如果两个或两个以上品目都仅述及混合或组合货品所含的某部分材料或物质，或零售的成套货品中的某些货品，即使其中某个品目对该货品描述得更为全面、详细，这些货品在有关品目的列名也应视为同样具体。

（2）混合物、不同材料构成或不同部件组成的组合物以及零售的成套货品，如果不能按规则三（一）归类，在本款适用的条件下，应按构成货品基本特征的材料或部件归类。

（3）货品不能按规则三（一）或（二）归类的，应按号列顺序归入可归入的最末品目。

规则解释如下。

1. 第一部分

规则三第一部分，“不论是按规则二（二）或其他任何原因归类，货品看起来可归入两个或两个以上品目时，应按以下规则归类”，这是规则三运用的前提。规则三有三条规定，可概括为：①具体列名；②基本特征；③从后归类。

这三条规定应按照其在本规则的先后次序加以运用。据此，只有在不能按照规则三（一）归类时，才能运用规则三（二）；不能按照规则三（一）和三（二）归类时，才能运用规则三（三）。

规则三（一）讲的是当一个商品涉及两个或两个以上品目时，哪个品目相对于商品表述更为具体，就归入哪个品目。

要想制定几条规定来确定哪个列名更具体是困难的，但作为一般原则可做如下理解：

（1）商品的具体名称与商品的类别名称相比，商品的具体名称较为具体。比如，紧身胸衣是一种女内衣，有两个编码可归入，一个是 6208 女内衣，一个是 6212 妇女紧身胸衣，前一个是类名称，后一个是具体商品名称，故应归入 62123000。如两个税号属同一类商品，则可根据它的功能（用途）进行深度比较，哪个功能（用途）更为接近，则其就应更具体。

（2）如果一个品目所列名称更为明确地包括某一货品，则该品目要比所列名称不完全包括该货品的其他品目更为具体。

但是，如果两个或两个以上品目都仅述及混合或组合货品所含的某部分材料或物质，或零售成套货品中的某些货品，即使其中某个品目比其他品目对该货品描述得更为全面、详细，这些货品在有关品目的列名应视为同样具体。在这种情况下，货品应按规则三（二）或（三）的规定进行归类。

2. 第二部分

对规则三（二）解释如下。

（1）本款归类原则适用条件如下：①混合物；②不同材料的组合货品；③不同部件的组合货品；④零售的成套货品。

此外，还必须注意只有在不能按照规则三（一）归类时才能运用本款。也只有在可适用本款规定的条件下，货品才可按构成货品基本特征的材料或部件归类。

（2）不同货品确定其基本特征的因素有所不同，一般来说商品的主要特征，可根据商品的外观形态、使用方式、主要用途、购买目的、价值比例、商业习惯、生活习惯等诸多因素进行综合考虑分析来确定。

（3）本款所称"零售的成套货品"，是指同时符合以下三个条件的货品：①至少由两种看起来可归入不同编码的不同物品构成的；②为了适应某一项活动的特别需要而将几件产品或物品包装在一起的；③其包装形式适于直接销售给用户而货物无须重新包装的。

3. 第三部分

规则三（三）只能用于不能按规则三（一）或三（二）归类的货品，它规定商品应归入同样值得考虑的品目中的顺序排列为最后的品目，但相互比较的编码或品目只能同级比较。也就是说，如果看起来一个商品可以归入两个或两个以上品目，每个品目都同样具体，那么就按在商品编码表中位置靠后的那个品目进行归类。

思考

对应归类总规则，讨论下列货物如何归类：

1. 由面饼、调味包、塑料小叉子构成的碗面；
2. 小轿车用安全玻璃；
3. 弦乐乐器弦（羊肠线制）。

四、规则四的含义

根据上述规则无法归类的货品，应归入与其最相类似的品目。

规则解释如下。

这条规则所述的“最相类似”，是指名称、功能、用途或结构上的相似，实际操作中往往难以统一认识。一般来说，这条规则不常使用，尤其是在 H. S. 编码中，每个品目下都设有“其他”子目，不少章节单独列出“未列名货品的品目”（例如，编码 8479、8543、9031 等）收容未考虑到的商品。因此，规则四实际使用频率很低。

规则四使用方法，如图 6－1 所示。

图 6－1 规则四使用方法

五、规则五的含义

除上述规则外，本规则适用于下列货品的归类：

（1）制成特殊形状仅适用于盛装某个或某套物品并适合长期使用的，如照相机套、乐器盒、枪套、绘图仪器盒、项链盒及类似容器，如果与所装物品同时进口或出口，并通常与所装物品一同出售的，应与所装物品一并归类。但本款不适用于本身构成整个货品基本特征的容器。

（2）除规则五（一）规定的以外，与所装货品同时进口或出口的包装材料或包装容器，如果通常是用来包装这类货品的，应与所装货品一并归类。但明显可重复使用的包装材料和包装容器可不受本款限制。

规则解释如下。

规则五是一条关于包装物品归类的专门条款。

规则五（一）仅适用于同时符合以下各条规定的容器：

（1）制成特定形状或形式，专门盛装某一物品或某套物品的，专门设计的，有些容器还制成所装物品的特殊形状。

（2）适合长期使用的，容器的使用期限与所盛装某一物品使用期限是相称的，在物品不使用期间，这些容器还起保护作用。

（3）与所装物品一同进口或出口，不论其是否为了运输方便而与所装物品分开包装；单独进口或出口的容器应归入其相应的品目。

（4）通常与所装物品一同出售。

（5）包装物本身并不构成整个货品的基本特征，即包装物本身无独立使用价值。

规则五（一）不适用于本身构成整个商品基本特征的容器。例如，装有茶叶的银质茶叶罐，银罐本身价值昂贵，远远超出茶叶的价格，并已构成整个货品的基本特征，因此应按银制品归入税目 71141100；又如装有糖果的成套装饰性瓷碗，应按瓷碗归类而不是按糖果归类。

规则五（二）实际上是对规则五（一）规定的补充。当包装材料或包装容器不符合规则五（一）条件时，如果通常是用来包装某类货品的，则应与所装货品一同归类。但本款不适用于明显可以重复使用的包装材料或包装容器，例如，装有压缩液化气体的钢瓶应按钢铁制品和液化气分别归类。

由于 H. S. 编码列有五位数级、六位数级子目，所以有必要对五位、六位数级子目的归类规则做出规定，规则六就是这样产生的。

六、规则六的含义

货品在某一品目项下各子目的法定归类，应按子目条文或有关的子目注释以及以上各条规则来确定，但子目的比较只能在同一数级上进行。除《协调制度》条文另有规定的以外，有关的类注、章注也适用于本规则。

规则解释：

（1）以上规则一至五在必要的地方加以修改后，可适用于同一品目下的各级子目。

（2）规则六中所称“同一数级”子目，是指同为五位数级或同为六位数级的子目。据此，当按照规则三（一）规定考虑某一物品在同一品目项下的两个及两个以上五位数级子目的归类时，只能依据有关的五位数级子目条文来确定哪个五位数级子目所列名称更为具体或更为类似。只有在确定了列名更为具体的五位数级子目而且该子目项下又再细分了六位数级子目时，才能根据有关六位数级子目条文考虑物品应归入这些六位数级子目中的哪个子目。

（3）“除《协调制度》条文另有规定的以外”是指类、章注释与子目条文或子目注释不相一致的情况。例如，第 71 章注释四（二）所规定的“铂”的范围，与第 71 章子目注释二所规定的“铂”的范围不相同。因此，在解释子目号 711011 及 711019 的范围时，应采用子目注释二，而不应考虑该章注释四（二），即类、章注释与子目注释的应用次序为子目注释—章注释—类注释。

（4）某个五位数级子目下所有六位数级子目的商品总和，不得超出其所属的五位数级子目的商品范围；同样，某个四位数级税目下所有五位数级子目的商品总和，也不得超出其所属的四位数级子目的商品范围。

总之，规则六表明，只有在货品归入适当的四位数级子目后，方可考虑将它归入合适的五位数级或六位数级子目，并且在任何情况下，都应优先考虑五位数级子目后再考虑六位数级子目的范围或子目注释。此外，规则六注明只有属同一级别的子目才可做比较并进行归类选择，以决定哪个子目较为合适，比较方法为同级比较、层层比较，正确运用子目数级查找编码。

思考

对应归类总规则，讨论中华绒毛蟹种苗应如何归类。

延伸阅读

归类总规则的适用

归类总规则是为保证每一个商品甚至是层出不穷的新商品都能始终归入同一个品目或子目，避免商品归类的争议而制定的商品归类应遵循的原则。归类总规则共由六条构成，是指导并保证商品归类统一的法律依据。值得注意的是，归类总规则的使用顺序为规则一优先于规则二，规则二优先于规则三，在归类时必须顺序使用。在对商品进行归类的时候，税目条文及相关的章注、类注是最重要的。如果按税目条文及相关的章注、类注还无法确定归类，才能够按规则二、规则三、规则四、规则五、规则六归类。归类规则是解决商品归类的具有法律效力的依据，它们的优先顺序为品目条文—子目注释—章注—类注—归类总规则。

七、查找商品编码的步骤

查找商品编码的步骤是先确定品目，然后确定子目。

（一）确定品目（前四位数）

第一步，确定所给出的商品名称的中心词，并根据题目中给出的资料分析商品特性（如组成、结构、加工、用途等）；

第二步，初步判断该商品可能涉及的章和品目（可能有几个）；

第三步，查找涉及的几个有关品目的品目条文；

第四步，查看所涉及的品目所在章和类的注释，检查一下相关章注和类注是否有特别的规定；

第五步，仍然有几个品目可归而不能确定时，运用归类总规则来确定品目。

（二）确定子目（后四位数）

品目确定之后就是子目的确定。注意，同一数级的子目才能进行比较。要先判断它的一级子目，再是二级子目，依次类推。

任务实施

南京兴达报关有限公司报关员小王按照以下步骤进行归类：

第一步，根据题目的中心词，要查找的是活火鸡，归于第一类第一章。

第二步，查阅第一类的类注及第一章的章注没有做出说明（查阅第一类的类注及

第一章的章注，不属于本章不包括的情形，因此可归入第一章)。

第三步，查阅第一章四位数品目所列黑体字，活火鸡属于家禽类，在0105可以找到家禽。

第四步，进一步确定它的子目。

(1) 在0105下面有两个一级子目，一个是"－重量不超过185克"，另一个是"－其他"，根据题目中的条件，两个一级子目之间做比较，本题为重量1000克的活火鸡，因此其一级子目确定为"－其他"。确定了一级子目后，再确定其二级子目。

(2) 在一级子目"－其他"下面有两个二级子目，一个是"－ －鸡"，另一个是"－ －其他"，本题要查的是火鸡，因此可确定其二级子目为"－ －其他"。确定了二级子目后，再确定其三级子目。

(3) 在二级子目"－ －其他"下面有两个三级子目，一个是"－ － －改良种用"，一个为"－ － －其他"，根据题目的条件，供食用，因此确定其三级子目为其他，由于左边还没有其对应的编码，因此继续往下确定四级子目。

(4) 在三级子目"－ － －其他"下面有4个四级子目，根据题目的条件，活火鸡可确定其商品编码为01059994。

同步训练

一、单选题

1.《协调制度》共有（　　）。

A. 20类、96章　　B. 21类、97章

C. 6类、97章　　D. 21类、96章

2. H. S. 编码制度所列商品名称的分类和编排，从类别来看，基本上是按（　　）分类。

A. 贸易部门　　B. 社会生产

C. 同一起始原料　　D. 同一类型产品

3. 在海关注册登记的进出口货物经营单位，可以在货物实际进出口的（　　）前，向（　　）申请就其拟进口的货物进行商品归类。

A. 45日；所在地海关　　B. 30日；直属海关

C. 30日；海关总署　　D. 45日；直属海关

4. 下列叙述中错误的是（　　）。

A.《进出口税则》的类、章及分章的标题，仅为查找方便设立

B. 归类总规则一规定，具有法律效力的商品归类应按品目条文和有关类注或章注确定

C. 子目的比较只能在同一数级上进行

D. 商品归类应按最相类似、具体列名、基本特征、从后归类的原则归类

5. 下列叙述正确的是（　　）。

A. 在进行商品归类时，列名比较具体的品目优先于一般品目

B. 在进行商品归类时，混合物可以按照其中的一种成分进行归类

C. 在进行商品归类时，商品的包装容器应该单独进行归类

D. 从后归类原则是商品归类时优先采用的原则

6. 对商品进行归类时，品目条文所列的商品，应包括该项商品的非完整品或未制成品，只要在进口或出口时这些非完整品或未制成品具有完整品或制成品的（　　）。

A. 基本功能　　B. 相同用途

C. 基本特征　　D. 核心组成部件

7. 在进行商品归类时，对看起来可归入两个或两个以上品目的商品，其归类次序为（　　）。

A. 基本特征、具体列名、从后归类　　B. 具体列名、基本特征、从后归类

C. 从后归类、基本特征、具体列名　　D. 基本特征、从后归类、具体列名

8. 根据（　　）的规定，“一个纸盒内装一只手机”的商品，应按手机归类。

A. 归类总规则三（一）　　B. 归类总规则三（二）

C. 归类总规则五（一）　　D. 归类总规则五（二）

二、多选题

1. H. S. 编码制度将国际贸易商品分类后，在各类内基本上按（　　）设章。

A. 贸易部门　　B. 生产部门

C. 自然属性　　D. 用途（功能）

2. 下列选项中属于归类依据的有（　　）。

A.《进出口税则》　　B.《商品及品目注释》

C.《本国子目注释》　　D. 海关总署发布的关于商品归类的行政裁定或决定

3.《协调制度》中的税（品）目所列货品，除了完整品或制成品，还应包括（　　）。

A. 在进出口时具有完整品基本特征的不完整品

B. 在进出口时具有制成品基本特征的未制成品

C. 完整品或制成品在进出口时的未组装件或拆散件

D. 具有完整品或制成品基本特征的不完整品或未制成品在进出口时的未组装件或拆散件

4. 所谓“零售的成套货品”，必须同时符合的条件有（　　）。

A. 包装形式适于直接销售给用户而无须重新包装

B. 由归入不同品目号的货品组成

C. 为了开展某项专门活动而将几件物品包装在一起

D. 为了迎合某项需求而将几件产品包装在一起

5. 供长期使用的包装容器，必须符合（　　）要求，且应与所装的物品一同归类。

A. 制成特定形状或形式　　B. 适合长期使用

C. 与所装物品一同报验、一同出售　　D. 不构成整个物品的基本特征

6. 下列货品进出口时，包装物与所装物品应分别归类的有（　　）。

A. 装液化气用的钢瓶　　B. 装茶叶的银制茶叶罐

C. 装电视机的纸箱　　D. 分别进口的照相机和照相机套

7. 下列选项中，符合货物与包装容器分开归类条件的正确表述有（　　）。

A. 通常用来盛装某类货物的包装与所装货物同时进口或出口的

B. 包装容器本身构成整个货物基本特征的

C. 容器与适宜盛装的货物分别报验的

D. 明显可重复使用的包装容器

8. 下列货物属于 H. S. 归类总规则中所规定的“零售的成套货品”的有（　　）。

A. 一个礼盒，内有咖啡一瓶、咖啡伴侣一瓶、塑料杯子两只

B. 一个礼盒，内有一瓶白兰地酒、一只打火机

C. 一个礼盒，内有一包巧克力、一个塑料玩具

D. 一碗方便面，内有一块面饼、两包调味品、一把塑料小叉子

9. 下列货品进出口时，包装物与所装物品应分别归类的是（　　）。

A. 40 升专用钢瓶装液化氮气

B. 25 千克桶装（塑料桶）涂料

C. 纸箱包装的彩色电视机

D. 分别进口的照相机和照相机套

10. 《协调制度》中具有法律效力的归类依据有（　　）。

A. 归类总规则　　B. 注释　　C. 品目条文　　D. 子目条文

三、判断题

1. 按照归类总规则的规定，税目所列货品，还应包括货物的完整品或制成品在进出口时的未组装件和拆散件。（　　）

2. 缺少车轮的摩托车，应按摩托车的零件归类。（　　）

3. 第一章的标题为“活动物”，所以活动物都归入第一章。（　　）

4. 零售成套货品应按基本特征原则归类。（　　）

5. 对进出口商品进行归类时，如果该商品在品目条文上有具体列名可以直接查到，则无须运用总规则。（　　）

6. 对进出口商品进行归类时，先确定品目，然后确定子目。（　　）

7. 根据归类总规则的规定，具有法律效力的归类，应按类章标题、品目条文和类章注释确定。　　（　　）

能力提升

根据归类总规则和查找编码的方法，对下列商品进行归类。

（1）牛尾毛。

（2）装有计量装置的农业用离心水泵。

（3）缺少鼠标的笔记本电脑。

（4）做手套用已剪成型的针织棉。

（5）由一个靠背、一个支架、一个坐板组成的铝制椅子散件，组装即可使用。

（6）汽车用挡风刮雨器。

（7）由一块面饼、一个脱水蔬菜包、一个调味包组成的袋装方便面。

（8）浅蓝色的平纹机织物，由50%棉、50%聚酰胺短纤织成，每平方米重量超过170克。

（9）特殊形状的塑料盒，盒内装有一块指针式石英铜表。

（10）装有玻璃高脚杯的纸板箱。

（11）中华绒螯蟹种苗。

（12）冻猪胃。

（13）一套散装带时钟的收音机。

（14）用天然软木制成、外层包纱布的热水瓶塞子。

（15）一套成套的理发工具，由一个电动理发推子、一把木梳、一把剪刀、一把刷子组成，装于一只塑料盒中。

模块七　进出口税费核算

学习目标

▲ 知识目标

1. 掌握进出口环节有关税费的含义、种类和征收范围；
2. 熟悉进出口货物完税价格审定原则；
3. 掌握进出口货物原产地原则和方法。

▲ 技能目标

1. 能够计算进出口环节的税费；
2. 能够应用进出口货物完税价格的估价方法；
3. 能够处理进出口税费的退补。

任务一　认知进出口税费

任务导入

吕辉在随王威经理报一票单子：浙江温州海洋模具进出口公司进口设备 300 套（属于自动许可证管理、法定检验的商品），该企业向海关出具的发票价格为 CIF 50000 美元/台，但该货物进口后该企业在境内将其售出并将其所提价款（8000 美元/台）的 10%返还给境外的分公司。吕辉查看《企业报关实用手册》，发现该设备适用的最惠国税率为 13%，增值税税率为 17%。王威经理让吕辉在报关之前先算出这票单子应征的税款，并通知收货人或货代让他们准备税款，这样海关的税款缴款书（俗称税单）一出来就可以及时缴税，从而可以结束通关，及时提货。

可吕辉还是有些困惑：什么是关税？什么是增值税？进出口货物完税价格如何审定？进出口货物原产地确定的原则是什么？进口税费如何计算？

相关知识

征收关税是海关的权力，依法缴纳关税是纳税人的义务，海关征收关税的权力和纳税义务人缴纳关税的义务是通过一定的制度和程序完成的。一方面，海关通过法定的制度，按照规定的程序，计算出具体征收金额并做出征税决定，构成海关依法征税的权力内容；另一方面，纳税人按照一定的方式、步骤，在一定的期限完成关税的给付行为，构成纳税人履行缴纳关税的义务内容。上述权力与义务内容，从进出口货物报关单位角度，为增加生产经营活动的计划性、前瞻性，需要事先对进出口环节将发生及可能发生的各种税费进行较为精准的计算，该过程及步骤即进出口税费核算。

进出口税费是指进出口环节由海关依法征收的关税、消费税、增值税、船舶吨税等税费。

一、征缴关税的依据

进出口税费核算依据主要是《海关法》《进出口关税条例》《进出口税则》及海关总署发布并实施的规范性文件。

二、关税

关税是海关代表国家，按照国家制定的关税政策和公布实施的税法及《进出口税则》，对准许进出关境的货物和物品征收的一种流转税。

关税的征税主体是国家，由海关代表国家向纳税义务人征收。关税的征收对象是进出关境的货物和物品。关税纳税义务人亦称关税纳税人或关税纳税主体，包括进口货物的收货人、出口货物的发货人、进（出）境物品的所有人。

按不同的标准，关税可以有以下分类。

（一）按货物流分类

按货物流分类，关税可分为进口关税、出口关税和过境关税。

进口关税是指一国（地区）海关以进境货物和物品为征税对象所征收的关税。

出口关税是指一国（地区）海关以出境货物和物品为课税对象所征收的关税。为鼓励出口，世界各国一般不征收出口税或仅对少数商品征收出口税。征收出口关税的主要目的是限制和调控某些商品的过度、无序出口，特别是防止本国一些重要自然资源和原材料的无序出口。目前，我国主要对资源性、高耗能类商品征收出口关税。

过境关税是指一国（地区）海关对通过其关境的外国货物所征收的一种关税。伴随着国际贸易的发展，目前世界各国很少征收过境关税，大多以税款担保形式保障过境货物依法原状运出关境。

（二）按计征标准分类

按计征标准分类，关税可分为从价税、从量税、复合税、滑准税。

1. 从价税

从价税，是以货物、物品的价格作为计税标准，以应征税额占货物价格的百分比为税率，价格和税额成正比例关系的关税。我国对进出口货物征收关税主要采用从价税计税标准。

从价税应征税额 = 货物的完税价格 × 从价税税率

2. 从量税

从量税，是以货物和物品的计量单位如重量、数量、容量等作为计税标准的一种关税计征方法。我国目前对冻整鸡及鸡产品、啤酒、石油原油、胶片等进口商品以及尿素、硫酸钾等出口化肥商品征收从量税。

从量税应征税额 = 货物数量 × 单位税额

3. 复合税

复合税，是指对《进出口税则》一个税目中的商品同时使用从价、从量两种标准计税，计税时按两者之和作为应征税额征收的关税。我国目前对广播级磁带录像机、其他磁带录像机、磁带放像机、非特种用途广播级电视摄像机及其他电视摄像机等进口商品征收复合关税。从价、从量两种计税标准各有优缺点，两者混合使用可以取长补短，有利于关税作用的发挥。

复合税应征税额 = 货物的完税价格 × 从价税税率 + 货物数量 × 单位税额

4. 滑准税

滑准税，又称滑动税，是指在《进出口税则》中，预先按产品的价格高低分档制定若干不同的税率，然后根据进口商品价格的变动而增减进口税率的一种关税。当商品价格上涨时采用较低税率，当商品价格下跌时采用较高税率，其目的是保持该种商品的国内市场价格稳定。我国目前对关税配额外进口一定数量的棉花实行滑准税。

（三）按是否根据《进出口税则》征收分类

按是否根据《进出口税则》征收分类，关税可分为正税和附加税两种。

1. 正税

正税是指按照《进出口税则》中的进口税率征收的关税，具有规范性、相对稳定性的特点。

2. 附加税

附加税是指国家出于特定需要，对进口货物除了征收关税正税外另行征收的关税，一般具有临时性的特点，包括反倾销税、反补贴税、保障措施关税、报复性关税等。世界贸易组织不准其成员方在一般情况下随意征收进口附加税，只有符合世界贸易组织反倾销、反补贴等有关规定的才可以征收附加税。

（四）按是否施惠分类

按是否施惠分类，关税可分为普通关税、优惠关税。

1. 普通关税

普通关税是指对与本国没有签署贸易或经济互惠等友好协定的国家或地区原产的货物征收的非优惠关税；对无法判明原产地的货物，适用普通税率。

2. 优惠关税

优惠关税包括最惠国待遇关税、协定优惠关税、特定优惠关税和普通优惠关税，我国是发展中国家，对进口货物不存在普惠税率。

三、进口环节海关代征税

进口货物、物品在办理海关手续放行后，进入国内流通领域，若想与国内货物、物品获得同等待遇，需缴纳应征的国内税。进口货物、物品的国内税依法由海关在进口环节征收。目前，进口环节海关代征税（以下简称进口环节代征税）主要有增值税、消费税两种。

（一）进口环节增值税

1. 含义

增值税是以商品的生产、流通和劳务服务各个环节所创造的新增价值为课税对象的一种流转税。进口环节增值税是在货物、物品进口时由海关依法向进口货物、物品的法人或自然人征收的一种增值税，基本涉及所有进口货物。

进口环节增值税的免税、减税项目由国务院规定，任何地区、部门都无权擅自决定增值税的减免。进口环节增值税的起征额为人民币 50 元，低于 50 元的免征。

2. 征收范围

我国增值税的征收原则是中性、简便、规范。进口货物由纳税人（进口人或者其代理人）向报关地海关申报纳税。进口环节增值税的缴纳期限与关税相同。对纳税人销售或者进口除适用低税率的货物以外的货物，以及提供加工、修理修配劳务的，税率为 17%。

适用低税率（13%）的有纳税人销售或者进口的以下货物：

（1）粮食、食用植物油；

（2）自来水、暖气、冷气、热水、煤气、石油液化气、天然气、沼气、居民用煤炭制品；

（3）图书、报纸、杂志；

（4）饲料、化肥、农药、农机、农膜；

（5）国务院规定的其他货物。

3. 计算公式

进口环节的增值税以组成价格作为计税价格，征税时不得抵扣任何税额。

增值税组成价格 = 进口货物完税价格 + 关税税额 + 消费税税额

应纳增值税税额 = 增值税组成价格 × 增值税税率

（二）进口环节消费税

1. 含义

消费税是以消费品或消费行为的流转额作为课税对象而征收的一种流转税。我国开征消费税的目的是调节我国的消费结构，引导消费方向，确保国家财政收入。

进口环节消费税除国务院另有规定者外，一律不得给予减税、免税。进口的应税消费品，由纳税人（进口人或其代理人）向报关地海关申报纳税。进口环节消费税的缴纳期限与关税相同，起征额为人民币 50 元，低于 50 元的免征。

2. 征收范围

我国征收消费税的范围仅限于少数消费品，征税的消费品大体可分为以下四种类型：

（1）一些过度消费会对人的身体健康、社会秩序、生态环境等方面造成危害的特殊消费品，例如，烟、酒、酒精、鞭炮、烟火等。

（2）奢侈品、非生活必需品，例如，贵重首饰及珠宝玉石、化妆品及护肤护发品等。

（3）高能耗的高档消费品，例如，小轿车、摩托车、汽车轮胎等。

（4）不可再生和替代的资源类消费品，例如，汽油、柴油等。

3. 计算公式

我国消费税采用价内税计征方法，即计税价格的组成中包括了消费税税额。

（1）从价征收的消费税按照组成的计税价格计算，其计算公式为：

应纳税额 = 消费税组成计税价格 × 消费税税率

消费税组成计税价格 = 进口货物完税价格 + 关税税额 + 消费税税额

= （进口货物完税价格 + 关税税额） ÷ （1 – 消费税税率）

（2）从量征收的消费税的计算公式为：

应纳税额 = 应征消费税消费品数量 × 单位税额

（3）同时实行从量、从价征收的消费税是上述两种征税方法之和，其计算公式为：

应纳税额 = 应征消费税消费品数量 × 单位税额 + 消费税组成计税价格 × 消费税税率

四、船舶吨税

1. 含义

船舶吨税，简称吨税，是港口所在国家对船舶进出关境所征收的一种关税，即由海关在设关口岸对进出、停靠我国港口的国际航行船舶征收的一种使用税。征收船舶吨税的目的是用于航道设施的建设。

2. 征纳

根据《船舶吨税暂行办法》的规定，国际航行船舶在我国港口行驶，使用了我国的港口和助航设备，应缴纳一定的税费。凡征收了船舶吨税的船舶，不再征收车船税；对已经征收车船税的船舶，不再征收船舶吨税。

船舶吨税分为优惠税率和普通税率两种。凡与中华人民共和国签订互惠协议的国家或地区以及中国香港、中国澳门籍船舶，均适用船舶吨税优惠税率；未签订互惠协议的国家或地区，适用船舶吨税普通税率。

3. 征收范围

根据现行办法，应征吨税的船舶有以下几种：

（1）在我国港口行驶的外国籍船舶；

（2）外商租用（程租除外）的中国籍船舶；

（3）中外合营海运企业自有或租用的中国、外国籍船舶；

（4）我国租用的外国籍国际航行船舶。

根据规定，对于中国香港及澳门特别行政区海关已征收船舶吨税的外国籍船舶，进入内地港口时仍应照章征收船舶吨税，因为中国香港及澳门特别行政区为单独关税区。

4. 计算公式

船舶吨税起征日为船舶直接抵口之日，即进口船舶应自申报进口之日起征。如进境后驶达锚地的，以船舶抵达锚地之日起计算；进境后直接靠泊的，以靠泊之日起计算。

船舶吨税的征收方法分为90天期缴纳和30天期缴纳两种，并分别确定税额，缴纳期限由纳税义务人在申请完税时自行选择。

船舶吨税的计算公式：

应纳船舶吨税税额 = 船舶净吨位 × 船舶吨税税率（元/净吨）

船舶吨税按净吨位计征。船舶净吨位的尾数按四舍五入原则，半吨以下的免征尾数，半吨以上的按1吨计算。不及1吨的小型船舶，除经海关总署特准免征者外，一律按1吨计征。

思考

资料： 下列几种船舶需要征收船舶吨税的有（　　）。

A. 在大连港口行驶的美国油轮

B. 在厦门港口航行的中国货轮

C. 航行于广州港口被新加坡商人以期租的方式租用的中国籍船舶

D. 航行于国外兼营国内沿海贸易的被中国商人租用的日本籍船舶

讨论：哪一种船舶应征收船舶吨税？

五、税款滞纳金

1. 征收范围

按照规定，关税、进口环节代征税、船舶吨税的纳税义务人或其代理人未能自海关填发税款缴款书之日起15日内向指定银行缴纳税款，逾期缴纳的，海关依法在原应纳税款的基础上按日加收滞纳税款万分之五的款项。

2. 征收标准

滞纳金按每票货物的关税、进口环节增值税、消费税单独计算。滞纳金的起征额为人民币50元，不足人民币50元的免予征收。

海关对滞纳天数的计算是自滞纳税款之日起至进出口货物的纳税义务人缴纳税费之日止，其中的法定节假日不予扣除。缴纳期限届满日遇休息日或者法定节假日的，应当顺延至休息日或法定节假日之后的第一个工作日。

计算公式：

$$关税滞纳金金额 = 滞纳关税税额 \times 0.5‰ \times 滞纳天数$$

$$代征税滞纳金金额 = 滞纳代征税税额 \times 0.5‰ \times 滞纳天数$$

任务实施

上海某公司进口一批割草机，应征关税税额为60000元，进口环节增值税为12000元，海关于2016年7月18日（星期一）填发海关专用缴款书，该公司于2016年8月12日缴纳税款，则该企业应向海关缴纳的税款滞纳金是多少？

第一步，滞纳天数的计算：

从7月19日开始算15天不用缴滞纳金，即7月19日至8月2日缴纳税款无须缴滞纳金，8月3日至12日一共滞纳10天。

第二步，税款滞纳金的计算：

60000 ×0.5‰ ×10 =300（元）；

12000 ×0.5‰ ×10 =60（元）；

300 +60 =360（元）。

任务二 确定进出口完税价格与原产地

任务导入

上海某公司从日本进口一套机械设备，发票列示如下：发票价格为 CIF 上海 USD300000，设备进口后的安装及调试费为 USD9000，设备进口后从上海运至武汉的运费为 USD1000，进口关税为 USD2000，上述安装调试费、上海运至武汉的运费、进口关税已包括在价款中。

思考：经海关审定的该设备的成交价格为多少？

相关知识

进出口货物完税价格是凭以计征进出口货物关税及进口环节代征税税额的基础。目前，我国海关审价的法律依据可分为 3 个层次：第一个层次是法律层次，即《海关法》；第二个层次是行政法规层次，即《进出口关税条例》；第三个层次是部门规章，如海关总署颁布施行的《中华人民共和国海关审定进出口货物完税价格办法》（以下简称《审价办法》）等。《海关法》第五十五条规定，进出口货物的完税价格，由海关以该货物的成交价格为基础审查确定。成交价格不能确定时，完税价格由海关依法估定。通过以上规定可知，审定进出口货物完税价格应首先使用成交价格估价方法。完税价格以人民币计征，采用四舍五入法计算到分。

一、一般进口货物完税价格的审定

海关依次使用 6 种估价方法确定进口货物的完税价格，如图 7－1 所示。

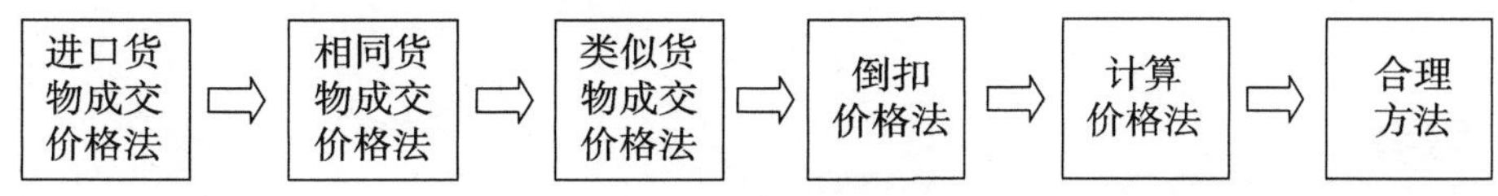

图 7－1 进口货物完税价格估价方法

这 6 种估价方法必须依次使用，即只有在不能使用前一种估价方法的情况下才可以顺延使用其他估价方法。如果进口货物收货人提出要求并提供相关资料，经海关同意，可以颠倒倒扣价格法和计算价格法的使用次序。

（一）进口货物成交价格法

1. 进口货物的完税价格

《审价办法》规定，进口货物的完税价格由海关以该货物的成交价格为基础审查确定，并应包括货物运抵中华人民共和国境内输入地起卸前的运输及其相关费用、保险费。相关费用主要指与运输有关的费用，如装卸费、搬运费等。

2. 进口货物的成交价格

进口货物的成交价格，指卖方向中华人民共和国境内销售该货物时买方为进口该货物向卖方实付、应付的并按有关规定调整后的价款总额，包括直接支付的价款和间接支付的价款。

3. 成交价格本身满足的条件

（1）买方对进口货物的处置和使用不受限制；

（2）货物的出口销售或价格不应受到某些条件或因素的影响，因为这些条件和因素会导致该货物的价格无法确定；

（3）卖方不得直接或间接从买方获得因转售、处置或使用进口货物而产生的任何收益，除非上述收益能够被合理确定；

（4）买卖双方之间的特殊关系不影响价格。

若不能满足上述四个条件，应当顺延采用下一种估价法。

4. 成交价格的调整因素

（1）计入项目

下列项目若由买方支付，必须计入完税价格：①除购货佣金以外的佣金和经纪费；②与进口货物作为一个整体的容器费；③包装费，包括材料费、劳务费；④协助的价值（在国际贸易中，买方以免费或以低于成本价的方式向卖方提供一些货物或服务）；⑤特许权使用费；⑥返还给卖方的转售收益。

计入项目同时满足三个条件：由买方负担；未包括在实付或应付价格中；有客观量化的数据资料。

思考

资料：国内企业甲（买方）从国外厂商（卖方）处订购一批衬衣和西裤，根据合同的规定，生产衬衣和西裤用的剪刀、纽扣、设计图纸和漂白剂由买方免费提供，在衬衣和西裤进口的时候国外卖方开立的发票价格只包括在国外的原料成本、加工制造成本和利润。

讨论：1. 该批进口货物的完税价格即发票价格吗？

2. 该批进口货物的完税价格应包括哪些价值？

（2）扣减项目

价款中单独列明的税收、费用不计入完税价格：①厂房、机械或设备进口后发生的建设、安装、装配、维修或者技术援助费用，但保修费用除外；②货物运抵境内输入地点起卸后发生的运输及其相关费用、保险费；③进口关税、进口环节代征税及其他国内税；④为在境内复制进口货物而支付的费用；⑤境内外技术培训及境外考察费用；⑥符合一定条件的利息费用。

（二）相同或类似货物成交价格法

相同或类似货物成交价格法，即以与被估货物同时或大约同时向中华人民共和国境内销售的相同货物及类似货物的成交价格为基础，审查确定进口货物价格的方法。

1. 相同货物或类似货物

相同货物，指与进口货物在同一国家或者地区生产的，在物理性质、质量和信誉等所有方面都相同的货物，但是表面的微小差异允许存在。

类似货物，指与进口货物在同一国家或者地区生产的，虽然不是在所有方面都相同，但是具有相似的特征、相似的组成材料、相同的功能并且在商业中可以互换的货物。

2. 相同货物或类似货物的时间要素

时间要素是指相同货物或类似货物必须与进口货物同时或大约同时进口，其中的“同时或大约同时”是指在进口货物接受申报之日的前后各45天以内。

3. 采用相同或类似货物成交价格法应具备的要素

（1）货同类，即必须与进口货物相同或类似。

（2）产同地，即必须与进口货物在同一国家或地区生产。

（3）进同时，即必须与进口货物同时或大约同时进口。

（4）数相当，即必须与进口货物的商业水平与进口数量相同或大致相同。

（5）价最低，即当存在多个价格时必须选择最低的价格。

（三）倒扣价格法

倒扣价格法以进口货物相同或类似进口货物在境内第一环节的销售价格为基础，扣除境内发生的有关费用来估定完税价格。

1. 使用倒扣价格法需要满足的条件

（1）在被估货物进口同时或大约同时，以该货物相同或类似进口货物在境内销售的价格为基础。其中，“进口同时或大约同时”为在进口货物接受申报之日的前后各45天以内。如果进口货物相同或者类似货物没有在海关接受进口货物申报之日前后45天内在境内销售，可以将在境内销售的时间延长至接受货物申报之日前后90天内。

（2）以该货物进口时的状态销售的价格为基础。如果没有以进口时的状态销售的价格为基础，应纳税义务人要求，可以以经过加工后在境内销售的价格作为倒扣价格的基础。

（3）以在境内第一环节销售的价格为基础。“第一环节”是指有关货物进口后进行的第一次转售，且转售者与境内买方之间不能有特殊关系。

（4）以向境内无特殊关系方销售的价格为基础，这里的无特殊关系指的是无成交价格估价方法规定的特殊关系。

（5）按照该价格销售的货物合计销售总量最大，即必须以被估的进口货物、相同或类似进口货物合计销售总量最大的价格为基础估定货物价格。

2. 倒扣价格法的倒扣项目

（1）同等级或者同种类货物在境内第一销售环节销售时，通常的利润和一般费用（包括直接费用和间接费用）及通常支付的佣金。

（2）货物运抵境内输入地点之后的运输及其相关费用、保险费。

（3）进口关税、进口环节代征税及其他国内税。

（4）加工增值额，如果以货物经过加工后在境内转售的价格作为倒扣价格的基础，则必须扣除上述加工增值部分。

（四）计算价格法

计算价格法既不是以成交价格也不是以在境内的转售价格为基础，它是以发生在生产国或地区的生产成本作为基础价格估定货物价格的方法。按有关规定采用计算价格法时，进口货物的完税价格由下列各项目的总和构成。

（1）生产该货物所使用的料件成本和加工费用。料件成本是指生产被估货物的原料成本，包括原材料的采购价值及原材料投入实际生产之前发生的各类费用。加工费用是指将原材料加工为制成品过程中发生的生产费用，包括人工成本、装配费用及有关间接成本。

（2）向境内销售同等级或者同种类货物通常的利润和一般费用（包括直接费用和间接费用）。

（3）货物运抵中华人民共和国境内输入地点起卸前的运输及其相关费用、保险费。计算价格法按顺序为第四种估价方法，但如果进口货物纳税义务人提出要求，可以与倒扣价格法颠倒顺序使用。此外，海关在征得境外生产商同意并提前通知有关国家或者地区政府后，可以在境外核实该企业提供的有关资料。

（五）合理方法

合理方法，是指当海关不能根据进口货物成交价格法、相同货物成交价格法、类似货物成交价格法、倒扣价格法和计算价格法确定完税价格时，根据公平、统一、客观的估价原则，以客观量化的数据资料为基础审查、确定进口货物价格的估价方法。

合理方法本身不是一种具体的估价方法，实际运用时应按顺序合理、灵活地使用，但禁止使用以下6种价格：

（1）境内生产的货物在境内的销售价格；

（2）在两种价格中较高的价格；

（3）货物在出口地市场的销售价格；

（4）以计算价格法规定之外的价值或者费用计算的相同或者类似货物的价格；

（5）出口到第三国或地区货物的销售价格；

（6）最低限价或虚构的价格。

二、出口货物完税价格审价方法

1. 出口货物的完税价格

出口货物的完税价格以成交价格为基础确定，包括货物运至输出地点装载前的运输及其相关费用、保险费。

2. 出口货物的成交价格

货物出口销售时，卖方为出口该货物向买方直接收取和间接收取的价款总额。

3. 不计入的税收、费用

（1）出口关税；

（2）在货物价款中单独列明的货物运至中华人民共和国境内输出地点装载后的运费及其相关费用、保险费；

（3）在货物价款中单独列明由卖方承担的佣金。

4. 出口货物其他估价方法

依次以下列价格审查、确定货物的完税价格：

（1）同时或者大约同时向同一国家或者地区出口的相同货物的成交价格；

（2）同时或者大约同时向同一国家或者地区出口的类似货物的成交价格；

（3）根据境内生产相同或者类似货物的成本、利润和一般费用（包括直接费用和间接费用），境内发生的运输及其相关费用、保险费计算所得的价格；

（4）按照合理方法估定的价格。出口货物完税价格的计算公式如下：

出口货物完税价格 = FOB（中国境内口岸）－出口关税

= FOB（中国境内口岸）/（1 + 出口关税税率）

延伸阅读

纳税义务人在海关审定完税价格时的义务

（1）如实提供单证及其他相关资料的义务，即纳税义务人向海关申报时，应当按照《审价办法》的有关规定，向海关如实提供发票、合同、提单、装箱清单等单证。根据海关要求，纳税义务人还应当如实提供与货物买卖有关的支付凭证，以及证明申报价格真实、准确的其他商业单证、书面资料和电子数据。

(2) 如实申报及举证的义务，即货物买卖中发生《审价办法》规定所列的价格调整项目的，纳税义务人应当如实向海关申报。价格调整项目如果需要分摊计算，纳税义务人应当根据客观量化的标准进行分摊，并同时向海关提供分摊的依据。

(3) 举证证明特殊关系未对进口货物的成交价格产生影响的义务，即买卖双方之间虽然存在特殊关系，但是纳税义务人认为特殊关系未对进口货物的成交价格产生影响时，应提供相关资料，以证明其成交价格符合《审价办法》的规定。

任务实施

某工厂从德国某企业购买了一批机械设备，成交条件为 CIF 大连，该批货物的发票列示如下：机械设备 USD100000，运保费 USD500，卖方佣金 USD1500，设备调试费 USD2000，特许权使用费 USD1000，则该批货物向海关申报的总价应是多少？

第一步，确定哪些是计入因素哪些是扣减因素。

本案例中不包括设备调试费。

第二步，完税价格的确定。

本案例所列进口机械设备中，到岸价格应包括机器设备 USD100000，运保费 USD500，卖方佣金 USD1500，特许权使用费 USD1000。

海关申报的总价为：100000 + 500 + 1500 + 1000 = USD103000。

三、进口货物原产地的确定

（一）原产地规则的含义

在国际贸易中，“原产地”是指货物生产的国家（地区），就是货物的“国籍”。随着世界经济一体化和生产国际化的发展，准确认定进口货物的“国籍”变得更为重要。因为确定了进口货物的“国籍”，就确定了其依照进口国（地区）的贸易政策所适用的关税和非关税待遇。原产地的不同决定了进口商品所享受的待遇不同，为适应国际贸易的需要并为执行本国（地区）关税及非关税方面的贸易措施，进口国（地区）必须对进出口商品的原产地进行认定。为此，各国（地区）以本国（地区）立法形式制定出其鉴别货物“国籍”的标准，这就是原产地规则。一般而言，能够确定进口货物属于优惠原产地规则适用范围，则货物适用较为优惠的协定税率或特惠税率；进口货物如属于非优惠原产地规则适用范围，则货物适用最惠国税率。

（二）原产地规则的类别

原产地规则分为两大类：一类为优惠原产地规则，另一类为非优惠原产地规则。

1. 优惠原产地规则

优惠原产地规则是指一国为了实施国别优惠政策而制定的法律、法规，通常是以双边、多边协定形式制定的优惠贸易协定或者由本国自主制定的一些特殊原产地认定标准，因此也称为协定原产地规则。优惠原产地规则下进口货物享受比最惠国税率更优惠的待遇。我国加入 WTO 后，为了进一步改善所处的贸易环境，推进市场多元化进程，截至 2018 年年底，已签订了《亚太贸易协定》等 20 个优惠贸易协定。

延伸阅读

优惠贸易协定

《亚太贸易协定》适用国家为韩国、印度、斯里兰卡、孟加拉国、老挝。

《中国—东盟合作框架协议》适用国家为越南、泰国、新加坡、马来西亚、印度尼西亚、文莱、缅甸、老挝、柬埔寨、菲律宾。

CEPA 是《内地与香港/澳门关于建立更紧密经贸关系的安排》（*Closer Economic Partnership Arrangement*）的英文缩写。

ECFA 是《海峡两岸经济合作框架协议》（*Economic Cooperation Framework Agreement*）的英文缩写。

2. 非优惠原产地规则

非优惠原产地规则是指一国根据实施其海关税则和其他贸易措施的需要，由本国立法自主制定的原产地规则，也称自主原产地规则。按照 WTO 的规定，其适用于实施最惠国待遇反倾销和反补贴、保障措施、国别数量限制、关税配额，原产地标记管理等非优惠性贸易措施，以及进行政府采购、贸易统计等活动对进出口货物原产地的确定的情况。

（三）原产地认定标准

1. 优惠原产地认定标准

主要分为完全获得标准和实质性改变标准。

（1）完全获得标准

完全获得标准针对的货物完全是在一个国家（地区）获得或者生产制造的。相关货物包括：①在该成员国或者地区境内收获、采摘或者采集的植物产品；②在该成员国或者地区境内出生并饲养的活动物；③在该成员国或地区领土或领海开采、提取的矿产品；④其他符合相应优惠贸易协定项下完全获得标准的货物。

（2）实质性改变标准

实质性改变标准适用于非完全在一国（地区）获得或者生产的货物。实质性改变标准主要分以下4种。

①税则归类改变标准，是指原产于非成员国或者地区的材料在出口成员国或者地区境内制造、加工后，所得货物在《协调制度》中税则归类发生了变化的情况。《亚太贸易协定》原产地证书所列货物税则号列与海关认定的实际进口货物税则号列前4位应当相同。其他优惠贸易协定货物，实际税则号列与原产地证书所列货物税则号列前6位应当相同。

②区域价值成分标准，是指出口货物船上的交货价格扣除该货物生产过程中该成员国或者地区非原产材料价格后，所余价款在出口货物船上交货价格（FOB）中所占的百分比。不同协定框架下的优惠原产地规则均包含区域价值成分标准，但各有不同。

③制造加工工序标准，是指赋予加工后所得货物基本特征的主要工序。

④其他标准，是指除上述标准之外，成员国或者地区一致同意采用的确定货物原产地的其他标准。

“直接运输”是指优惠贸易协定项下进口货物从该协定成员国或者地区直接运输至中国境内，途中不经过该协定成员国或者地区以外的其他国家或者地区。原产于优惠贸易协定成员国或者地区的货物，经过其他国家或者地区运输至我国境内，不论在运输途中是否转换运输工具或者做临时储存，同时符合下列条件的，均视为“直接运输”：①该货物在经过其他国家或者地区时，未做除使货物保持良好状态所必须处理以外的其他处理；②该货物在其他国家或者地区停留的时间未超过相应优惠贸易协定规定的期限；③该货物在其他国家或者地区做临时储存时处于该国家或者地区海关监管之下。

2. 非优惠原产地认定标准

我国的非优惠原产地认定标准主要有完全获得标准和实质性改变的确定标准两种。

（1）完全获得标准

①在该国（地区）出生并饲养的活的动物；

②在该国（地区）野外捕捉、捕捞、收集的动物；

③从该国（地区）获得的活的动物和未经加工的物品；

④在该国（地区）收获的植物和植物产品；

⑤在该国（地区）采掘的矿物；

⑥在该国（地区）获得的除上述五项范围之外的其他天然生成的物品；

⑦在该国（地区）生产过程中产生的只能弃置或回收用作材料的废碎料；

⑧在该国（地区）收集的不能修复或修理的物品，或者从该物品中回收的零件或材料；

⑨由合法悬挂该国旗帜的船舶从其领海以外海域获得的海洋捕捞物和其他物品；

⑩从该国领海外享有专有开采权的海床或海床底获得的物品。

（2）实质性改变的确定标准

适用非优惠原产地贸易措施下两个及以上国家参与生产或制造的货物，以最后完成实质性改变的国家为原产地。

①税则归类改变。它是指某一国家（地区）对非该国（地区）原产材料进行制造、加工后，使其4位税号一级的税则归类发生改变的情况。

②若税则归类不能反映实质性改变，则采用以下标准。

制造或加工工序：在某一国家（地区）进行的赋予制造、加工后所得货物基本特征的主要工序。

从价百分比：在某一国家（地区）对非该国（地区）原产材料进行的制造、加工后的增值部分，超过货物价值30%。

经典案例

我国从美国进口的去壳去皮腰果，实际上是美国从加拿大输入的带壳带皮的腰果经“去壳去皮”加工后的，使腰果经历了赋予其“不带壳不带皮”基本特征的主要工序，可视为该进口货物发生了实质性改变，从而认定美国为该进口货物的原产国。

（四）申报要求

（1）主动向申报海关申明原产地证书适用的协定税率或特惠税率。

①《中国—东盟合作框架协议》：适用中国—东盟协定税率。

②CEPA项下中国香港、中国澳门产品：适用零关税税率。

③《亚太贸易协定》：适用协定税率。

④中国对最不发达国家特别优惠关税待遇：适用特惠税率。

（2）除按其进口货物所需提交的单证之外，如报关单、合同、装箱单、发票等，还应提交受惠国指定机构签发的原产地证书。

①《亚太贸易协定》、港澳CEPA、中国对最不发达国家特别优惠关税待遇：要求提交原产地证书正本。

②《中国—东盟合作框架协议》：要求提交原产地证书正本和第三联。

（3）经规定外第三地转运的还应提交如下材料。

①未加工证明：过境国家海关签发的；过境地为中国香港、中国澳门的，由中国检验（香港）有限公司、中国检验认证集团澳门有限公司签发。

②全程提运单或联运提单。

③其他有关单证：中国对最不发达国家特别优惠关税待遇还须提交来自出口受惠

国的原始商业发票。

（4）有关原产地证书的规定：

①《中国—东盟合作框架协议》规则的原产地证书，应自东盟国家有关机构签发之日起4个月内向我国境内海关提交，如经第三方转运的，提交期延长为6个月。每批产品的FOB不超过200美元的，免交原产地证书。

②中国香港地区原产地证书签发机构为香港工业贸易署、香港总商会、香港印度商会、香港工业总会、香港中华厂商联合会、香港中华总商会6家机构；中国澳门地区签发机构为澳门经济局。对于适用CEPA项下进口的货物，香港海关查验后施加“绿色关锁”，内地海关一般可不再进行查验。

海关因故无法进行联网核对时，进口人提供担保（保证金）后先行放货。海关应当自该货物放行之日起90天内核定其原产地证书的真实情况，根据核查结果办理退还保证金手续或者保证金转税手续。

③自2005年8月1日起，对原产于台湾地区的15种新鲜（包括冷藏）水果实施零关税；自2007年3月20日起，对原产于台湾地区的19种进口农产品实施零关税。进口地海关凭产于台湾地区的产地证明文件，办理享受零关税水果的征税验放手续。

④ECFA原产地证书自签发之日起12个月内有效。一份进口货物报关单上所列货物对应一份原产地证书。

（五）原产地预确定制度

进口货物的收货人或经营单位在有正当理由的情况下，可以向直属海关申请对其将要进口的货物的原产地进行预确定。申请人申请原产地预确定时，应当填写进口货物原产地预确定申请书并提交下列文件材料：

（1）申请人的身份证明文件。

（2）能说明将要进口货物情况的有关文件资料，包括进口货物的商品名称、规格、型号、税则号列、产品说明书等，出口国（地区）或者货物原产地的有关机构签发的原产地证书或其他认定证明，能说明进口货物所使用的原材料的品种、规格、型号、价格和产地等情况的资料，能说明进口货物的生产加工工序、流程、工艺、加工地点以及加工增值等情况的资料。

（3）说明该项交易情况的文件材料，如进口合同、意向书、询价和报价单以及发票等。

（4）海关要求提供的其他文件资料。

直属海关将在接到申请人的书面申请和全部必要文件资料150天内，依照《原产地条例》的规定做出原产地预确定决定，并对外公布。

在预确定决定所依据的原产地规则、事实和条件不变的前提下，海关做出的原产地预确定决定在全关境范围内3年有效。

四、税率的适用

（一）进口关税税率

1. 常规关税税率设置

常规关税设有最惠国税率、协定税率、特惠税率、普通税率、关税配额税率等税率。对货物在一定期限内可以实行暂定税率。

2. 附加关税税率设置

反倾销税率、反补贴税率、保障措施税率、报复性关税税率。

进口税率及其适用范围，如表 7－1 所示。

表 7－1　　进口税率及其适用范围

进口税率	适用范围
最惠国税率	原产于 WTO 成员方进口货物； 原产于与中国签订最惠国条款的国家或地区的进口货物； 原产于中国境内的货物
协定税率	原产于与中国签订优惠条款的国家或地区的进口货物
特惠税率	原产于与中国签订特殊关税优惠条款的国家或地区的进口货物； 原产于中国自主给予特别优惠关税待遇的国家或地区的进口货物
普通税率	上述之外的国家或地区的进口货物及原产地不明的进口货物
ITA[①]税率	非全税目信息技术产品

（二）出口关税税率

出口关税税率设置：征收关税的出口货物有暂定税率的，适用暂定税率；同时有两种及以上税率可适用的进出口货物最终适用税率汇总如表 7－2 所示。

表 7－2　　同时有两种及以上税率可适用的进出口货物最终适用税率汇总

<table>
<tr><th>适用货物</th><th>可选用的税率</th><th>最终适用的税率</th></tr>
<tr><td rowspan="3">进口货物</td><td>同时适用最惠国税率和暂定税率</td><td>应当适用暂定税率</td></tr>
<tr><td>同时适用最惠国税率和减征税率</td><td>优先适用减征税率</td></tr>
<tr><td>同时适用协定税率、特惠税率和暂定税率、减征税率</td><td>应当从低适用</td></tr>
</table>

① ITA 的全称是 Information Technology Agreement，其含义是信息技术协议。

续 表

适用货物	可选用的税率	最终适用的税率
进口货物	适用普通税率的进口货物，存在进口暂定税率	适用普通税率的进口货物，不适用进口暂定税率
	适用关税配额税率、其他税率	关税配额内的，适用关税配额税率；关税配额外的，按其在《进出口税则》中对应的进口税率征收进口关税，根据其原产地，可能是最惠国税率、协定税率、特惠税率或者普通税率
	同时适用ITA税率、其他税率	适用ITA税率
出口货物	适用出口税率、出口暂定税率	适用出口暂定税率

（三）税率适用的时间原则

1. 适用于申报进出口之日实施的税率

申报进出口之日实施的税率如表7－3所示。

表7－3　　申报进出口之日实施的税率

适用情形	税率适用的时间
进口货物到达前先行申报的	运输工具申报进境之日
进口转关运输货物	指运地海关接受申报进口之日
运抵指运地之前先行申报的	运输工具抵达指运地之日
出口转关运输货物	启运地海关接受申报出口之日
集中申报的进出口货物	海关接受申报之日
超期未报关提取变卖货物	运输工具申报进境之日

2. 适用于违反规定行为发生之日实施的税率

因纳税义务人违反规定需要追征税款的进出口货物，应当适用违反规定的行为发生之日实施的税率；行为发生之日不能确定的，适用海关发现该行为之日实施的税率。

3. 适用于再次填写报关单申报办理纳税及有关手续之日实施的税率

已申报进境并放行的保税货物、减免税货物、租赁货物或者已申报进出境并放行的暂准进出境货物，有下列情形之一需缴纳税款的，应当适用海关接受纳税义务人再次填写报关单申报办理纳税及有关手续之日实施的税率：

（1）保税货物经批准不复运出境的；

（2）保税仓储货物转入国内市场销售的；

（3）减免税货物经批准转让或者移作他用的；

(4) 可暂不缴纳税款的暂准进出境货物，经批准不复运出境或者进境的；

(5) 租赁进口货物，分期缴纳税款的。

进出口货物关税的补征和退还，按照上述规定确定适用的税率。

(四) 税率适用的选择原则

在复式税率设置下，同一税则号列可能有不同的适用税率，在此情况下，对如何找出最合适的税率计征税费，需要规定一个基本的原则。按照《进出口关税条例》关于税率适用的要求，我国关税税率采用“从低适用”的基本原则，但适用普通税率的进口货物例外，因为普通税率货物不适用暂定税率，此时不能执行“从低适用”原则，而是采用“从高适用”方法。

经典案例

某公司进口含硅量≥99.99999990%的太阳能级多晶硅一批，货物于2014年12月25日进境，次年1月22日海关接受申报。货运单据显示货物自美国发出，合同、商业发票、原产地证明文件、原厂商发票显示该太阳能级多晶硅为美国生产，生产厂商为赫姆洛克半导体公司（Hemlock Semiconductor Corporation）。根据上述信息，确定核算税费应适用进口关税税率。

分析：根据案例所示，并按照上述提示步骤，应首先确定太阳能级多晶硅的税则归类。根据归类总规则，该货物应归入税号28046190。相关单证显示货物原产地为美国，经查询有关自由贸易协定、优惠措施及《进出口税则》，目前我国未与美国签有前述优惠协议。经对照接受申报日期相应年度（2015年）的《进出口税则》，太阳能级多晶硅执行从价关税，最惠国关税税率为4%，无暂定税率等其他正税税率设置。经查询海关总署网站，发现海关总署于2014年发布了《关于对原产于美国和韩国的进口太阳能级多晶硅反倾销调查的最终裁定的公告》，该公告规定，海关自2014年1月20日起对进口的上述货物同时征收反倾销税及反补贴税，对美国赫姆洛克半导体公司生产货物征收反倾销税及反补贴税，税率分别为53.3%和2.1%。

该进口货物适用非优惠原产地规则，一般情况下，非优惠原产地项下货物进口时无须提交原产地证书，但本案货物因涉及反倾销等措施，申报时必须提交原产地证书，货物原产地为美国，所以还需要提供货物原生产厂商发票。在核对进口单位提交的原产地证书及厂商发票后，按照税率适用的时间原则及税率选择的规定，最终确定进口货物适用的关税税率为最惠国进口关税税率4%、反倾销税税率53.3%、反补贴税税率2.1%。

任务三 计算进出口税费

任务导入

报关员孙颖接到广州某进出口公司的咨询，该公司计划出口某种货物500件，每件重200千克，成交价格为CFR（Cost and Freight，即成本加运费）香港50000元人民币，已申报运费为每吨300元，出口关税税率为15%。

思考：1. 该货物是否征收出口关税？

2. 海关应征收多少出口税税额？

相关知识

一、进出口关税的计算

（一）进口税费的计算

1. 从价税

税费计算的程序：①确定货物的完税价格（确定货物的CIF价格）；②根据汇率适用原则将外币计算为人民币；③按照公式计算应征收的税款。

［**例**］2015年上海某汽车贸易公司从日本进口皇冠轿车10辆，成交价格合计为FOB横滨120000美元，实际支付运费5000美元，保险费800美元。已知该轿车的汽缸容量为2000CC，适用中国银行外汇折算价为1美元=6.8396元人民币，计算应纳进口关税（原产国日本适用最惠国税率为25%）。

计算方法：

（1）确定进口货物完税价格：

完税价格=CIF价格=120000+5000+800=125800（美元）

（2）根据汇率适用原则，将外币计算为人民币：

完税价格=125800×6.8396=860421.68（元）

（3）计算应纳进口关税税额：

应纳进口关税税额=进口货物完税价格×进口关税税率=860421.68×25%=215105.42（元）

2. 从量税

税费计算的程序：①确定货物的实际进口数量，如果进口计量单位与计税的单位不同，应该进行换算；②按照公式计算应征收的税款。

［例］国内某公司从日本购进日本产激光胶片 61820 平方米，成交价格为 CIF 境内某口岸 602 日元/平方米，日本产激光胶片适用最惠国税率 2.4 元/平方米。已知适用的外汇折算价为 1 日元 = 0.058403 元人民币，计算应征进口关税。

（1）确定其实际进口量：61820 平方米。

（2）按照公式计算应征进口关税税款：

应征进口关税税额 = 货物数量 × 单位税额 = 61820 × 2.4 = 148368（元）

3. 复合税

税费计算的程序：①根据完税价格审定办法、规定，确定应税货物的完税价格；②根据汇率适用原则将外币折算成人民币；③按照公式计算应征收的税款。

［例］国内某公司 2015 年从日本进口非特种用途广播级电视摄像机 20 台，其中有 12 台成交价格为 CIF 境内某口岸 4900 美元/台，其余 8 台成交价格为 CIF 境内某口岸 5200 美元/台。已知适用的外汇折算价为 1 美元 = 6.1005 元人民币，计算应征进口关税。

（1）运用进口货物完税价格审定的方法，结合合同及发票内容，按照成交价格的定义及条件所述要求，对申报价格进行全面审查认定，经审查未发现不符合成交价格规定情形的，按照成交价格方法确定完税价格，审定 CIF 价格分别合计为 58800 美元（12 台 ×4900 美元/台）和 41600 美元（8 台 ×5200 美元/台）。

（2）按照税率设置规定，该货物适用复合税率。原产国为日本，适用最惠国税率，经查关税税率为：完税价格不高于 5000 美元/台的，关税税率为单一从价税，税率为 35%；完税价格高于 5000 美元/台的，关税税率为 3%，每台加征 12960 元人民币从量税。

（3）根据汇率适用规定，确定完税价格分别为 58800 美元 ×6.1005 = 358709.40 元和 41600 美元 ×6.1005 = 253780.80 元。

（4）按照计算公式分别计算进口关税税款：

12 台单一从价进口关税税额 = 完税价格 × 关税税率 = 358709.40 × 35% = 125548.29（元）

8 台复合进口关税税额 = 货物数量 × 单位税额 + 完税价格 × 关税税率
= 8 × 12960 + 253780.80 × 3%
= 103680 + 7613.42
= 111293.42（元）

20 台合计进口关税税额 = 从价进口关税税额 + 复合进口关税税额
= 125548.29 + 111293.42
= 236841.71（元）

（二）出口税费的计算

税费计算的程序：①确定应税货物的完税价格（确定货物的 FOB 价格）；②根据汇率适用原则将外币折算成人民币；③按照公式计算应征收的税款。

［例］2014 年某进出口公司出口锌砂 300 吨到日本，经海关审定，成交价格为 FOB 上海 600 美元/吨。锌砂的出口关税税率为 30%，要求计算应纳出口关税（其适用中国人民银行公布的基准汇率：1 美元 = 6.68 元人民币）。

（1）该出口货物完税价格：

300 吨 ×600 美元/吨 = 180000（美元）

该出口货物完税价格 = FOB 价格/（1 + 出口关税税率）

= 180000 ÷（1 + 30%）≈138461.54（美元）

（2）根据汇率适用原则，将外币折算成人民币：

138461.54 ×6.68≈924923.09（元）

（3）计算应纳出口关税税额：

应纳出口关税税额 = 出口货物完税价格 × 适用的出口关税税率

= 924923.09 ×30% ≈277476.93（元）

二、进口环节代征税的计算

（一）消费税计算

税费计算程序：①根据有关规定确定应税货物所适用的消费税税率；②根据审定完税价格的有关规定，确定应税货物的 CIF 价格；③根据汇率适用规定，将外币折算成人民币（完税价格）；④按照计算公式正确计算消费税税款。

［例］2015 年某进出口公司进口啤酒 4000 升（啤酒：1 吨 = 988 升），经海关审核，其成交价格为 CIF 上海 1800 美元。已知啤酒消费税税率为进口完税价格≥360 美元/吨时，消费税税率为 250 元/吨；进口完税价格 < 360 美元/吨时，消费税税率为 220 元/吨。其适用中国人民银行公布的 1 美元 = 6.68 元的基准汇率，请计算应纳进口环节消费税税额。

（1）确定应税货物的单位完税价格：

将进口货物的计量单位折算为计税单位：4000 ÷988≈4.05（吨）

进口货物的单位完税价格：1800 ÷4.05≈444.44（美元/吨）

（2）确定应税货物适用的消费税税率：250 元/吨。

（3）计算应纳进口消费税税额：

应纳进口消费税税额 = 进口货物数量 × 消费税从量税率

= 4.05 ×250 = 1012.50（元）

（二）增值税计算

税费计算程序：①根据审定完税价格的有关规定，确定应税货物的 CIF 价格；②根据汇率适用规定，将外币折算成人民币（完税价格）；③计算进口关税税额；④计算消费税组成计税价格；⑤计算进口环节消费税税额；⑥计算增值税组成计税价格；⑦计算进口环节增值税额。

[例] 天津某汽车贸易公司从日本进口排气量为 90 毫升的女式摩托车 100 台，成交价格为 CIF 天津 100000 日元/台，且经海关审定。经查摩托车的适用关税税率为 34.2%，增值税税率为 17%，消费税税率为 10%。其适用的汇率为 100 日元 = 6.8531 元，请计算应纳进口环节增值税税额。

（1）确定进口货物完税价格：

完税价格 = CIF 价格 = 100000 × 100 = 10000000（日元）

（2）将外汇计价的完税价格折合成人民币计价的完税价格：

完税价格 = 10000000 × 0.068531 = 685310（元）

（3）计算应纳进口关税税额：

应纳关税税额 = 进口货物完税价格 × 进口关税税率

= 685310.00 × 34.2%

= 234376.02（元）

（4）计算消费税组成计税价格：

消费税组成计税价格 =（进口货物完税价格 + 进口关税税额）/（1 − 消费税税率）

=（685310.00 + 234376.02）÷（1 − 10%）

≈1021873.36（元）

（5）计算应纳进口环节消费税税额：

应纳消费税税额 = 消费税组成计税价格 × 消费税税率

= 1021873.36 × 10% ≈102187.34（元）

（6）计算增值税组成计税价格：

增值税组成计税价格 = 进口货物完税价格 + 进口关税税额 + 消费税税额

= 685310.00 + 234376.02 + 102187.34

= 1021873.36（元）

（7）计算应纳进口环节增值税额：

应纳增值税额 = 增值税组成计税价格 × 增值税税率

= 1021873.36 × 17%

≈173718.47（元）

思考

国内某远洋渔业企业从美国购进柴油船用发动机2台，成交价格合计为CIF境内目的地口岸700000美元。经批准，该发动机进口关税税率减按1%计征。已知适用中国银行的外汇折算价为1美元=6.8396元，请计算应征进口关税（原产国美国适用最惠国税率5%，减按1%计征）。

任务四　进出口税费的缴纳与退补

任务导入

天阳公司于2015年7月立项筹备“引进对开四色印刷机、折页机、电脑直接制版系统等4台套”项目，并于2016年2月3日获得项目审批机关A经委核发的《国家鼓励发展的内外资项目确认书》（以下简称《项目确认书》），确认该公司申请的项目符合国家产业政策，批准项目下进口的设备可以免税进口。2016年3月2日，天阳公司持《项目确认书》向N海关提交进口海德堡KH78折页机和海德堡速霸对开四色胶印机各一台的减免税申请。N海关于3月5日向该公司签发了中华人民共和国海关进出口货物征免税证明（以下简称征免税证明）（Z73223532897、Z73223532899）。同年10月15日，天阳公司上述设备免税进口放行。2017年1月，A经委向天阳公司发函，称天阳公司原申请的项目不适用原批准的产业政策条目，不符合国家产业政策，要求撤回《项目确认书》。该函同时抄送N海关。N海关于2017年2月6日填发《税款缴款书》，向天阳公司补征关税及增值税共计人民币2425721.56元。

思考：进口设备海关已签发征免税证明海关又补征税款的决定合理吗？

相关知识

一、税款缴纳

纳税义务人纳税分为口岸纳税和属地纳税。口岸纳税是指由办理货物进出口申报手续的口岸海关做出征税决定，纳税义务人在口岸海关办理税款缴纳手续；属地纳税是指口岸海关办理转关或验放手续，纳税义务人在属地海关办理税款缴纳手续。

税款缴纳的方式包括柜台支付和电子支付。柜台支付是指纳税义务人在指定银行通过柜台缴纳税款的方式；电子支付是指纳税义务人通过海关总署推行的电子支付系统缴纳税款的方式。进出口关税、进口环节代征税、滞纳金以及补税的缴纳凭证，都是海关专用缴款书。

二、税款退还

纳税义务人按照规定缴纳税款后，因误征、溢征及其他国家政策调整原因应予退还的税款，可由海关依法退还。

1. 多征税款退税

（1）海关发现多征税款的，应当立即通知纳税义务人办理退还手续；纳税义务人应当自收到通知之日起 3 个月内办理有关退税手续。

（2）纳税义务人发现多缴税款的，自缴纳税款之日起 1 年内可以以书面形式要求海关退还多缴的税款并加算银行同期活期存款利息。

2. 品质或规格原因退税

纳税义务人自缴纳税款之日起 1 年内可向海关申请退税的情况：已缴纳税款的进口货物，因品质或者规格原因原状退货复运出境的；已缴纳出口关税的出口货物，因品质或者规格原因原状退货复运进境，并已重新缴纳因出口而退还的国内环节有关税收的。

3. 退关退税

已缴纳出口关税的货物，因故未装运出口申报退关的，纳税义务人自缴纳税款之日起 1 年内可向海关申请退税。

4. 短装退税

散装进出口货物发生短装并已征税放行的，如果该货物发货人、承运人、保险公司已对短装部分退还或赔偿相应货款，纳税义务人自缴纳税款之日起 1 年内可向海关申请退还短装部分相应税款。

5. 赔偿退税

进出口货物因残损、品质不良、规格不符等原因，由进出口货物的发货人、承运人或保险公司赔偿相应货款的，纳税义务人自缴纳税款之日起 1 年内可向海关申请退还赔偿货款部分的相应税款。

进出口环节增值税已予抵缴的，除国家另有规定外不予退还，已征收的滞纳金不予退还。海关应当自受理退税申请之日起 30 日内查实并通知纳税义务人办理退还手续。纳税义务人应当自收到通知之日起 3 个月内办理有关退税手续。

三、税款追补

1. 少征、漏征税款补税

进出口货物放行后，海关发现少征税款的，应当自缴纳税款之日起 1 年内由海关补征；海关发现漏征税款的，应当自货物放行之日起 1 年内向纳税义务人补征漏征的税款。

2. **少征、漏征税款追税**

因纳税义务人违反规定导致海关对进出口货物或海关监管货物少征税款的，海关应当自纳税义务人缴纳税款之日起 3 年内追征少征的税款；因纳税义务人违反规定导致海关对进出口货物或海关监管货物漏征税款的，海关应当自该货物放行之日起 3 年内追征漏征的税款。少征或漏征税款部分涉及滞纳金的一并征收。

同步训练

一、单选题

1. 我国对进出口货物征收关税主要采用（　　）计税标准。

A. 从价税　　B. 从量税　　C. 复合税　　D. 滑准税

2. 我国目前对石油原油征收（　　）。

A. 从价税　　B. 从量税　　C. 复合税　　D. 滑准税

3. 根据公平、统一、客观的估价原则，以客观量化的数据资料为基础审查确定进口货物价格的估价方法为（　　）。

A. 成交价格法　　B. 倒扣价格法　　C. 计算价格法　　D. 合理方法

4. 某进出口贸易公司从美国进口了一台电梯，发票列示如下：成交价格为 CIF 珠海 USD100000，电梯进口后的安装、调试费 USD4000。经海关审查，上述成交价格属实，且安装、调试费已包含在成交价格中，则海关审定该台电梯的完税价格为（　　）。

A. USD100000　　B. USD104000　　C. USD96000　　D. USD98000

5. 以下关于税率适用的原则，表述错误的是（　　）。

A. 适用最惠国税率的进口货物有暂定税率的，应当适用暂定税率

B. 适用协定税率的进口货物有暂定税率的，应当从低适用税率

C. 适用特惠税率的进口货物有暂定税率的，应当适用特惠税率

D. 适用普通税率的进口货物有暂定税率的，应当适用普通税率

6. 在确定进口货物的完税价格时，下列费用或价值中，（　　）不应计入。

A. 买方负担的除购货佣金以外的佣金和经纪费

B. 作为销售条件，由买方直接或间接支付的特许权使用费

C. 厂房、机械等货物进口后的基建、安装等费用

D. 卖方直接或间接从买方转售、处置或使用中获得的收益

7. 原产于 WTO 成员方的进口货物，适用（　　）。

A. 最惠国税率　　B. 协定税率　　C. 特惠税率　　D. 普通税率

8. 进口货物同时适用最惠国税率和减征税率的，优先适用（　　）。

A. 最惠国税率 B. 减征税率 C. 从低适用 D. 从高适用

9. 进出口关税的起征点为人民币（ ）。

A. 30 元 B. 50 元 C. 60 元 D. 100 元

10. 进出口货物放行后，海关发现因纳税义务人违反规定造成少征或者漏征税款的，可以自缴纳税款或货物放行之日起（ ）内追征税款。

A. 1 年 B. 2 年 C. 3 年 D. 5 年

11. 某公司进口红酒一批，海关于 20××年 1 月 12 日（星期一）填发税款缴款书，该公司于 2 月 11 日（星期三）缴纳税款（注：1 月 25—31 日为法定节假日），税款滞纳天数为（ ）。

A. 3 天 B. 10 天 C. 11 天 D. 15 天

12. 某企业从德国进口放映设备 1 台，发票分别列示如下：交易价格 CIF 上海 100000 美元，境外考察费为 2500 美元，销售佣金 1500 美元。合同另规定，该设备投入使用后，买方应从票房收益中支付卖方 10000 美元。该批货物应向海关申报的成交价格为（ ）。

A. 104000 美元 B. 111500 美元 C. 112500 美元 D. 114000 美元

13. 广西某公司从韩国进口绣花机 1 台，发票列示如下：交易单价 CIF 南宁 100000 美元，商标使用费 10000 美元，经纪费 3000 美元。该批货物经海关审定的成交价格为（ ）。

A. 100000 美元 B. 103000 美元 C. 110000 美元 D. 113000 美元

14. 计算价格法按顺序为第五种估价方法，但如果进口货物纳税义务人提出要求，可以与（ ）颠倒顺序使用。

A. 进口货物成交价格法 B. 相同或类似货物成交价格法

C. 倒扣价格法 D. 合理方法

15. 如果出口货物的销售价格中包含了出口关税，则出口货物完税价格的计算公式为（ ）。

A. FOB/（1＋出口关税税率） B. FOB/（1－出口关税税率）

C. CIF/（1＋出口关税税率） D. CIF/（1－出口关税税率）

二、多选题

1. 进口关税的计征方法包括（ ）。

A. 从价税 B. 从量税 C. 复合税 D. 滑准税

2. 附加税是指国家出于特定需要，对进口货物除了征收关税正税外另行征收的关税，一般具有临时性特点，其包括（ ）。

A. 反倾销税 B. 反补贴税 C. 保障措施关税 D. 报复性关税

3. 按照《审价办法》，成交价格要满足（ ）条件。

A. 买方对进口货物的处置和使用不受限制

B. 进口货物的价格不应受到某些条件或因素的影响而导致该货物的价格无法确定

C. 卖方不得直接或间接从买方获得转售、处置或使用进口货物而产生的任何收益，除非上述收益能够合理确定

D. 买卖双方之间没有特殊关系，或虽有特殊关系但不影响成交价格

4. 进口时在货物的价款中列示的下列税收、费用，不计入货物关税完税价格的有（　　）。

A. 厂房、机械、设备等货物进口后进行建设、安装、装配、维修和技术服务的费用

B. 进口货物运抵境内输入地点起卸后的运输及相关费用、保险费

C. 进口关税及国内税收

D. 作为该货物向我国境内销售条件，买方必须支付的与该货物有关的特许权使用费

5. （　　）应当适用装载货物的运输工具申报进境之日实施的税率计征税款。

A. 到达前经海关核准先行申报的进口货物

B. 运抵指运地前经海关核准先行申报的进口转关货物

C. 超期未申报被海关依法变卖的进口货物

D. 实行集中申报的进口货物

6. 优惠原产地规则下，适用非完全一国（地区）获得或生产的货物，实质性改变标准主要包括（　　）。

A. 完全获得标准　　B. 税则归类改变　　C. 区域价值成分　　D. 制造加工工序

7. 原产于优惠贸易协定成员国或地区的货物，经过其他国家或者地区运输至我国境内，同时符合（　　）的，视为直接运输。

A. 该货物在经过其他国家或者地区时，未做除使货物保持良好状态所必须处理以外的其他处理

B. 该货物在其他国家或者地区进入商业渠道流通时处于该国家或地区的海关监管之下

C. 该货物在其他国家或地区停留的时间未超过相应优惠贸易协定规定的期限

D. 该货物在其他国家或地区临时储存时，处于该国家或者地区海关监管之下

8. 根据《海关法》规定，出口货物的完税价格包括（　　）。

A. 货物的货价

B. 货物运至我国境内输出地点装载前的运输及相关费用

C. 货物运至我国境内输出地点装载前的保险费

D. 货物运至我国境内输出地点装载后的运保费

能力提升

厦门琳达公司是美国外商独资企业，该公司向该企业境外的美国母公司使用自有

资金订购进口设备 15 台（属法定检验商品，自动许可证管理商品），该企业向海关提供的发票价格为 CIF 厦门 20000 美元/台。但海关核查后发现，国内其他公司同期购进相同设备的成交价格为 CIF 厦门 25000 美元/台；另外，设备进口后在境内销售，该企业将其所得价款的 10% 返还给其母公司。

查《进出口税则》可知，该产品最惠国税率为 20%，普通税税率为 40%，适用的外汇折算价为 1 美元 =6.68 元人民币。

作为厦门琳达公司的报关员，应完成如下工作：

任务一：该进口设备按一般进口货物申报，应提交哪些报关单证？

任务二：判断海关审定的完税价格应为多少。

任务三：计算海关应征进口税额。

模块八　进出口货物报关单填制

学习目标

▲ 知识目标

1. 了解进出口货物报关单各联及用途；
2. 掌握进出口货物报关单填制的基本要求及注意事项。

▲ 技能目标

1. 能够规范填制进出口货物报关单；
2. 能审核申报的单证是否单单一致、单证一致，并能及时纠正错误。

任务一　认知进出口货物报关单

任务导入

你现在是天津鸿运国际货运代理有限公司新来的报关员张华，报关经理王伟告知你有一票进口报关业务需要办理，业务的大概情况如下：

北京博达进出口公司（1103912378）于2016年8月从天津新港进口一批真空吸尘器，运载该批货物的运输工具于2016年8月10日申报进境，该公司委托你公司于当日全权办理该批货物的报关手续，现在请你完成这票货物的全套报关手续。

正如你所学的报关操作流程，海关申报的第一步就是填制报关单草单。但是，你比较模糊的是报关单草单到底有什么作用？本票货物的进口海关监管条件为“A”，说明需要入境货物通关单，那么填制报关单的时候应该填在哪个栏里呢？

相关知识

进出口货物报关单是指进出口货物的收发货人或其代理人，按照海关规定格式对进出口货物的实际情况做出书面申明，以此要求海关对其货物按适用的海关制度办理通关手续的法律文书。

一、进出口货物报关单的类别

进出口货物报关单的类别：按进出口状态，报关单分为进口货物报关单和出口货物报关单；按表现形式不同，报关单可分为电子数据报关单和纸质报关单；按使用性质不同，报关单可分为进料加工进（出）口货物报关单、来料加工及补偿贸易进（出）口货物报关单和一般贸易及其他贸易进（出）口货物报关单；按用途不同，报关单可分为报关单预录入凭单、预录入报关单和报关单证明联。

二、进出口货物报关单的结构

中华人民共和国进（出）口货物报关单由海关总署统一格式，分别如图 8－1 和图 8－2 所示，其中，（1）（2）栏是计算机自动打印的内容，报关员无须填写；（3）~（47）栏由报关人员填写。

三、进出口货物报关单的各联及其用途

纸质进口货物报关单一式五联，分别是海关作业联、海关留存联、企业留存联、海关核销联和进口付汇证明联；纸质出口货物报关单一式六联，分别是海关作业联、海关留存联、企业留存联、海关核销联、出口收汇证明联和出口退税证明联。在不同的贸易中，具体使用的联数有所不同。基本联有三联，即海关作业联、海关留存联和企业留存联。一般贸易进口货物（需要付汇的）增加一联进口付汇证明联，出口货物（需要退税和收汇的）增加出口收汇证明联和出口退税证明联，来料加工贸易和进料加工贸易进出口货物会增加一联海关核销联。

1. 进出口货物报关单海关作业联和海关留存联

海关作业联和海关留存联是报关员配合海关查验、缴纳税费、提取或装运货物的重要单据，也是海关查验货物、征收税费、编制海关统计以及处理其他海关事务的重要凭证。

2. 进出口货物报关单收付汇证明联

进口付汇证明联和出口收汇证明联是海关对已实际进出境的货物所签发的证明文件，是银行和国家外汇管理部门办理售汇、付汇和收汇及核销手续的重要依据。

3. 进出口货物报关单加工贸易核销联

海关核销联是指口岸海关对已实际申报进口或出口的货物所签发的证明文件，是海关办理加工贸易合同核销、结案手续的重要凭证。加工贸易的货物进出口后，申报人应向海关领取海关核销联，并凭此联向主管海关办理加工贸易合同核销手续。

<table>
<tr><td colspan="8">中华人民共和国海关进口货物报关单</td></tr>
<tr><td colspan="5">预录人编号：（1）</td><td colspan="3">海关编号：（2）</td></tr>
<tr><td>境内收货人
（3）</td><td colspan="2">进境关别
（4）</td><td colspan="2">进口日期
（5）</td><td colspan="2">申报日期
（6）</td><td>备案号
（7）</td></tr>
<tr><td>境外发货人
（8）</td><td colspan="2">运输方式
（9）</td><td colspan="2">运输工具名称及航次
（10）</td><td colspan="2">提运单号
（11）</td><td>货物存入地点
（12）</td></tr>
<tr><td>消费使用单位
（13）</td><td colspan="2">监管方式
（14）</td><td colspan="2">征免性质
（15）</td><td colspan="2">许可证号
（16）</td><td>启运港
（17）</td></tr>
<tr><td>合同协议号
（18）</td><td colspan="2">贸易国（地区）
（19）</td><td colspan="2">启运国（地区 ）
（20）</td><td colspan="2">经停港
（21）</td><td>入境口岸
（22）</td></tr>
<tr><td>包装种类
（23）</td><td>件数
（24）</td><td>毛重（千克）
（25）</td><td>净重（千克）
（26）</td><td>成交方式
（27）</td><td>运费
（28）</td><td>保费
（29）</td><td>杂费
（30）</td></tr>
<tr><td colspan="8">随附单证及编号
（31）</td></tr>
<tr><td colspan="8">标记唛码及备注
（32）</td></tr>
</table>

项号	商品编号	商品名称及规格型号	数量及单位	单价/总价/币制	原产国（地区）	最终目的国（地区）	境内目的地	征免
（33）	（34）	（35）	（36）	（37）/（38）/（39）	（40）	（41）	（42）	（43）

<table>
<tr><td colspan="2">特殊关系确认：（44）　价格影响确认：（45）　支付特许权使用费确认：（46）　自报自缴：（47）</td></tr>
<tr><td>报关人员：　报关人员证号：　电话：　兹申明对以上内容承担如实申报、依法纳税之法律责任
申报单位：（48）　申报单位（签章）</td><td>海关批注及签章（49）</td></tr>
</table>

图 8－1　进口货物报关单

<table>
<tr><th colspan="10">中华人民共和国海关出口货物报关单</th></tr>
<tr><td colspan="5">预录人编号：(1)</td><td colspan="5">海关编号：(2)</td></tr>
<tr><td colspan="2">境内发货人
(3)</td><td colspan="2">出境关别
(4)</td><td colspan="2">出口日期
(5)</td><td colspan="2">申报日期
(6)</td><td colspan="2">备案号
(7)</td></tr>
<tr><td colspan="2">境外收货人
(8)</td><td colspan="2">运输方式
(9)</td><td colspan="2">运输工具名称及航次
(10)</td><td colspan="2">提运单号
(11)</td><td colspan="2"></td></tr>
<tr><td colspan="2">生产销售单位
(12)</td><td colspan="2">监管方式
(13)</td><td colspan="2">征免性质
(14)</td><td colspan="2">许可证号
(15)</td><td colspan="2"></td></tr>
<tr><td colspan="2">合同协议号
(16)</td><td colspan="2">贸易国（地区）
(17)</td><td colspan="2">运抵国（地区）
(18)</td><td colspan="2">指运港
(19)</td><td colspan="2">离境口岸
(20)</td></tr>
<tr><td colspan="2">包装种类
(21)</td><td>件数
(22)</td><td>毛重（千克）
(23)</td><td>净重（千克）
(24)</td><td>成交方式
(25)</td><td>运费
(26)</td><td>保费
(27)</td><td colspan="2">杂费
(28)</td></tr>
<tr><td colspan="10">随附单证及编号
(29)</td></tr>
<tr><td colspan="10">标记唛码及备注
(30)</td></tr>
<tr><td>项号</td><td>商品编号</td><td>商品名称及规格型号</td><td>数量及单位</td><td>单价/总价/币制</td><td>原产国（地区）</td><td>最终目的国（地区）</td><td>境内货源地</td><td colspan="2">征免</td></tr>
<tr><td>(31)</td><td>(32)</td><td>(33)</td><td>(34)</td><td>(35)/(36)/(37)</td><td>(38)</td><td>(39)</td><td>(40)</td><td colspan="2">(41)</td></tr>
<tr><td colspan="10"></td></tr>
<tr><td colspan="10"></td></tr>
<tr><td colspan="10"></td></tr>
<tr><td colspan="10"></td></tr>
<tr><td colspan="10">特殊关系确认：(42)　　价格影响确认：(43)　　支付特许权使用费确认：(44)　　自报自缴：(45)</td></tr>
<tr><td colspan="8">报关人员：　　报关人员证号：　　电话：　　兹申明对以上内容承担如实申报、依法纳税之法律责任
申报单位：(46)　　申报单位（签章）</td><td colspan="2">海关批注及签章（47）</td></tr>
</table>

图 8－2　出口货物报关单

4. 出口货物报关单出口退税证明联

出口退税证明联是海关对已实际申报出口并已装运离境的货物所签发的证明文件，是国家税务部门办理出口货物退税手续的重要凭证之一。出口货物发货人或其代理人应在载运货物的运输工具实际离境，海关收到载货清单（清洁舱单）、办理完结关手续后，向海关申领出口退税证明联。对不属于退税范围的货物，海关不予签发该联。

思考

资料：进出口货物收发货人或其代理人在办理完毕提取进口货物或装运出口货物的手续后，如有需要可以向海关申请签发有关货物的进口、出口证明。海关签发的常见证明主要有：进口货物报关单（付汇证明联）和出口货物报关单（收汇证明联）；出口货物报关单（出口退税证明联）；进口货物报关单（进口货物证明联）。

讨论：你认为上述说法正确吗？

四、进出口货物报关单的法律效力

《海关法》规定，进口货物的收货人、出口货物的发货人应当向海关如实申报，交验进出口许可证件和有关单证。

进出口货物报关单及其他进出境报关单（证）在对外经济贸易活动中具有十分重要的法律效力，它是货物的收发货人向海关报告其进出口货物实际情况及适用海关业务制度，申请海关审查并放行货物的必备法律书证。它既是海关对进出口货物进行监管、征税、统计以及开展稽查、调查的重要依据，又是加工贸易核销、出口退税和外汇管理的重要凭证，还是海关处理进出口货物走私、违规案件及税务、外汇管理部门查处骗税、套汇等犯罪活动的重要凭证。因此，申报人对所填报的进出口货物报关单的真实性和准确性应承担法律责任。电子数据报关单与纸质报关单具有同等法律效力。

五、进出口货物报关单填制的一般要求

进出境货物的收发货人或其代理人向海关申报时，必须填写并向海关递交进口或出口货物报关单。申报人在填制报关单时，必须做到真实、准确、齐全、清楚。

（1）报关人必须按照《海关法》《中华人民共和国海关进出口货物申报管理规定》和《中华人民共和国海关进出口货物报关单填制规范》的有关规定和要求，向海关如实申报。

（2）报关单的填报必须真实，做到“两个相符”：一是单证相符，即所填报关单各栏的内容必须与合同、发票、装箱单、提单以及批文等随附单据相符；二是单货相符，即所填报关单各栏的内容必须与实际进出口货物情况相符，不得伪报、瞒报、虚报。

（3）报关单的填报要准确、齐全、完整、清楚，报关单各栏内容要逐项详细、准确填写，若某项目有更正，应在该项目上加校对章。

（4）分单填报。不同运输工具、不同航次、不同提运单、不同贸易方式、不同备案号、不同征免性质的货物，均应分不同的进（出）口货物报关单填报。

一份原产地证书只能用于同一批次进口货物。含有原产地证书管理商品的一份报关单，只能对应一份原产地证书；同一批次货物中实行原产地证书联网管理的，如涉及多份原产地证书或含非原产地证书商品，亦应分单填报。同一份报关单上的商品不能同时享受协定税率和减免税。

（5）分商品项填报。一份报关单所申报的货物，须分项填报的情况主要有商品编号不同的、商品名称不同的、计量单位不同的、原产国（地区）/最终目的国（地区）不同的、币制不同的、征免性质不同的。

思考

资料：某公司一次到货进口木材一批，分属甲（一般贸易合同）、乙（加工贸易合同）两个合同项下，清单简列如下：

（1）胶合板，三种规格，合同甲，海运提单号：A01、A02、A03；

（2）地板条，一种规格，合同甲，海运提单号：A04；

（3）锯材，两种规格，合同乙，海运提单号：B01、B02；

（4）薄板，两种规格，合同乙，海运提单号：B03、B04。

讨论：该公司在向海关一次性申报进口时应填报几份报关单？

任务二　进出口货物报关单填制

任务导入

2020 年 7 月，深圳某公司从美国进口一批 100 吨的牛皮卡纸，由于到货港是中国香港，所以深圳某公司还得安排从香港到深圳的陆路运输，时间紧，任务重。同时，由于深圳某公司仓库库容有限，装卸能力又差，因此不可能同时把总共 5 个 40 英尺① 的集装箱一次拉进深圳，完成卸货任务。7 月底，第一批 3 个集装箱进入文锦渡海关，深圳某公司的报关员立刻带齐所有的单据（美国公司寄来的原始发票、装箱单、海运

① 1 英尺 =0.3048 米。

提单，由报关公司电脑打印的报关单、司机簿及香港运输公司重新填制的进境汽车清单）赴海关报关大楼报关，但报关第一步就受挫，因为此批货物是3辆货柜车，而美国原始发票是整批货物5个集装箱一起开立的，海关关员不同意深圳某公司以此报关。于是，深圳某公司立即电告美国公司，让美国公司赶制两份发票及装箱单，一份为3个集装箱，另一份为两个集装箱。

次日，深圳某公司报关员再度报关。结果，海关拒收美国方面开来的原始发票，因为美方开来的发票只有签名而没有印鉴。由于中、美文化习俗上的差异，美方注重的是签名，而中国注重的是印鉴，所以又造成了麻烦，深圳某公司只得再与美国公司联系。但由于时差关系，等到外商急件传真过来已是第三日的早晨。

深圳某公司的报关员只有三度出击，可是此时又节外生枝了。深圳某公司报关的是牛皮卡纸，而司机载货清单上赫然写着“白板纸”三个字。这问题严重了，因为牛皮卡纸每吨只有280美元，而白板纸却要每吨1100美元左右。说得轻一点，是以假乱真，偷逃国家税款；说得重一点的话，则要背上走私的罪名。事到如此，深圳某公司报关员只得让海关关员开箱检查，纸卷外层被捅破足有五六厘米，造成了不必要的损失。最后检查下来的结果证明是牛皮卡纸，但3个集装箱在深圳耽误两夜，共花掉1.8万港币的租箱费，这还不包括司机的过夜费、临时停车场费等。

如果你是该公司的报关员，你应吸取哪些教训？

相关知识

为规范进出口货物收发货人的申报行为，统一进出口货物报关单填制要求，保证报关单数据质量，根据《海关法》及有关法规，海关总署制定了报关单各栏填制规范。

报关单各栏的填制规范如下。

一、预录入编号

本栏填报预录入报关单的编号，一份报关单对应一个预录入编号，由系统自动生成。

报关单预录入编号为18位，其中第1～4位为接受申报海关的代码（海关规定的《关区代码表》中相应的海关代码），第5～8位为录入时的公历年份，第9位为进出口标志（“1”为进口，“0”为出口；集中申报清单“I”为进口，“E”为出口），后9位为顺序编号。

二、海关编号

本栏填报海关接受申报时给予报关单的编号，一份报关单对应一个海关编号。

报关单海关编号为18位，其中第1~4位为接受申报海关的编号（海关规定的《关区代码表》中相应的海关代码），第5~8位为海关接受申报的公历年份，第9位为进出口标志（“1”为进口，“0”为出口；集中申报清单“I”为进口，“E”为出口），后9位为顺序编号。海关编号是计算机系统自动打印生成的。

例如：

某报关公司于2019年10月18日向上海吴淞海关申报出口货物。报关单上的海关编号组合：220220190215514088。

三、境内收发货人

境内收发货人是指在海关注册的对外签订并执行进出口贸易合同的中国境内法人、其他组织或个人。

本栏填报在海关注册的对外签订并执行进出口贸易合同的中国境内法人、其他组织或个人的名称及编码。编码可选填18位法人和其他组织统一社会信用代码，没有统一社会信用代码的，填报其在海关的备案编码。

特殊情况下填制要求如下：

第一，进出口货物合同的签订者和执行者非同一企业的，需填报执行合同的企业。

第二，外商投资企业委托进出口企业进口投资设备、物品的，填报外商投资企业，并在标记唛码及备注栏注明“委托某进出口企业进口”，同时注明被委托企业的18位法人和其他组织统一社会信用代码。

第三，有代理报关资格的报关企业代理其他进出口企业办理进出口报关手续时，填报委托的进出口企业。

第四，海关特殊监管区域收发货人填报该货物的实际经营单位或海关特殊监管区域内经营企业。

第五，免税品经营单位经营出口退税国产商品的，填报免税品经营单位名称。

1. 境内收发货人编码为10位数字结构

第1~4位数为进出口单位属地的行政区划代码，其中第1位、第2位数表示省、自治区、直辖市，如北京市为11，广东省为44；第3位、第4位数表示省辖市（地区、省直辖行政单位），包括省会城市和沿海开放城市，若第3位、第4位数是“90”，则表示未列名的省直辖行政单位。

第5位数为市经济区划代码：

“1”表示经济特区（深圳特区可用“0”）；

“2”表示经济技术开发区和上海浦东新区、海南洋浦经济开发区；

“3”表示高新技术产业开发区；

“4”表示保税区；

“5”表示出口加工区；

“6”表示保税港区；

“7”表示保税物流园区；

“9”表示其他。

例如，珠海市为44404，细分为：珠海特区44041，珠海保税区44044，珠海国家高新技术产业开发区44043，珠澳跨境工业区（珠海园区）44045（使用出口加工区代码），珠海市其他地区44049。需注意的是，第5位数为“1”的经营单位编码，实际上只表示列名经济特区的一部分辖区。

第6位数为进出口单位经济类型代码：

“1”表示有进出口经营权的国有企业；

“2”表示中外合作企业；

“3”表示中外合资企业；

“4”表示外商独资企业；

“5”表示有进出口经营权的集体企业；

“6”表示有进出口经营权的私营企业；

“7”表示有进出口经营权的个体工商户；

“8”表示有报关权而没有进出口经营权的企业；

“9”表示其他，包括外国驻华企事业机构、外国驻华使领馆和临时有进出口经营权的单位。

2. 填报要求

（1）本栏必须“双填”，既要填报经营单位的中文名称，又要填报经营单位编码。

（2）编码的第5位和第6位数很重要。第5位关联到“境内目的地”“境内货源地”栏；第6位关联到“境内收货人”“境外发货人”“标记唛码及备注”栏。

（3）外商投资企业（编码第6位数为“2”“3”“4”）委托某进出口企业进口投资设备、物品的，本栏填报外商投资企业的中文名称及编码，并在“标记唛码及备注”栏注明“委托某进出口企业进口”。例如，上海宏达针织有限公司（3101935039）委托上海机械进出口公司进口方形针织机5台，本栏填报“上海宏达针织有限公司（3101935039）”，同时在“标记唛码及备注”栏注明“委托上海机械进出口公司进口”。

（4）非外商投资企业或没有进出口经营权的企业委托某进出口企业进（出）口的，本栏填报某进出口企业的中文名称及编码。例如，上海城建局委托上海土产进出口公司（3101915031）进口黄桐木材，本栏填报“上海土产进出口公司（3101915031）”。

（5）援助、赠送、捐赠的货物，本栏填报直接接收货物的单位的中文名称及编码。

（6）经营单位编码第6位数为“8”的单位是只有报关权而没有进出口经营权的企业，不得作为经营单位填报。

（7）境外企业不得作为经营单位填报。例如，上海汽车进出口公司委托中国香港大兴汽车进出口公司进口汽车，则本栏填报上海汽车进出口公司的中文名称及编码。

（8）合同的签订者与执行者不是同一企业的，经营单位应按执行合同的企业填报。例如，中国化工进出口总公司对外统一签约，而由浙江省化工进出口公司负责合同的具体执行，则本栏填报浙江省化工进出口公司的中文名称及编码。

经典案例

资料1：浙江嘉宁皮革有限公司（331392××××），请分析该公司行政区划及企业经济性质。

分析：该公司代码中前两位数字“33”表示的是浙江省，第3位、第4位数字“13”表示海宁市，第5位“9”表示其他地区，第6位“2”表示的是中外合作企业。因此，该公司是浙江海宁的一家中外合作企业。

资料2：沈阳贝沈钢帘有限公司（210123××××），请分析该公司行政区划及企业经济性质。

分析：该公司代码中前两位数字“21”表示的是辽宁省，第3位、第4位数字“01”表示沈阳市，第5位“2”表示经济技术开发区，第6位“3”表示的是中外合资企业。因此，该公司是辽宁沈阳经济技术开发区的一家中外合资企业。

资料3：大连万凯化工贸易公司（210291××××）代理大连万凯化工有限公司（210225××××）对外签约出口三路硝基甲烷。境内收发货人栏应该填什么？

分析：进出口企业之间相互代理进出口的，或没有进出口经营权的企业委托有进出口经营权的企业代理进出口的，填报代理方。因此，境内收发货人栏填“大连万凯化工贸易公司210291××××”。

资料4：广州轻工机械进出口公司（440191××××）受广州粤港服装有限公司（440123××××）委托，在投资总额内进口服装加工设备。境内收发货人栏应该填什么？

分析：外商投资企业（包括中外合作企业、中外合资企业、外商独资企业）委托进出口企业进口投资设备、物品的，填报外商投资企业，并在“标记唛码及备注”栏注明“委托某进出口企业进口”。所以境内收发货人栏填“广州粤港服装有限公司440123××××”并且在“标记唛码及备注”栏注明“委托广州轻工机械进出口公司440191××××进口”。

四、进出境关别

进出境关别，本指国家对外开放的港口及边界关口，在进出口货物报关单中特指货物申报进出口的口岸海关的名称。

本栏应根据货物实际进出境的口岸海关，填报海关规定的《关区代码表》中相应口岸海关的名称及代码。

关区代码由4位数字组成，前两位为直属关区关别代码，后两位为隶属海关或海关监管场所的代码；填报此栏应填隶属海关名称及代码。例如，货物由天津新港口岸进境，“进口口岸”栏填报为“新港海关（0202）”。

特殊情况填报要求如下：

进口转关运输货物应填报货物进境地海关名称及代码，出口转关运输货物应填报货物出境地海关名称及代码。按转关运输方式监管的跨关区深加工结转货物，出口报关单填报转出地海关名称及代码，进口报关单填报转入地海关名称及代码。

例如，四川乐山市某单位空运进口仪器一批，经上海浦东国际机场转运至成都机场后，在乐山海关报关。其进口口岸应填报为：上海浦东国际机场海关（2233）。

在不同海关特殊监管区域或保税监管场所之间调拨、转让的货物，填报对方特殊监管区域或保税监管场所所在的海关名称及代码。

其他无实际进出境的货物，填报接受申报的海关名称及代码。

五、进出口日期

进口日期填报运载进口货物的运输工具申报进境的日期。

出口日期指运载出口货物的运输工具办结出境手续的日期，本栏供海关签发打印报关单证明联用，在申报时免予填报。

无实际进出境的报关单填报海关接受申报的日期。本栏为8位数字，顺序为年（4位）、月（2位）、日（2位）。

例如，某票货物于2020年1月12日运抵口岸，这里用运抵口岸的日期来表达运输工具申报进境的日期。因为运输工具必须在运抵口岸之时向海关申报进境，所以进口日期应填报为“20200112”。

六、申报日期

申报日期指海关接受进出口货物收发货人、受委托的报关企业申报数据的日期。以电子数据报关单方式申报的，申报日期为海关计算机系统接受申报数据时记录的日期。以纸质报关单方式申报的，申报日期为海关接受纸质报关单并对报关单进行登记处理的日期。进口日期和申报日期具有重要的法律意义，是确定是否发生滞报的依据。进口货物申报日期不得早于进口日期，出口货物申报日期不得晚于出口日期。

申报日期为8位数字，顺序为年（4位）、月（2位）、日（2位）。本栏在申报时免予填报。

例如，上海某公司于2019年10月5日通过电子申报方式向上海浦江海关申报进口客供辅料一批，价值3600美元。因为错填单据，海关告知对方删改单。随后上海浦江海关审单部门于10月6日接受其电子申报。在通关系统中，其申报日期应填报为“20191006”。

七、备案号

备案号是指进出口企业在海关办理加工贸易合同备案或征、减、免税审批备案等手续时，海关给予进料加工登记手册、来料加工及中小型补偿贸易登记手册、外商投资企业履行产品出口合同进口料件及加工出口成品登记手册、电子账册及其分册（以下均简称加工贸易手册）、进出口货物征免税证明（以下简称征免税证明）或其他有关备案审批文件的编号。

本栏目填报进出口货物收发货人、消费使用单位、生产销售单位在海关办理加工贸易合同备案或征、减、免税审核确认等手续时，海关核发的加工贸易手册、海关特殊监管区域和保税监管场所保税账册、征免税证明或其他备案审批文件的编号。

一份报关单只允许填报一个备案号，具体填报要求如下：

（1）加工贸易项下货物，除少量低值辅料按规定不使用加工贸易手册及以后续补税监管方式办理内销征税的外，均填报加工贸易手册编号。

使用异地直接报关分册和异地深加工结转出口分册在异地口岸报关的，本栏目应填报分册号；本地直接报关分册和本地深加工结转分册限制在本地报关，本栏目应填报总册号。

加工贸易成品凭征免税证明转为减免税进口货物的，进口报关单填报征免税证明编号，出口报关单填报加工贸易手册编号。

对加工贸易设备之间的结转，转入和转出企业分别填制进出口报关单，在报关单“备案号”栏目填报加工贸易手册编号。

（2）涉及征、减、免税审核确认的报关单，填报征免税证明编号。

（3）减免税货物退运出口，填报中华人民共和国海关进口减免税货物准予退运证明的编号；减免税货物补税进口，填报减免税货物补税通知书的编号；减免税货物进口或结转进口（转入），填报征免税证明的编号；相应的结转出口（转出），填报中华人民共和国海关进口减免税货物结转联系函的编号。

（4）免税品经营单位经营出口退税国产商品的，免予填报。

备案号长度为12位，其中第1位为标记码，详见表8－1。

表8－1　　备案号第1位标记代码表

首位代码	备案审批文件	首位代码	备案审批文件
B	加工贸易手册（来料加工）	H	出口加工区电子账册
C	加工贸易手册（进料加工）	J	保税仓库记账式电子账册
D	加工贸易不作价设备	K	保税仓库备案式电子账册
E	加工贸易电子账册	Q	汽车零部件电子账册
F	加工贸易异地报关手册	Y	原产地证书
G	加工贸易深加工结转异地报关手册	Z	征免税证明

经典案例

某公司进口纯棉花布10000米，其中6000米用于加工产品后再出口，并事先在海关备案取得手册C04025004321，另外的4000米用于加工产品在国内销售。

分析：根据例子中的描述，能够判断出6000米纯棉花布属于进料加工（根据手册代码第一位C判断得出），报关时要提供加工贸易手册，报关单“备案号”栏应填写“C04025004321”；而另外的4000米是非备案商品，属于一般贸易，应该另外填写报关单申报，备案号栏为空。

思考

根据背景材料，回答问题：

1. 如果某合资企业准备从中国香港进口设备，既可按特定减免税办理又可申请享受CEPA香港的优惠，这种情况下就有两个备案号，实务中应如何处理？

2. 中国矿产钢铁有限责任公司订购进口一批热拔合金无缝钢管（属法定检验检疫、自动进口许可管理商品），委托辽宁抚顺锅炉厂有限责任公司制造出口锅炉。辽宁龙信国际货运公司持经营单位登记手册和相关单证向大连大窑湾海关申报进口，则报关单中备案号首个字母是什么？

3. 北京某单位进口中泰水果协定项下的水果一批，包括鲜菠萝、鲜番石榴、鲜柚子三种商品。该单位向海关提供的原产地证明书编号为Y20040698111，证明书上所列商品排列顺序为：①鲜菠萝；②鲜番石榴；③鲜柚子。上述商品该单位采用原产地证明书网络管理系统及向海关申报。备案号应如何填报？

4. 北京某单位进口原产于香港的货物一批，其中有两项商品属于内地与香港紧密贸易关系安排项下的商品，分别为香水及眼用化妆品。该单位向海关提供的原产地证明书编号为YHK040698111，证明书上所列商品排序为：①香水；②眼用化妆品。上述两项商品在报关单中分别为第2、第6项商品。上述商品该单位未使用原产地证明书网络管理系统，只使用了国际贸易单一窗口向海关申报。备案号应如何填报？

八、境外收发货人

境外收货人通常指签订并执行出口贸易合同中的买方或合同指定的收货人，境外发货人通常指签订并执行进口贸易合同中的卖方。

填报境外收发货人的名称及编码：名称一般填报英文名称，检验检疫要求填报其他外文名称的，在英文名称后填报，以半角括号分隔；对于AEO互认国家（地区）企业的，编码填报 AEO 编码，填报样式为“国别（地区）代码 + 海关企业编码”，例如，新加坡 AEO 企业“SG123456789012”（新加坡国别代码 + 12 位企业编码）；非互认国家（地区）AEO 企业等其他情形，编码免予填报。

特殊情况下无境外收发货人的，名称及编码填报“NO”。

九、运输方式

运输方式是指国际贸易买卖双方就进出口货物交接、交换而磋商决定可采用的运输形式。

海关规定的运输方式可以分为两大类：实际运输方式和海关规定的特殊运输方式。前者指货物实际进出境的运输方式，按进出境所使用的运输工具分类；后者指货物无实际进出境的运输方式，按货物在境内的流向分类。

本栏目应根据货物实际进出境的运输方式或货物在境内流向的类别，按照海关规定的《运输方式代码表》选择填报相应的运输方式，见表 8 – 2。

表 8 – 2　　　　运输方式代码表

代码	中文名称
0	非保税区
1	监管仓库
2	水路运输
3	铁路运输
4	公路运输
5	航空运输
6	邮件运输
7	保税区
8	保税仓库
9	其他方式运输
H	边境特殊海关作业区
T	综合实验区
W	物流中心
X	物流园区
Y	保税港区
Z	出口加工区
L	旅客携带
G	固定设施运输

（一）特殊情况的填报要求

（1）非邮件方式进出境的快递货物，按实际运输方式填报；

（2）进口转关运输货物，按载运货物抵达进境地的运输工具填报；出口转关运输货物，按载运货物驶离出境地的运输工具填报；

（3）不复运出（入）境而留在境内（外）销售的进出境展览品、留赠转卖物品等，填报“其他方式运输”（代码9）；

（4）进出境旅客随身携带的货物，填报“旅客携带”（代码L）；

（5）以固定设施（包括输油、输水管道和输电网等）运输货物的，填报“固定设施运输”（代码G）。

（二）无实际进出境货物在境内流转时的填报要求

（1）境内非保税区运入保税区货物和保税区退区货物，填报“非保税区”（代码0）；

（2）保税区运往境内非保税区货物，填报“保税区”（代码7）；

（3）境内存入出口监管仓库和出口监管仓库退仓货物，填报“监管仓库”（代码1）；

（4）保税仓库转内销货物，填报“保税仓库”（代码8）；

（5）从境内保税物流中心外运入中心或从中心运往境内中心外的货物，填报“物流中心”（代码W）；

（6）从境内保税物流园区外运入园区或从园区内运往境内园区外的货物，填报“物流园区”（代码X）；

（7）保税港区、综合保税区与境内（区外）（非海关特殊监管区域、保税监管场所）之间进出的货物，填报“保税港区”（代码Y）；

（8）出口加工区、珠澳跨境工业区（珠海园区）、中哈霍尔果斯边境合作中心（中方配套区）与境内（区外）（非海关特殊监管区域、保税监管场所）之间进出的货物，填报“出口加工区”（代码Z）；

（9）境内运入深港西部通道港方口岸区的货物以及境内进出中哈霍尔果斯边境合作中心中方区域的货物，填报“边境特殊海关作业区”（代码H）；

（10）经横琴新区和平潭综合实验区（以下简称综合实验区）二线指定申报通道运往境内区外或从境内经二线制定申报通道进入综合试验区的货物，以及综合试验区内按选择性征收关税申报的货物，填报“综合试验区”（代码T）；

（11）海关特殊监管区域内的流转、调拨货物，海关特殊监管区域、保税监管场所之间相互流转货物，海关特殊监管区域与境内外之间进出货物，海关特殊监管区域外的加工贸易余料结转、深加工结转、内销等货物，以及其他境内流转货物，填报“其他方式运输”（代码9）。

思考

1. 保定某公司采用国际联运方式在新港海运进口设备一批，铁路转运至保定报关，运输方式如何填报？

2. 北京某服装厂加工企业将原由日本海运进口后存入保税仓库的面料转为正式进口，运输方式如何填报？

3. 山西某单位邮运进口仪表维修零件一批，运输方式如何填报？

4. 国内某单位通过输变电网向中国澳门出口电力，运输方式如何填报？

5. 国内某单位将国产面料运入出口加工区加工服装出口，运输方式如何填报？

十、运输工具名称及航次

（一）运输工具名称

运输工具名称是指从事国际（地区）间运营业务进出关境和境内载运海关监管货物的工具。

本栏目填报载运货物进出境的运输工具名称或编号。填报内容应与运输部门向海关申报的舱单（载货清单）所列相应内容一致，具体填报要求如下。

（1）直接在进出境地或采用区域通关一体化通关模式办理报关手续的报关单填报要求如下。

①水路运输：填报船舶编号（来往港澳小型船舶为监管簿编号）或者船舶英文名称。

②公路运输：启用公路舱单前，填报该跨境运输车辆的国内行驶车牌号，深圳提前报关模式的报关单填报国内行驶车牌号＋“/”＋“提前报关”。启用公路舱单后，免予填报。

③铁路运输：填报车厢编号或交接单号。

④航空运输：填报航班号。

⑤邮件运输：填报邮政包裹单号。

⑥其他运输：填报具体运输方式名称，例如，管道、驮畜等。

（2）转关运输货物的报关单填报要求如下。

进口要求如下。

①水路运输：直转、提前报关填报“@”＋16位转关申报单预录入号（或13位载货清单号）；中转填报进境英文船名。

②铁路运输：直转、提前报关填报“@”+16位转关申报单预录入号；中转填报车厢编号。

③航空运输：直转、提前报关填报“@”+16位转关申报单预录入号（或13位载货清单号）；中转填报“@”。

④公路及其他运输：填报“@”+16位转关申报单预录入号（或13位载货清单号）。

⑤以上各种运输方式使用广东地区载货清单转关的提前报关货物，填报“@”+13位载货清单号。

出口要求如下。

①水路运输：非中转填报“@”+16位转关申报单预录入号（或13位载货清单号）。如多张报关单需要通过一张转关单转关的，运输工具名称字段填报“@”。

中转货物，境内水路运输填报驳船船名；境内铁路运输填报车名（主管海关4位关区代码+“TRAIN”）；境内公路运输填报车名（主管海关4位关区代码+“TRUCK”）。

②铁路运输：填报“@”+16位转关申报单预录入号（或13位载货清单号）。如多张报关单需要通过一张转关单转关的，填报“@”。

③航空运输：填报“@”+16位转关申报单预录入号（或13位载货清单号）。如多张报关单需要通过一张转关单转关的，填报“@”。

④其他运输方式：填报“@”+16位转关申报单预录入号（或13位载货清单号）。

（3）采用集中申报通关方式办理报关手续的，报关单本栏目填报“集中申报”。

（4）免税品经营单位经营出口退税国产商品的，免予填报。

（5）无实际进出境的报关单，本栏目免予填报。

（二）航次号

本栏目填报载运货物进出境的运输工具的航次编号。

具体填报要求如下。

1. 直接在进出境地或采用全国通关一体化通关模式办理报关手续的报关单

（1）水路运输：填报船舶的航次号。

（2）公路运输：启用公路舱单前，填报运输车辆的8位进出境日期［顺序为年（4位）月（2位）日（2位），下同］。启用公路舱单后，填报货物运输批次号。

（3）铁路运输：填报列车的进出境日期。

（4）航空运输：免予填报。

（5）邮件运输：填报运输工具的进出境日期。

（6）其他运输方式：免予填报。

2. 转关运输货物的报关单

（1）进口

①水路运输：中转转关方式填报“@”+进境干线船舶航次。直转、提前报关免予填报。

②公路运输：免予填报。

③铁路运输：“@”+8位进境日期。

④航空运输：免予填报。

⑤其他运输方式：免予填报。

（2）出口

①水路运输：非中转货物免予填报。

中转货物，境内水路运输填报驳船航次号；境内铁路、公路运输填报6位启运日期[顺序为年（2位）月（2位）日（2位）]。

②铁路拼车拼箱捆绑出口：免予填报。

③航空运输：免予填报。

④其他运输方式：免予填报。

例如，大连某公司从美国进口货物一批，该货物装于名为EAST EXPRESS号轮801E航次，于2020年1月18日向海关申报进境，运输工具名称栏填“EAST EXPRESS/801E”。

又如，北京某进出口公司于2019年12月15日进口货物一批，载运该货物的航班为CA365，总运单号码为CA731980854，则运输工具名称栏填“免予填报”。

思考

根据背景材料判断下列填报是否正确，若不正确请改正。

1. 厦门某外商投资企业利用自有资金进口零件，货物于2020年6月28日乘MU2450航班运抵上海浦东国际机场，办理了相关手续后，于6月29日运至厦门高崎机场，向海关办理进口报关纳税手续。“运输工具名称及航次”栏应填“MU2450”。

2. 2019年10月杭州凌云公司从国外购买点焊机，用ROTTERDAM BRIDGE号货轮装运进境，在向口岸海关办理转关手续（转关申报单编号0731049999505171）后，运抵指运地海关办理正式进口报关手续，“运输工具名称及航次”栏的运输工具名称应填“ROTTERDAM BRIDGE”。

3. 北京某单位海运出口货物一批，向北京海关朝阳办事处申报后，交接转关至天津新港海关出境。该批货物在出口转关运输货物报关单的预录入编号为0120040631800526，出口转关运输货物申报单的运输工具名称应填报为“0120040631800526”。

4. 北京某服装加工企业将原日本进口的料件通过公路运输结转给天津某服装加工企业，进口转关运输申报单预录入编号为2200305028917659，其进口转关运输货物申报单上运输工具名称应填报为@2200305028917659。

十一、提运单号

本栏目填报进出口货物提单或运单的编号。

一份报关单只允许填报一个提单或运单号，一票货物对应多个提单或运单时，应分单填报，具体填报要求如下。

（1）直接在进出境地或采用区域通关一体化通关模式办理报关手续的要求如下。

①水路运输：填报进出口提单号。如有分提单的，填报进出口提单号 + “ * ” + 分提单号。

②公路运输：启用公路舱单前，免予填报；启用公路舱单后，填报进出口总运单号。

③铁路运输：填报运单号。

④航空运输：填报总运单号 + “_ ” + 分运单号，无分运单的填报总运单号。

⑤邮件运输：填报邮运包裹单号。

（2）转关运输货物的报关单要求如下。

进口要求如下。

①水路运输：直转、中转填报提单号。提前报关免予填报。

②铁路运输：直转、中转填报铁路运单号。提前报关免予填报。

③航空运输：直转、中转货物填报总运单号 + “_ ” + 分运单号。提前报关免予填报。

④其他运输方式：免予填报。

⑤以上运输方式进境货物，在广东省内用公路运输转关的，填报车牌号。

出口要求如下。

①水路运输：中转货物填报提单号；非中转货物免予填报；广东省内汽车运输提前报关的转关货物，填报承运车辆的车牌号。

②其他运输方式：免予填报。广东省内汽车运输提前报关的转关货物，填报承运车辆的车牌号。

（3）采用集中申报通关方式办理报关手续的，报关单填报归并的集中申报清单的进出口起止日期［按年（4 位）月（2 位）日（2 位）年（4 位）月（2 位）日（2 位）］。

（4）无实际进出境的，本栏目免予填报。

思考

根据背景材料判断下列填报是否正确，若不正确请改正。

1. 北京某企业海运进口设备一批，提前向北京海关朝阳办事处申报提单号为COSC0831221991。其进口转关运输申报单提运单号应填 COSC0831221991。

2. 北京某企业海运进口设备一批，在天津东港海关直接申报进口，其提运单号分别为 HTT381221771991、TT381221771992。其进口货物报关单提运单号应填报HTT381221771991、HTT381221771992。

3. 成都某企业空运进口设备一批，国际航班在北京入境后又利用国内航班直接转至成都海关办理报关手续，总运单号 CAR33166578，分运单号 CA789321。其进口转关运输货物申报单提运单号应填报 CAR33166578_CA789321。

4. 广州某单位通过汽车运输从香港进口设备一批，载运该批货物的汽车广州车牌号为粤 00000。其进口货物报关单提运单号应填报为粤 00000。

5. 北京某出口服装加工企业经海关同意，将部分料件结转给天津某出口服装加工企业，北京某出口服装加工企业的出口报关单海关编号为 114611632。其出口货物报关单提运单号应不填。

十二、货物存入地点

填报货物进境后存放的场所或地点，包括海关监管作业场所、分拨仓库、定点加工厂、隔离检疫场、企业自有仓库等。

十三、消费使用单位/生产销售单位

（1）消费使用单位是指已知的进口货物在境内的最终消费、使用单位，如自行从境外进口货物的单位、委托有外贸进出口经营权的企业进口货物的单位等。

消费使用单位填报已知的进口货物在境内的最终消费、使用单位的名称，包括：①自行从境外进口货物的单位；②委托进出口企业进口货物的单位。

例如，清华大学委托北京银盾报关行代为申报进口日本政府赠送的教学仪器一批，其收货单位应填报为清华大学。

（2）生产销售单位是指出口货物在境内的生产或销售单位，包括自行出口货物的单位、委托有外贸进出口经营权的企业出口货物的单位等。

生产销售单位填报出口货物在境内的生产或销售单位的名称，包括：

①自行出口货物的单位。

②委托进出口企业出口货物的单位。

③免税品经营单位经营出口退税国产商品的，填报该免税品经营单位统一管理的免税店。

（3）减免税货物报关单的消费使用单位/生产销售单位应与中华人民共和国海关进出口货物征免税证明（以下简称征免税证明）的减免税申请人一致；保税监管场所与

境外之间的进出境货物，消费使用单位/生产销售单位填报保税监管场所的名称，保税物流中心（B 型）填报中心内企业名称。

（4）海关特殊监管区域的消费使用单位/生产销售单位填报区域内经营企业（“加工单位”或“仓库”）。

（5）编码填报要求：

①填报 18 位法人和其他组织统一社会信用代码。

②无 18 位统一社会信用代码的，填报“NO”。

（6）进口货物在境内的最终消费或使用对象以及出口货物在境内的生产或销售的对象为自然人的，填报身份证号、护照号、台胞证号等有效证件号码及姓名。

例如，北京土畜产进出口公司采购北京怀柔后家峪出产的板栗出口，其生产销售单位应填报为北京土畜产进出口公司××××××××××。

十四、监管方式

监管方式是以国际贸易中进出口货物的交易方式为基础，结合海关对进出口货物的征税、统计及监管条件综合设定的海关对进出口货物的管理方式。其代码由 4 位数字构成，前两位是按照海关监管要求和计算机管理需要划分的分类代码，后两位是参照国际标准编制的贸易方式代码。

本栏目应根据实际对外贸易情况按海关规定的《监管方式代码表》选择填报相应的监管方式简称及代码。一份报关单只允许填报一种监管方式。监管方式代码表见表8－3。

特殊情况下，加工贸易货物监管方式填报要求如下：

（1）进口少量低值辅料（5000 美元以下，78 种以内的低值辅料）按规定不使用加工贸易手册的，填报“低值辅料”。使用加工贸易手册的，按加工贸易手册上的监管方式填报。

（2）加工贸易料件转内销货物以及按料件办理进口手续的转内销制成品、残次品、未完成品，应填制进口报关单，填报“来料料件内销”或“进料料件内销”；加工贸易成品凭征免税证明转为减免税进口货物的，应分别填制进、出口报关单，出口报关单本栏目填报“来料成品减免”或“进料成品减免”，进口报关单本栏目按照实际监管方式填报。

表 8－3　　监管方式代码表

监管方式代码	监管方式简称	监管方式全称
0110	一般贸易	一般贸易
0130	易货贸易	易货贸易
0139	旅游购物商品	用于旅游者 5 万美元以下的出口小批量订货
0200	料件销毁	加工贸易料件、残次品（折料）销毁

续 表

监管方式代码	监管方式简称	监管方式全称
0214	来料加工	来料加工装配贸易进口料件及加工出口货物
0245	来料料件内销	来料加工料件转内销
0255	来料深加工	来料深加工结转货物
0258	来料余料结转	来料加工余料结转
0265	来料料件复出	来料加工复运出境的原进口料件
0300	来料料件退换	来料加工料件退换
0314	加工专用油	国营贸易企业代理来料加工企业进口柴油
0320	不作价设备	加工贸易外商提供的不作价进口设备
0345	来料成品减免	来料加工成品凭征免税证明转减免税
0400	边角料销毁	加工贸易边角料、副产品（按状态）销毁
0420	加工贸易设备	加工贸易项下外商提供的进口设备
0444	保区进料成品	按成品征税的保税区进料加工成品转内销货物
0445	保区来料成品	按成品征税的保税区来料加工成品转内销货物
0446	加工设备内销	加工贸易免税进口设备转内销
0456	加工设备结转	加工贸易免税进口设备结转
0466	加工设备退运	加工贸易免税进口设备退运出境
0500	减免设备结转	用于监管年限内减免税设备的结转
0513	补偿贸易	补偿贸易
0544	保区进料料件	按料件征税的保税区进料加工成品转内销货物
0545	保区来料料件	按料件征税的保税区来料加工成品转内销货物
0615	进料对口	进料加工（对口合同）
0642	进料以产顶进	进料加工成品以产顶进
0644	进料料件内销	进料加工料件转内销
0654	进料深加工	进料深加工结转货物
0657	进料余料结转	进料加工余料结转
0664	进料料件复出	进料加工复运出境的原进口料件
0700	进料料件退换	进料加工料件退换
0715	进料非对口	进料加工（非对口合同）
0744	进料成品减免	进料加工成品凭征免税证明转减免税
0815	低值辅料	低值辅料
0844	进料边角料内销	进料加工项下边角料转内销

续 表

监管方式代码	监管方式简称	监管方式全称
0845	来料边角料内销	来料加工项下边角料内销
0864	进料边角料复出	进料加工项下边角料复出口
0865	来料边角料复出	来料加工项下边角料复出口
1039	市场采购	市场采购
1139	国轮油物料	中国籍运输工具境内添加的保税油料、物料
1200	保税间货物	海关保税场所及保税区域之间往来的货物
1210	保税电商	保税跨境贸易电子商务
1215	保税工厂	保税工厂
1233	保税仓库货物	保税仓库进出境货物
1234	保税区仓储转口	保税区进出境仓储转口货物
1239	保税电商 A	保税跨境贸易电子商务 A
1300	修理物品	进出境修理物品
1371	保税维修	保税维修
1427	出料加工	出料加工
1500	租赁不满 1 年	租期不满 1 年的租赁贸易货物
1523	租赁贸易	租期在 1 年及以上的租赁贸易货物
1616	寄售代销	寄售、代销贸易
1741	免税品	免税品
1831	外汇商品	免税外汇商品
2025	合资合作设备	合资合作企业作为投资进口设备物品
2210	对外投资	对外投资
2225	外资设备物品	外资企业作为投资进口的设备物品
2439	常驻机构公用	外国常驻机构进口办公用品
2600	暂时进出货物	暂时进出口货物
2700	展览品	进出境展览品
2939	陈列样品	驻华商业机构不复运出口的进口陈列样品
3010	货样广告品	进出口的货样广告品
3039	货样广告品 B（已废止）	无经营权单位进出口的货样广告品
3100	无代价抵偿	无代价抵偿进出口货物
3239	零售电商	跨境电子商务零售
3339	其他进出口免费	其他进出口免费提供货物
3410	承包工程进口	对外承包工程进口物资

续 表

监管方式代码	监管方式简称	监管方式全称
3422	对外承包出口	对外承包工程出口物资
3511	援助物资	国家和国际组织无偿援助物资
3611	无偿军援	无偿军援
3612	捐赠物资	进出口捐赠物资
3910	军事装备	军事装备
4019	边境小额	边境小额贸易（边民互市贸易除外）
4039	对台小额	对台小额贸易
4139	对台小额商品交易市场	进入对台小额商品交易专用市场的货物
4200	驻外机构运回	我驻外机构运回旧公用物品
4239	驻外机构购进	我驻外机构境外购买运回国的公务用品
4400	来料成品退换	来料加工成品退换
4500	直接退运	直接退运
4539	进口溢误卸	进口溢卸、误卸货物
4561	退运货物	因质量不符、延误交货等原因退运进出境货物
4600	进料成品退换	进料成品退换
5000	料件进出区	料件进出海关特殊监管区域
5010	特殊区域研发货物	海关特殊监管区域与境外之间进出的研发货物
5014	区内来料加工	海关特殊监管区域与境外之间进出的来料加工货物
5015	区内进料加工货物	海关特殊监管区域与境外之间进出的进料加工货物
5033	区内仓储货物	加工区内仓储企业从境外进口的货物
5034	区内物流货物	海关特殊监管区域与境外之间进出的物流货物
5100	成品进出区	成品进出海关特殊监管区域
5200	区内边角调出	用于区内外非实际进出境货物
5300	设备进出区	设备及物资进出海关特殊监管区域
5335	境外设备进区	海关特殊监管区域从境外进口的设备及物资
5361	区内设备退运	海关特殊监管区域设备及物资退运境外
6033	物流中心进出境货物	保税物流中心与境外之间进出仓储货物
9600	内贸货物跨境运输	内贸货物跨境运输
9610	电子商务	跨境贸易电子商务
9639	海关处理货物	海关变卖处理的超期未报货物、走私违规货物
9700	后续补税	无原始报关单的后续补税
9739	其他贸易	其他贸易
9800	租赁征税	租赁期 1 年及以上的租赁贸易货物的租金
9839	留赠转卖物品	外交机构转售境内或国际活动留赠放弃特批货物
9900	其他	其他

（3）加工贸易出口成品因故退运进口及复运出口的，填报“来料成品退换”或“进料成品退换”；加工贸易进口料件因换料退运出口及复运进口的，填报“来料料件退换”或“进料料件退换”；加工贸易过程中产生的剩余料件、边角料退运出口，以及进口料件因品质、规格等原因退运出口且不再更换同类货物进口的，分别填报“来料料件复出”“来料边角料复出”“进料料件复出”“进料边角料复出”。

（4）加工贸易边角料内销和副产品内销，填制进口报关单，填报“来料边角料内销”或“进料边角料内销”。

（5）企业销毁处置加工贸易货物未获得收入，销毁处置货物为料件、残次品的，填报“料件销毁”；销毁处置货物为边角料、副产品的，填报“边角料销毁”。

企业销毁处置加工贸易货物获得收入的，填报为“进料边角料内销”或“来料边角料内销”。

（6）免税品经营单位经营出口退税国产商品的，填报“其他”。

思考

根据背景材料回答问题：

1. “所申报商品位列 B52084400153 号加工贸易手册……”，则监管方式应该填什么？

2. “万威微型电机大连有限公司持 C09033401543 加工贸易手册进口第一项塑料垫圈”，备案号首位字母 C 表示的是进料加工，因此监管方式栏应填什么？

3. “天津华海勘测服务有限公司（120722××××）在投资总额内进口泥浆泵，向海关申请取得 Z02024A50706 号征免税证明。泥浆泵随其他设备同批进口，单独向海关作出申报”。监管方式应该如何填报？

4. 沈阳沈晶电器产业有限公司（2101930××）委托辽宁外贸集团公司（21029100××）进口货物，用于生产空调设备供应国内市场，于船舶进口次日委托大连久久物流有限公司（92102980××）向海关申报。监管方式应如何填报？

十五、征免性质

征免性质是指海关根据《海关法》《关税条例》及国家有关政策对进出口货物实施的征、减、免税管理的性质类别。以代码首位作为标记，征免性质分为法定征税、法定减免税、特定减免税、其他减免税和暂定税率五部分。其中，特定减免税又分为按地区和用途、贸易性质、企业性质、资金来源实施的税收政策 4 类。

本栏目应根据实际情况按海关规定的征免性质代码表选择填报相应的征免性质简称及代码，持有海关核发的征免税证明的，应按照征免税证明中批注的征免性质填报。

一份报关单只允许填报一种征免性质。

表8－4为征免性质代码表。

表8－4　　征免性质代码表

征免性质代码	征免性质简称	征免性质全称
101	一般征税	一般征税进出口货物
118	整车征税	构成整车特征的汽车零部件纳税
119	零部件征税	不构成整车特征的汽车零部件纳税
201	无偿援助	无偿援助进出口物资
299	其他法定	其他法定减免税进出口货物
301	特定区域	特定区域进口自用物资及出口货物
307	保税区	保税区进口自用物资
399	其他地区	其他执行特殊政策地区出口货物
401	科教用品	大专院校及科研机构进口科教用品
402	示范平台用品	
403	技术改造	企业技术改造进口货物
405	科技开发用品	科学研究、技术开发机构进口科技开发用品
406	重大项目	国家重大项目进口货物
407	动漫用品	动漫开发生产用品
408	重大技术装备	生产重大技术装备进口关键零部件及原材料
409	科技重大专项	科技重大专项进口关键设备、零部件和原材料
412	基础设施	通信、港口、铁路、公路、机场建设进口设备
413	残疾人	残疾人组织和企业进出口货物
417	远洋渔业	远洋渔业自捕水产品
418	国产化	国家定点生产小轿车和摄录机企业进口散件
419	整车特征	构成整车特征的汽车零部件进口
420	远洋船舶	远洋船舶及设备部件
421	内销设备	内销远洋船用设备及关键部件
422	集成电路	集成电路生产企业进口货物
423	新型显示器件	新型显示器件生产企业进口物资
499	ITA产品	非全税号信息技术产品
501	加工设备	加工贸易外商提供的不作价进口设备
502	来料加工	来料加工装配和补偿贸易进口料件及出口成品
503	进料加工	进料加工贸易进口料件及出口成品

续 表

征免性质代码	征免性质简称	征免性质全称
506	边境小额	边境小额贸易进口货物
510	港澳 OPA	港澳在内地加工的纺织品获证出口
601	中外合资	中外合资经营企业进出口货物
602	中外合作	中外合作经营企业进出口货物
603	外资企业	外商独资企业进出口货物
605	勘探开发煤层气	勘探开发煤层气
606	海洋石油	勘探、开发海洋石油进口货物
608	陆上石油	勘探、开发陆上石油进口货物
609	贷款项目	利用贷款进口货物
611	贷款中标	国际金融组织贷款、外国政府贷款中标机电设备零部件
698	公益收藏	国有公益性收藏单位进口藏品
704	花卉种子	花卉种子
705	科普影视	科普影视
707	博览会留购展品	博览会留购展品
710	民用卫星	民用卫星
711	救助船舶设备	救助船舶设备
789	鼓励项目	国家鼓励发展的内外资项目进口设备
799	自有资金	外商投资额度外利用自有资金进口设备、备件、配件
801	救灾捐赠	救灾捐赠进口物资
802	慈善捐赠	境外捐赠人无偿向我境内受赠人捐赠的直接 用于慈善事业的免税进口物资
803	抗艾滋病药物	进口抗艾滋病病毒药物
811	种子种源	进口种子（苗）、种畜（禽）、 鱼种（苗）和种用野生动植物种源
818	中央储备粮油	中央储备粮油免征进口环节增值税政策
819	科教图书	进口科研教学用图书资料
888	航材减免	经核准的航空公司进口维修用航空器材
898	国批减免	国务院特准减免税的进出口货物
899	选择征税	选择征税
901	科研院所	科研院所进口科学研究、科技开发和教学用品
902	高等学校	高等学校进口科学研究、科技开发和教学用品
903	工程研究中心	国家工程研究中心进口科学研究、科技开发和教学用品

续　表

征免性质代码	征免性质简称	征免性质全称
904	国家企业技术中心	国家企业技术中心进口科学研究、科技开发和教学用品
905	转制科研机构	转制科研机构进口科学研究、科技开发和教学用品
906	重点实验室	国家重点实验室及企业国家重点实验室进口科学研究、科技开发和教学用品
907	国家工程技术研究中心	国家工程技术研究中心进口科学研究、科技开发和教学用品
908	科技民非单位	科技类民办非企业单位进口科学研究、科技开发和教学用品
909	示范平台	国家中小企业公共服务示范平台（技术类）进口科学研究、科技开发和教学用品
910	外资研发中心	外资研发中心进口科学研究、科技开发和教学用品
911	科教图书	出版物进口单位进口用于科研、教学的图书、文献、报刊及其他资料
921	大型客机研制物资	大型客机、大型客机发动机研制进口物资
922	进博会留购展品	进博会留购展品
997	自贸协定	
998	内部暂定	享受内部暂定税率的进出口货物
999	例外减免	例外减免税进出口货物

加工贸易货物报关单应按照海关核发的加工贸易手册中批注的征免性质简称及代码填报。特殊情况填报要求如下：

（1）加工贸易转内销货物，按实际情况填报（如一般征税、科教用品、其他法定等）。

（2）料件退运出口、成品退运进口货物填报“其他法定”（代码 299）。

（3）加工贸易结转货物，本栏目免予填报。

（4）免税品经营单位经营出口退税国产商品的，填报“其他法定”。

思考

根据背景材料，填报征免性质栏目。

1. 厦门象屿家具有限公司（350294××××）委托厦门伟达进出口有限公司

(350211××××) 进口松木板材 (法定计量单位千克)，用于生产内销家具，征免性质栏应如何填报？

2. 万威微型电机大连有限公司持 C09033401543 加工贸易手册进口第一项塑料垫圈，备案号首位字母 C 表示的是进料加工，因此征免性质栏应如何填报？

3. 上海华柔丝袜有限公司 (3119035123) 采用国产原料生产袜品，凭 319403360 号外汇核销单出口，征免性质应如何填报？

4. 连云港海关某加工企业，将原先的来料加工料件退运出境，其征免性质应如何填报？

5. 交通大学进口用于教学的仪器一台，进口货物征免税证明批注为折半征税。其征免性质应如何填报？

6. 某外商向广州某加工企业提供不作价设备一套，其征免性质应如何填报？

7. 广州电梯有限公司 (440193××××) 持 C5106600092 号加工贸易手册向海关申报进口电梯用曳引机一批，该批货物列手册第 21 项，法定计量单位同成交计量单位，保险费率为 0.3%。如何填报征免性质栏？

十六、许可证号

进出口货物许可证是指一国根据其进出口管制法令，由商务主管部门签发的允许管制商品进出口的证件。许可证号是指由商务部及其授权发证机关签发的进出口货物许可证的编号。

填报进（出）口许可证、两用物项和技术进（出）口许可证、两用物项和技术出口许可证（定向）、纺织品临时出口许可证、出口许可证（加工贸易）、出口许可证（边境小额贸易）的编号。

免税品经营单位经营出口退税国产商品的，免予填报。

一份报关单只允许填报一个许可证号。

思考

资料：某企业一般贸易海运进口钢材一批。重要工业品自动进口许可证编号为 C00220030714011，则在进口货物报关单中的“许可证号”栏应填报为 C00220030714011。

讨论：您认为对吗？为什么？

十七、启运港

启运港也称装运港，是指货物起始装运的港口。报关单上的启运港专指进口货物在运抵我国关境前的最后一个启运港。

根据实际情况，按海关规定的《港口代码表》填报相应的港口名称及代码，未在《港口代码表》列明的，填报相应的国家名称及代码。货物从海关特殊监管区域或保税监管场所运至境内区外的，填报《港口代码表》中相应海关特殊监管区域或保税监管场所的名称及代码，未在《港口代码表》中列明的，填报“未列出的特殊监管区”及代码。

其他无实际进境的货物，填报“中国境内”及代码。

十八、合同协议号

合同协议号是指在进出口贸易中，买卖双方或数方当事人根据国际贸易惯例或国家的法律、法规，自愿按照一定的条件买卖某种商品所签署的合同协议的编号。

本栏目填报进出口货物合同（包括协议或订单）编号。未发生商业性交易的免予填报。免税品经营单位经营出口退税国产商品的，免予填报。在原始单据（发票）上的合同协议号一般表示为“Contract No.”“S/C No.”“P/O No.”等。“S/C”的全称为“Sales Confirmation”，“P/O”的全称为“Purchase Oder”。

十九、贸易国（地区）

本栏目填报对外贸易中与境内企业签订贸易合同的外方所属国家（地区）。发生商业性交易的进口填报购自国（地区），出口填报售予国（地区）。未发生商业性交易的填报货物所有权拥有者所属的国家（地区）。

本栏目应按海关规定的《国别（地区）代码表》选择填报相应的贸易国（地区）或贸易国（地区）中文名称及代码。

主要国别及地区代码如表8－5所示：

表8－5　　主要国别及地区代码

代码	中文名称	代码	中文名称
CHN	中国	ITA	意大利
TWN	中国台湾	IND	印度
HKG	中国香港	PRK	朝鲜
MAC	中国澳门	CHE	瑞士
JPN	日本	RUS	俄罗斯联邦
SGP	新加坡	CAN	加拿大
KOR	韩国	USA	美国
ESP	西班牙	AUS	澳大利亚
VNM	越南	NZL	新西兰

续 表

代码	中文名称	代码	中文名称
GBR	英国	NLD	荷兰
DEU	德国	SWE	瑞典
FRA	法国	THA	泰国
BGD	孟加拉国	ZZZ	国（地）别不详的
BRA	巴西	ZUN	联合国及其机构和国际组织

二十、启运国（地区）/运抵国（地区）

启运国（地区）填报进口货物起始发出直接运抵我国或者在运输中转国（地）未发生任何商业性交易的情况下运抵我国的国家（地区）。

运抵国（地区）填报出口货物离开我国关境直接运抵或者在运输中转国（地区）未发生任何商业性交易的情况下最后运抵的国家（地区）。

不经过第三国（地区）转运的直接运输进出口货物，以进口货物的启运港所在国（地区）为启运国（地区），以出口货物的指运港所在国（地区）为运抵国（地区）。

经过第三国（地区）转运的进出口货物，如在中转国（地区）发生商业性交易，则以中转国（地区）作为启运/运抵国（地区）。

按海关规定的《国别（地区）代码表》选择填报相应的启运国（地区）或运抵国（地区）中文名称及代码。

无实际进出境的货物，填报“中国”及代码。

例如，天津某公司从美国进口一批货物，货物直接从旧金山运输到天津，则启运国为美国。

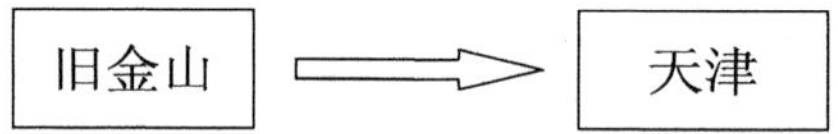

天津某公司出口一批货物到美国，货物直接从天津运输到旧金山，则运抵国为美国。

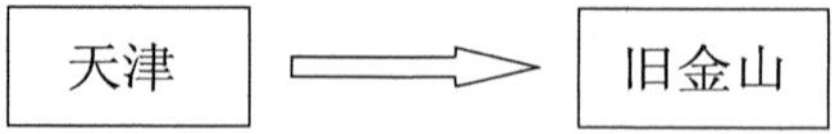

经过第三国（地区）转运的进出口货物，如在中转国（地区）发生商业性交易，则以中转国（地区）作为启运/运抵国（地区）。

例如，唐山某公司从美国进口一批货物，货物从纽约启运，经中国香港中转（发生商业性交易），再运输到唐山，则启运国（地区）为中国香港。

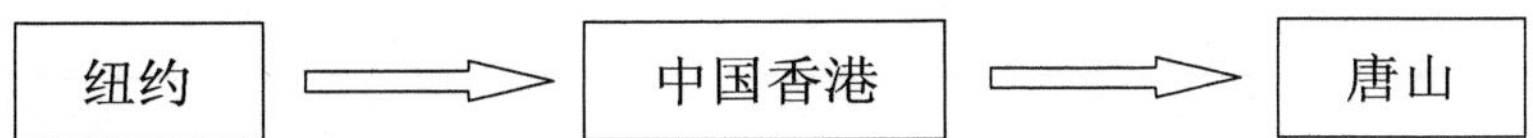

唐山某公司出口一批货物到美国，在中国香港中转（发生商业性交易），再运输到纽约，则运抵国（地区）为中国香港。

唐山 ⟹ 中国香港 ⟹ 纽约

本栏目应按海关规定的《国别（地区）代码表》选择填报相应的启运国（地区）或运抵国（地区）中文名称及代码。

无实际进出境的，填报“中国”（代码 CHN）。

经典案例

上海某公司从日本横滨购买200台日本产丰田面包车，货物由日本起运，由香港中转至上海，则启运国为日本。若丰田车是由向香港某公司购买再转卖给上海进出口公司，货物仍由日本起运，由香港中转至上海，则启运国（地区）为中国香港，但若香港只是转口商，货物由日本某港口起运直接运抵上海，则启运国仍为日本。

二十一、经停港/指运港

“经停港”栏填报进口货物在运抵我国关境前的最后一个境外装运港。

指运港亦称目的港，指运港填报出口货物运往境外的最终目的港；最终目的港不可预知的，按尽可能预知的目的港填报。

本栏目应根据实际情况按海关规定的《港口代码表》选择填报相应的港口中文名称及代码。经停港/指运港在《港口代码表》中无港口中文名称及代码的，可选择填报相应的国家中文名称或代码。

无实际进出境的，本栏目填报“中国境内”及代码。

思考

根据资料填表格：

进口	启运国	启运港	原产国
货物从纽约港直接运抵上海港			
货物从纽约港起运，途中在香港中转，最终运抵上海			
货物从纽约运往上海途中由香港中转，并在香港发生商业性交易			

续 表

出口	运抵国	指运港	最终目的国
货物从上海港直接运抵纽约港			
货物从上海港起运，途中在新加坡中转，最终运抵纽约港			
货物从上海运往纽约，在新加坡中转，并在新加坡发生商业性交易			

二十二、入境口岸/离境口岸

"入境口岸"栏填报进境货物从跨境运输工具卸离的第一个境内口岸的中文名称及代码；采取多式联运跨境运输的，填报多式联运货物最终卸离的境内口岸中文名称及代码；过境货物填报货物进入境内的第一个口岸的中文名称及代码；从海关特殊监管区域或保税监管场所进境的，填报海关特殊监管区域或保税监管场所的中文名称及代码。其他无实际进境的货物，填报货物所在地的城市名称及代码。

"离境口岸"栏填报装运出境货物的跨境运输工具离境的第一个境内口岸的中文名称及代码；采取多式联运跨境运输的，填报多式联运货物最初离境的境内口岸中文名称及代码；过境货物填报货物离境的第一个境内口岸的中文名称及代码；从海关特殊监管区域或保税监管场所离境的，填报海关特殊监管区域或保税监管场所的中文名称及代码。其他无实际出境的货物，填报货物所在地的城市名称及代码。

入境口岸/离境口岸类型包括港口、码头、机场、机场货运通道、边境口岸、火车站、车辆装卸点、车检场、陆路港、坐落在口岸的海关特殊监管区域等。按海关规定的《国内口岸代码表》选择填报相应的境内口岸名称及代码。

二十三、包装种类

包装种类是指进出口货物在运输过程中外表所呈现的状态，包括包装材料、包装方式等。一般情况下，应以装箱单或提运单所反映的货物处于运输状态时的最外层包装（或称运输包装）作为包装种类向海关申报。

本栏目应根据进出口货物的实际外包装种类，按海关规定的《包装种类代码表》（见表8－6）选择填报相应的包装种类代码。常见的包装种类有木箱、纸箱、铁桶、散装、裸装、托盘、包、捆、袋等。

表8－6　　包装种类代码表

代码	中文名称	原报关代码	原报关名称
00	散装	4	散装
01	裸装	7	其他
22	纸制或纤维板制盒/箱	2	纸箱

续 表

代码	中文名称	原报关代码	原报关名称
23	木制或竹藤等植物性材料制盒/箱	1	木箱
29	其他材料制盒/箱	7	其他
32	纸制或纤维板制桶	3	桶装
33	木制或竹藤等植物性材料制桶	3	桶装
39	其他材料制桶	3	桶装
04	球状罐类	7	其他
06	包/袋	6	包
92	再生木托	5	托盘
93	天然木托	5	托盘
98	植物性铺垫材料	7	其他
99	其他包装	7	其他

思考

资料：某企业海运进口设备一批，提单显示为 1×20 英尺、2×40 英尺集装箱，总件数 56 件。

讨论：该票进口货物报关单的“件数”“包装种类”栏该如何填写？

二十四、件数

件数是指有外包装的单件进（出）口货物的实际数量。本栏目填报有外包装的进出口货物的实际件数。特殊情况填报要求如下：

（1）舱单件数为集装箱的，填报集装箱个数。

（2）舱单件数为托盘的，填报托盘数。

本栏目不得填报为零，裸装货物填报为“1”。舱单件数为集装箱的，填报集装箱个数（这种情况一般是指装入集装箱的货物没有其他明显的包装，资料中没有显示托盘、单件包装数）。

例如，2 PALLETS 100 CTNS，“件数”栏填报“2”。

二十五、毛重（千克）

毛重是指商品重量加上直接接触商品的包装物料如销售包装等的重量。在进出口商品中，大多数商品是按重量计量的。毛重在装箱单或提运单据“Gross Weight”栏体现。

本栏目填报进出口货物及其包装材料的重量之和，计量单位为千克，不足1千克的填报为“1”。

例如，空运进口一批钻石，毛重为900克，则进口报关单中的“毛重”栏填报“1”。

二十六、净重（千克）

净重指货物的毛重减去外包装材料后的重量，即商品本身的实际重量；部分商品的净重还包括直接接触商品的销售包装物料的重量。净重在装箱单或提运单据“Net Weight”栏体现。

本栏目填报进出口货物的毛重减去外包装材料后的重量，即货物本身的实际重量，计量单位为千克，不足1千克的填报为“1”。

例如，空运进口一批钻石，毛重为900克，净重880克，则进口报关单中的“净重”栏填报“1”。

职场热线

问：我司加工贸易项下的制成品黏合剂，其胶瓶包装标签上注明净重为1千克。也就是说，黏合剂本身重1千克，胶瓶重约0.1千克，重量共计1.1千克。请问，出口申报时，是否申报黏合剂重量为1千克，与标签上所标净重一致？

答：根据相关规定，使用不可分割包装材料和包装容器的货物，净重包括直接接触商品的销售包装的重量，如采用供零售包装的酒、罐头、化妆品及类似品等。按照你们所描述的货物状况，净重应填报1.1千克。

二十七、成交方式

成交方式是指在进出口贸易中进出口商品的价格构成和买卖双方各自应承担的责任、费用和风险，以及货物所有权转移的界限。

本栏目应根据进出口货物实际成交价格条款，按海关规定的成交方式代码表（见表8－7）选择填报相应的成交方式代码。

无实际进出境的报关单，进口填报CIF，出口填报FOB。

表8－7　成交方式代码表

代码	名称	代码	名称
1	CIF	5	市场价
2	C&F	6	垫仓
3	FOB	7	EXW
4	C&I		

报关单填制中的"CIF""C&F""FOB"等成交方式，是中国海关规定的成交方式代码表中指定的成交方式，与《2000年国际贸易术语解释通则》（以下简称《2000通则》）中的贸易术语内涵并非完全一致。这里的"CIF""C&F""FOB"并不仅限于水路而适用于任何运输方式，主要体现成本、运费、保险费等成交价格构成因素，目的在于方便海关税费的计算。

《2000通则》13种贸易术语与报关单"成交方式"栏的一般对应关系如表8-8所示。

表8-8 《2000通则》13种贸易术语与"CIF""C&F""FOB"的对应关系

组别	E组	F组			C组				D组				
术语	EXW	FCA	FAS	FOB	CFR	CPT	CIF	CIP	DAF	DES	DEQ	DDU	DDP
成交方式	FOB				C&F		CIF						

《2010年国际贸易术语解释通则》（以下简称《2010通则》）11种贸易术语与报关单"成交方式"栏的一般对应关系如表8-9所示。

表8-9 《2010通则》11种贸易术语与"CIF""C&F""FOB"的对应关系

组别	E组	F组			C组				D组		
术语	EXW	FCA	FAS	FOB	CFR	CPT	CIF	CIP	DAT	DAP	DDP
成交方式	FOB				C&F		CIF				

二十八、运费

运费是指进出口货物从始发地至目的地的国际运输所需要的各种费用。

本栏目填报进口货物运抵我国境内输入地点起卸前的运输费用，出口货物运至我国境内输出地点装载后的运输费用。

运费可按运费单价、总价或运费率3种方式之一填报，注明运费标记（运费标记"1"表示运费率，"2"表示每吨货物的运费单价，"3"表示运费总价），并按海关规定的《货币代码表》选择填报相应的币种代码。

免税品经营单位经营出口退税国产商品的，免予填报。

例如，5%的运费率，5/1。

24美元的运费单价，502/24/2。

7000美元的运费总价，502/7000/3。

二十九、保费

保费是指被保险人允予承保某种损失、风险而支付给保险人的对价或报酬。

本栏目填报进口货物运抵我国境内输入地点起卸前的保险费用，出口货物运至我国境内输出地点装载后的保险费用。

保费可按保险费总价或保险费率两种方式之一填报，注明保险费标记（保险费标记“1”表示保险费率，“3”表示保险费总价），并按海关规定的货币代码表选择填报相应的币种代码。

免税品经营单位经营出口退税国产商品的，免予填报。

例如，3% 的保险费率，3/1。

10000 港元保险费总价，110/10000/3。

“运费”栏、“保费”栏直接和“成交方式”栏形成逻辑关系（见表 8－10），要不要填视实际成交价格条款而定。

表 8－10　“成交方式”“运费”“保费”各栏之间的逻辑关系

货物流向	成交方式	运费	保费
进口	CIF	不填	不填
	C&F	不填	填
	FOB	填	填
出口	FOB	不填	不填
	C&F	填	不填
	CIF	填	填

三十、杂费

杂费是指成交价格以外的，应计入货物价格或应从货物价格中扣除的费用，如手续费、佣金、折扣等。

本栏目填报成交价格以外的，按照《关税条例》相关规定应计入完税价格或应从完税价格中扣除的费用。可按杂费总价或杂费率两种方式之一填报，注明杂费标记（杂费标记“1”表示杂费率，“3”表示杂费总价），并按海关规定的货币代码表选择填报相应的币种代码。

应计入完税价格的杂费填报为正值或正率，应从完税价格中扣除的杂费填报为负值或负率。

免税品经营单位经营出口退税国产商品的，免予填报。

例如，应计入完税价格的 1.5% 的杂费率，1.5/1。

应从完税价格中扣除的 1% 的回扣率，－1/1。

应计入完税价格的 500 英镑杂费，303/500/3。

思考

请根据背景资料判断是否正确，若不对请改正。

1. 浙江木材进出口公司海运进口巴西原木一批，成交价格为 C&F，运费率为 4‰，保费率为 1.5‰，成交方式栏填报：C&F，运费栏填报：4，保费栏填报：1.5。

2. 天津五矿进出口公司出口铁矿石 1 万吨，成交价格为 CIF，运费为 USD100/吨，保费为 USD500，成交方式栏填报：FOB，运费栏填报：502/100/3，保费栏填报：502/500/2。

3. 某企业海运进口设备一批，设备及手续费总计 20 万欧元，合同中规定手续费 250 欧元由卖方承担，杂费栏填报：300/250/3。

三十一、随附单证及编号

随附单证指随进（出）口货物报关单一并向海关递交的，除商业、货运单证及“许可证号”栏填报的进出口许可证以外的监管单证。

本栏目根据海关规定的监管证件代码表选择填报除本规范第十六条规定的许可证件以外的其他进出口许可证件或监管证件、随附单据代码及编号。

其中，随附单证代码应按海关规定的监管证件代码表选择填报相应证件代码；随附单证编号应填报证件编号。

表 8－11 为监管证件代码表。

表 8－11　　监管证件代码表

监管证件代码	监管证件名称
1	进口许可证
2	两用物项和技术进口许可证
3	两用物项和技术出口许可证
4	出口许可证
5	纺织品临时出口许可证
6	旧机电产品禁止进口
7	自动进口许可证
8	禁止出口商品
9	禁止进口商品
A	检验检疫
B	电子底账

续 表

监管证件代码	监管证件名称
D	出/入境货物通关单（毛坯钻石用）
E	濒危物种允许出口证明书
F	濒危物种允许进口证明书
G	两用物项和技术出口许可证（定向）
I	麻醉精神药品进出口准许证
J	黄金及黄金制品进出口准许证
L	药品进出口准许证
M	密码产品和设备进口许可证
O	自动进口许可证（新旧机电产品）
P	固体废物进口许可证
Q	进口药品通关单
R	进口兽药通关单
S	进出口农药登记证明
U	合法捕捞产品通关证明
V	人类遗传资源材料出口、出境证明
X	有毒化学品环境管理放行通知单
Z	赴境外加工光盘进口备案证明
b	进口广播电影电视节目带（片）提取单
d	援外项目任务通知函
f	音像制品（成品）进口批准单
g	技术出口合同登记证
i	技术出口许可证
k	民用爆炸物品进出口审批单
m	银行调运人民币现钞进出境证明
n	音像制品（版权引进）批准单
u	钟乳石出口批件
z	古生物化石出境批件

三十二、标记唛码及备注

标记唛码是运输标志的俗称，其英文表示为 Marks、Marking、MKS、Marks&No、Shipping Marks 等，一般包括收货人、文件号（如合同号等）、目的地和包装件号。

备注是指填制报关单时需要标注的事项，也是其他栏目的补充。

本栏目填报要求如下：

（1）标记唛码中除图形以外的文字、数字，无标记唛码的填报“N/M”。

（2）受外商投资企业委托代理其进口投资设备、物品的进出口企业名称。

（3）与本报关单有关联关系的，同时在业务管理规范方面又要求填报的备案号，填报在电子数据报关单中的“关联备案”栏。

加工贸易结转货物及凭特定减免税货物转内销货物，其对应的备案号应填报在“关联备案”栏。

减免税货物结转进口（转入），报关单“关联备案”栏应填写本次减免税货物结转所申请的《中华人民共和国海关进口减免税货物结转联系函》的编号。

减免税货物结转出口（转出），报关单“关联备案”栏应填写与其相对应的进口（转入）报关单“备案号”栏中征免税证明的编号。

（4）与本报关单有关联关系的，同时在业务管理规范方面又要求填报的报关单号，填报在电子数据报关单中“关联报关单”栏。

加工贸易结转类的报关单，应先办理进口报关，并将进口报关单号填入出口报关单的“关联报关单”栏。

办理进口货物直接退运手续的，除另有规定外，应当先填写出口报关单，再填写进口报关单，并将出口报关单号填入进口报关单的“关联报关单”栏。

减免税货物结转出口（转出），应先办理进口报关，并将进口（转入）报关单号填入出口（转出）报关单的“关联报关单”栏。

（5）办理进口货物直接退运手续的，填报“<ZT”+“海关审核联系单号或者《海关责令进口货物直接退运通知书》编号”+“>”。办理固体废物直接退运手续的，填报“固体废物，直接退运表××号/责令直接退运通知书××号”。

（6）保税监管场所进出货物，在“保税/监管场所”栏填报本保税监管场所编码［保税物流中心（B型）填报本中心的国内地区代码］，其中涉及货物在保税监管场所间流转的，在本栏填报对方保税监管场所代码。

（7）涉及加工贸易货物销毁处置的，填写海关加工贸易货物销毁处置申报表编号。

（8）当监管方式为“暂时进出货物（2600）”和“展览品（2700）”时，如果为复运进出境货物，在进出口货物报关单的本栏内分别填报“复运进境”“复运出境”。

（9）跨境电子商务进出口货物，在本栏内填报“跨境电子商务”。

（10）加工贸易副产品内销，在本栏内填报“加工贸易副产品内销”。

三十三、项号

项号是指申报货物在报关单中的商品排列序号。本栏目分两行填报及打印：第一行填报报关单中的商品顺序编号；第二行专用于加工贸易、减免税等已备案、审批的货物，填报和打印该项货物在加工贸易手册或征免税证明等备案、审批单证中的顺序编号。

加工贸易项下进出口货物的报关单，第一行填报报关单中的商品顺序编号，第二行填报备案序号，专用于加工贸易及保税、减免税等已备案、审批的货物，填报该项货物在加工贸易手册或减免税证明等备案、审批单证中的顺序编号。

延伸阅读

项号 20 项商品填报

所说的一份报关单填报 20 项商品，是指一个报关单号下可以填报 4 张报关单，这 4 张报关单的编号都相同，其他栏目也相同，只有项号、商品名称、规格型号等栏目填写的是不同商品。第一张报关单的商品应填项号是 01 ~05，第二张报关单商品项号是 06 ~10，第三张项号是 11 ~15，第四张是 16 ~20。

加工贸易合同项下进出口货物，必须填报与加工贸易手册一致的商品项号，所填报项号用于核销对应项号下的料件或成品数量。

优惠贸易协定项下实行原产地证书联网管理的报关单分两行填写，第一行填写报关单中商品排列序号，第二行填写对应的原产地证书上的“商品项号”。

三十四、商品编号

商品编号亦称商品编码，是指按商品分类编码规则确定的进出口货物的商品编号。

本栏目填报的商品编号由 10 位数字组成，前 8 位为《进出口税则》和《中华人民共和国海关统计商品目录》（以下简称《统计商品目录》）确定的编码，第 9、第 10 位为监管附加编号。

三十五、商品名称及规格型号

商品名称即商品品名，是指进出口货物规范的中文名称。商品的规格型号是反映商品性能、品质的一系列指标，如等级、成分、含量、纯度、大小、长短和粗细等。

本栏目分两行填报及打印，第一行填报进出口货物规范的中文商品名称，第二行填报规格型号。

具体填报要求如下：

（1）商品名称及规格型号应据实填报，并与进出口货物收发货人或受委托的报关企业所提交的合同、发票等相关单证相符。

（2）商品名称应当规范，规格型号应当足够详细，以能满足海关归类、审价及许可证件管理要求为准。

（3）加工贸易等已备案的货物，填报的内容必须与备案登记中同项号下货物的商品名称一致。

（4）对需要海关签发《货物进口证明书》的车辆，商品名称栏应填报“车辆品牌＋排气量（注明 cc）＋车型（如越野车、小轿车等）”。进口汽车底盘不填报排气量。车辆品牌应按照《进口机动车辆制造厂名称和车辆品牌中英文对照表》中“签注名称”一栏的要求填报。规格型号栏可填报“汽油型”等。

（5）由同一运输工具同时运抵同一口岸并且属于同一收货人、使用同一提单的多种进口货物，按照商品归类规则应当归入同一商品编号的，应当将有关商品一并归入该商品编号。商品名称填报一并归类后的商品名称，规格型号填报一并归类后商品的规格型号。

例如：

商品名称、规格型号	
氨纶弹力丝 ELASTANE	（第一行：规范的中文名称＋原文）
LYCRA 40 DENIER TYPE 149B MERGE 17124 5KG TUBE	（第二行：规格型号）

三十六、数量及单位

进出口货物报关单上的数量是指进出口商品的实际数量。

计量单位分为成交计量单位和海关法定计量单位。成交计量单位是指买卖双方在交易过程中所确定的计量单位，可根据发票确定。法定计量单位又分为第一法定计量单位和第二法定计量单位。海关法定计量单位以《统计商品目录》中规定的计量单位为准。

本栏目分三行填报。

（1）第一行应按进出口货物的法定第一计量单位填报数量及单位，法定计量单位以《统计商品目录》中的计量单位为准。

（2）凡列明有法定第二计量单位的，应在第二行按照法定第二计量单位填报数量及单位。无法定第二计量单位的，本栏目第二行为空。

（3）成交计量单位及数量应填报并打印在第三行。

（4）法定计量单位为“千克”的数量填报，特殊情况下填报要求如下：

①装入可重复使用的包装容器的货物，应按货物扣除包装容器后的重量填报，如罐装同位素、罐装氧气及类似品等。

②使用不可分割包装材料和包装容器的货物，按货物的净重（包括内层直接包装

的净重重量）填报，如采用供零售包装的罐头、化妆品、药品及类似品等。

③按照商业惯例以公量重计价的商品，应按公量重填报，如未脱脂羊毛、羊毛条等。

④用毛重作为净重计价的货物，可按毛重填报，如粮食、饲料等大宗散装货物。

⑤采用零售包装的酒类、饮料，按照液体部分的重量填报。

（5）成套设备、减免税货物如需分批进口，货物实际进口时，应按照实际报验状态确定数量。

（6）具有完整品或制成品基本特征的不完整品、未制成品，根据《商品名称及编码协调制度》归类规则应按完整品归类的，按照构成完整品的实际数量填报。

（7）加工贸易等已备案的货物，成交计量单位必须与加工贸易手册中同项号下货物的计量单位一致，加工贸易边角料和副产品内销、边角料复出口，本栏目填报其报验状态的计量单位。

（8）优惠贸易协定项下进出口商品的成交计量单位必须与原产地证书上对应商品的计量单位一致。

（9）法定计量单位为立方米的气体货物，应折算成标准状况（摄氏零度及 1 个标准大气压）下的体积进行填报。

三十七、单价

单价是指商品的一个计量单位以某一种货币表示的价格。

本栏目填报同一项号下进出口货物实际成交的商品单位价格。无实际成交价格的，填报单位货值。

三十八、总价

总价是指进出口货物实际成交的商品总价。

本栏目填报同一项号下进出口货物实际成交的商品总价格。无实际成交价格的，填报货值。

思考

资料：发票上显示 QUANTITY，8000KGS；UNIT PRICE，USD10/KG；AMOUNT，USD80000；FREIGHT CHARGE，USD2200；PRICE TERM，CFR SHANGHAI。

讨论：“单价”栏和“总价”栏如何填报？

三十九、币制

币制是指进出口货物实际成交价格的计价货币。

本栏目应按海关规定的货币代码表（见表 8－12）选择相应的货币名称及代码填

报，如货币代码表中无实际成交币种，需将实际成交货币按申报日外汇折算率折算成货币代码表列明的货币填报。

表 8－12　　货币代码表

货币代码	中文名称	英文名称	货币代码	中文名称	英文名称
HKD	港币	Hong Kong Dollar	SEK	瑞典克朗	Swedish Krona
JPY	日本元	Yen	CHF	瑞士法郎	Swiss Franc
SGD	新加坡元	Singapore Dollar	RUB	俄罗斯卢布	Russian Ruble
KRW	韩国元	Won	CAD	加拿大元	Canadian Dollar
CNY	人民币	Yuan Renminbi	USD	美元	US Dollar
EUR	欧元	Euro	AUD	澳大利亚元	Australian Dollar
DKK	丹麦克朗	Danish Krone	NZD	新西兰元	New Zealand Dollar
GBP	英镑	Pound Sterling	MOP	澳门元	Pataca

四十、原产国（地区）

原产国（地区）指进口货物的生产、开采或加工制造的国家或地区。

原产国（地区）依据《中华人民共和国进出口货物原产地条例》《中华人民共和国海关关于执行〈非优惠原产地规则中实质性改变标准〉的规定》以及海关总署关于各项优惠贸易协定原产地管理规章规定的原产地确定标准填报。同一批进出口货物的原产地不同的，分别填报原产国（地区）。进出口货物原产国（地区）无法确定的，填报“国别不详”。

按海关规定的《国别（地区）代码表》选择填报相应的国家（地区）名称及代码。

四十一、最终目的国（地区）

最终目的国（地区）指已知的出口货物最后交付的国家或地区，即最终实际消费、使用或进一步加工制造国家（地区）。

最终目的国（地区）填报已知的进出口货物的最终实际消费、使用或进一步加工制造国家（地区）。不经过第三国（地区）转运的直接运输货物，以运抵国（地区）为最终目的国（地区）；经过第三国（地区）转运的货物，以最后运往国（地区）为最终目的国（地区）。同一批进出口货物的最终目的国（地区）不同的，应分别填报最终目的国（地区）。进出口货物不能确定最终目的国（地区）时，以尽可能预知的最后运往国（地区）为最终目的国（地区）。

本栏目应按海关规定的国别（地区）代码表选择填报相应的国家（地区）名称及代码。

思考

资料：发票显示：INVOICE NO. 82N3430213，TO：PAN—CHEM COMPOVNDS SINGAPORE LTD.，SHIPPED FROM DALIAN TO SINGAPORE，SHIPPING MARK：SINGAPORE FOR TRANSSHIPMENT TO CHITTAGONG，BANGLADESH。

讨论：“最终目的国”栏如何填报？

四十二、境内目的地/境内货源地

境内目的地填报已知的进口货物在国内的消费、使用地或最终运抵地，其中最终运抵地为最终使用单位所在的地区。最终使用单位难以确定的，填报货物进口时预知的最终收货单位所在地。

境内货源地填报出口货物在国内的产地或原始发货地。出口货物产地难以确定的，填报最早发运该出口货物的单位所在地。

本栏目按海关规定的国内地区代码表选择填报相应的国内地区名称及代码。境内目的地还需根据中华人民共和国行政区划代码表选择填报其对应的县级行政区名称及代码。无下属区县级行政区的，可选择填报地市级行政区。

思考

资料：江苏南通富士通电子有限公司（320693××××）进口电子设备一批（企业自用），宁波鞋业有限公司（330244××××）将自产的皮鞋委托宁波某进出口公司（330224××××）出口非洲。

讨论：1. 请问上述资料中进口货物报关单的“境内目的地”栏该如何填写？

2. 请问上述资料中出口货物报关单的“境内货源地”栏该如何填写？

四十三、征免

征免是指海关对进出口货物进行征税、减税、免税或特案处理的实际操作方式。同一份报关单上可以有不同的征减免税方式。

本栏目应按照海关核发的征免税证明或有关政策规定，对报关单所列每项商品选择海关规定的征减免税方式代码表（见表8-13）中相应的征减免税方式填报。

加工贸易货物报关单应根据加工贸易手册中备案的征免规定填报；加工贸易手册中备案的征免规定为“保金”或“保函”的，应填报“全免”。

表 8－13　　征减免税方式代码表

代码	名称	代码	名称	代码	名称
1	照章征税	4	特案	7	保函
2	折半征税	5	随征免性质	8	折半补税
3	全免	6	保证金	9	全额退税

四十四、特殊关系确认

本栏目根据《中华人民共和国海关审定进出口货物完税价格办法》（以下简称《审价办法》）第十六条，填报确认进出口行为中买卖双方是否存在特殊关系，有下列情形之一的，应当认为买卖双方存在特殊关系，在本栏目应填报“是”，反之则填报“否”：

（1）买卖双方为同一家族成员的；

（2）买卖双方互为商业上的高级职员或者董事的；

（3）一方直接或者间接地受另一方控制的；

（4）买卖双方都直接或者间接地受第三方控制的；

（5）买卖双方共同直接或者间接地控制第三方的；

（6）一方直接或者间接地拥有、控制或者持有对方5%以上（含5%）公开发行的有表决权的股票或者股份的；

（7）一方是另一方的雇员、高级职员或者董事的；

（8）买卖双方是同一合伙的成员的。

买卖双方在经营上相互有联系，一方是另一方的独家代理、独家经销或者独家受让人，如果符合前款的规定，也应当视为存在特殊关系。

出口货物免予填报，加工贸易及保税监管货物（内销保税货物除外）免予填报。

四十五、价格影响确认

本栏目根据《审价办法》第十七条，填报确认进出口行为中买卖双方存在的特殊关系是否影响成交价格，纳税义务人如不能证明其成交价格与同时或者大约同时发生的下列任何一款价格相近的，应当视为特殊关系对进出口货物的成交价格产生影响，在本栏目应填报“是”，反之则填报“否”：

（1）向境内无特殊关系的买方出售的相同或者类似进出口货物的成交价格；

（2）按照《审价办法》倒扣价格估价方法的规定所确定的相同或者类似进出口货物的完税价格；

（3）按照《审价办法》计算价格估价方法的规定所确定的相同或者类似进出口货物的完税价格。

出口货物免予填报，加工贸易及保税监管货物（内销保税货物除外）免予填报。

四十六、支付特许权使用费确认

根据《审价办法》第十一条和第十三条，填报确认买方是否存在向卖方或者有关方直接或者间接支付与进口货物有关的特许权使用费，且未包括在进口货物的实付、应付价格中。

买方存在需向卖方或者有关方直接或者间接支付特许权使用费，且未包含在进口货物实付、应付价格中，并且符合《审价办法》第十三条的，在“支付特许权使用费确认”栏目填报“是”。

买方存在需向卖方或者有关方直接或者间接支付特许权使用费，且未包含在进口货物实付、应付价格中，但纳税义务人无法确认是否符合《审价办法》第十三条的，填报“是”。

买方存在需向卖方或者有关方直接或者间接支付特许权使用费且未包含在实付、应付价格中，纳税义务人根据《审价办法》第十三条，可以确认需支付的特许权使用费与进口货物无关的，填报“否”。

买方不存在向卖方或者有关方直接或者间接支付特许权使用费的，或者特许权使用费已经包含在进口货物实付、应付价格中的，填报“否”。

出口货物免予填报，加工贸易及保税监管货物（内销保税货物除外）免予填报。

四十七、自报自缴

进出口企业、单位采用“自主申报、自行缴税”（自报自缴）模式向海关申报时，填报“是”，反之则填报“否”。

四十八、申报单位

自理报关的，填报进出口企业的名称及编码；委托代理报关的，填报报关企业名称及编码。编码填报18位法人和其他组织统一社会信用代码。

报关人员填报在海关备案的姓名、编码、电话，并加盖申报单位印章。

四十九、海关批注及签章

本栏目供海关作业时签注。

延伸阅读

报关单相关用语的含义

报关单录入凭单指申报单位按报关单的格式填写的凭单，用作报关单预录入的依据。该凭单的编号规则由申报单位自行决定。

预录入报关单指预录入单位按照申报单位填写的报关单凭单录入、打印，由申报单位向海关申报，海关尚未接受申报的报关单。

报关单证明联指海关在核实货物实际进出境后按报关单格式提供的，进出口货物收发货人向国税、外汇管理部门办理退税和外汇核销手续的证明文件。

报关单栏目逻辑关系表格

报关单的填制有固定的逻辑关系，不同货物的报关单填制逻辑如表 8－14 所示：

表 8－14a　　进口报关单中监管方式、备案号、征免性质及征免四个栏目的逻辑关系

<table>
<tr><th>监管方式</th><th>备案号</th><th>征免性质</th><th>征免</th></tr>
<tr><td rowspan="4">一般贸易
0110</td><td>无</td><td>一般征税 101</td><td>照章征税</td></tr>
<tr><td rowspan="3">Z</td><td>科教用品 401</td><td rowspan="3">全免（免关税，免增值税）或特案（免关税，不免增值税）</td></tr>
<tr><td>鼓励项目 789</td></tr>
<tr><td>自有资金 799</td></tr>
<tr><td>来料加工 0214</td><td>B</td><td>来料加工 502</td><td rowspan="2">全免</td></tr>
<tr><td>进料对口 0615</td><td>C</td><td>进料加工 503</td></tr>
<tr><td>合资合作设备 2025</td><td rowspan="2">Z</td><td rowspan="2">鼓励项目 789</td><td rowspan="2">特案</td></tr>
<tr><td>外资设备物品 2225</td></tr>
</table>

注：合资合作设备指中外合资企业、中外合作企业在投资总额内进口的机器设备、零部件和其他物料。
外资设备物品指外商独资企业在投资总额内进口的机器设备、零部件和其他物料。
通过经营单位编码第 6 位为“2”或“3”的填合资合作设备，为“4”的填外资设备物品。

表 8－14b　　进口报关单中监管方式、备案号、征免性质及征免四个栏目的逻辑关系

监管方式	备案号	征免性质	征免
不作价设备 0320	D	加工设备 501	特案
无代价抵偿 3100		其他法定 299	全免

表 8－14c　　出口报关单中监管方式、备案号、征免性质及征免四个栏目的逻辑关系

<table>
<tr><th>监管方式</th><th>备案号</th><th>征免性质</th><th>征免</th><th>说明</th></tr>
<tr><td rowspan="4">一般贸易 0110</td><td rowspan="4">无</td><td>一般征税 101</td><td rowspan="4">照章征税</td><td rowspan="2"></td></tr>
<tr><td>中外合资 601</td></tr>
<tr><td>中外合作 602</td><td rowspan="2">三资企业使用国产料件加工的产品出口</td></tr>
<tr><td>外资企业 603</td></tr>
</table>

续 表

监管方式	备案号	征免性质	征免	说明
来料加工 0214	B	来料加工 502	全免	来料加工的成品出口
进料对口 0615	C	进料加工 503		进料加工的成品出口
无代价抵偿 3100		其他法定 299		无代价抵偿出口货物

任务实施

天津喜宝食品有限公司（1207249999）于2013年6月23日委托天津新达报关公司向天津新港海关申报出口脱水胡萝卜，该商品经过改性空气包装（MAP）加工方法包装，程经理将天津喜宝食品有限公司资料交给了张菲。

在采用MAP方法进行加工时，产品周围的气体已被改变或受到控制，例如，抽去或减少氧气的含量，并将其置换成氮气或二氧化碳，或增加氮气或二氧化碳的含量。

天津喜宝食品有限公司为海关A类管理企业。相关资料如下所示。

请你完成以下工作任务。

任务一：读懂背景资料与报关单对应的栏目；

任务二：读懂箱单（PACKING LIST）中与报关单对应的栏目；

任务三：读懂合同（SALES CONTRACT）中与报关单对应的栏目；

任务四：读懂发票（COMMERCIAL INVOICE）中与报关单对应的栏目；

任务五：读懂出境货物通关单中与报关单对应的栏目；

任务六：完成出口货物报关单的填制。

资料 1：

天津喜宝食品有限公司

TIANJIN XIBAO FOODS CO. , LTD.

No. 12 XINGANG ROAD, TIANJIN ECONOMIC-TECHNOLOGICAL DEVELOPMENT AREA, TIANJIN, CHINA

TEL：0086 -022 -59818888　FAX：0086 -022 -59818886

PACKING　LIST

TO：SHINE WOO INDUSTRIES

168 -18, YONGSU - RI, CHOWOL - MYEON, KWANGJU - SI, KYONGKI - DO, KOREA　031731 -4008

CONTRACT NO：XH16008

DATE：2013. 06. 21

INVOICE NO：XH16008

MARKS	DESCRIPTION	PACKAGE	G/N. WEIGHT	MEASUREMENT
N/M	DEHYDRATED CARROTS	500CTNS	5500KGS/5000KGS	66CBM
TOTAL		500CTNS		66CBM

SAY TOTAL：FIVE HUNDRED CARTONS ONLY

天津喜宝食品有限公司

TIANJIN XIBAO FOODS CO. , LTD.

……………………………………

Authorized Signature(s)

资料2：

天津喜宝食品有限公司

No. 12 XINGANG ROAD, TIANJIN ECONOMIC-TECHNOLOGICAL DEVELOPMENT AREA, TIANJIN, CHINA

TEL：0086 – 022 – 59818888　FAX：0086 – 022 – 59818886

SALES CONTRACT

CONTRACT NO：XH16008　　　　DATE：2013. 05. 28

THE BUYERS：SHINE WOO INDUSTRIES

168 – 18, YONGSU – RI, CHOWOL – MYEON, KWANGJU – SI, KYONGKI – DO, KOREA TEL：031731 – 4008

THE CONTRACT IS MADE BY BETWEEN THE BUYERS AND SELLERS, WHEREBY THE BUYERS AGREE TO BUY AND THE SELLERS AGREE TO SELL THE UNDER-MENTIONED COMMODITY ACCORDING TO THE TERMS AND CONDITIONS STIPULATED BELOW：

1. DESCRIPTION OF GOODS：

MARKS	DESCRIPTION	QUANTITY	UNIT PRICE	AMOUNT
N/M	DEHYDRATED CARROTS	5000KGS	CFR BUSAN USD5. 60/KG	USD28000. 00

TOTAL AMOUNT：USD28000. 00　　　　CFR　BUSAN　KOREA

2. DATE OF SHIPMENT：2013. 06. 24

3. TERMS OF PAYMENT：L/C

4. LOADING PORT AND DESTINATION：FROM CHINESE PORT TO BUSAN

5. DOCUMENTS：THE SELLERS SHALL PRESENT THE FOLLOWING DOCUMENTS：

1) SIGNED COMMERCIAL INVOICE IN THREE FOLD.

2) FULL SET OF OCEAN ON BOARD OCEAN BILLS OF LADING MARKED "FREIGHT PREPAID" AND MADE OUT TO ORDER, BLANK ENDORSED AND NOTIFYING THE BUYERS.

3) PACKING LIST IN THREE FOLD.

6. THIS CONTRACT IS MADE BY FAX

TIANJIN XIBAO FOODS CO., LTD.
天津喜宝食品有限公司

THE SELLERS　　　　THE BUYERS

SHINE WOO INDUSTRIES

资料3：

天津喜宝食品有限公司

TIANJIN XIBAO FOODS CO.，LTD.

No. 12 XINGANG ROAD，TIANJIN ECONOMIC-TECHNOLOGICAL DEVELOPMENT AREA，TIANJIN，CHINA

TEL：0086－022－59818888　FAX：0086－022－59818886

COMMERCIAL INVOICE

TO：SHINE WOO INDUSTRIES

168－18，YONGSU－RI，CHOWOL－MYEON，KWANGJU－SI，KYONGKI－DO，KOREA　031731－4008

CONTRACT NO：XH16008

DATE：2013. 06. 20

INVOICE NO：XH16008

MARKS	DESCRIPTION	QUANTITY	UNIT PRICE	AMOUNT
N/M	DEHYDRATED CARROTS	5000KGS	CFR BUSAN USD5. 60/KG	USD28000. 00

SAY US DOLLARS TWENTY EIGHT THOUSAND ONLY

TOTAL AMOUNT：USD28000. 00

TERMS OF PRICE：CFR BUSAN

LESS OCEAN FREIGHT：USD500. 00

COUNTRY OF ORIGIN：CHINA

天津喜宝食品有限公司

TIANJIN XIBAO FOODS CO.，LTD.

....

Authorized Signature(s)

资料 4：

中华人民共和国出入境检验检疫
出境货物通关单

编号：321200212014163000

<table>
<tr><td colspan="3">1.发货人
天津喜宝食品有限公司
***</td><td rowspan="3">5.标记及号码
N/M</td></tr>
<tr><td colspan="3">2.收货人
SHINE WOO INDUSTRIES
188-18,YONGSU-RI,CHOWOL-MYEON,KWANGJU-SI,
KYONGKI-DO,KOREA 031731-4008</td></tr>
<tr><td>3.合同/信用证号
XH16008/*****</td><td colspan="2">4.输往国家或地区
韩国</td></tr>
<tr><td>6.运输工具名称及号码
船舶 *****</td><td colspan="2">7.发货日期
***</td><td>8.集装箱规格及数量
海运40英尺普通1个</td></tr>
<tr><td>9.货物名称及规格
脱水胡萝卜/脱水
***
（以下空白）</td><td>10.H.S.编码
***
（以下空白）</td><td>11.申报总值
28000美元
***
（以下空白）</td><td>12.数/重量、包装数量及种类
5000千克
500纸箱
（以下空白）</td></tr>
<tr><td colspan="4">13.证明
上述货物已经检验检疫，请海关予以放行。
本通关单有效期至　　　　2013年8有23日
签字：　　　　　　　　日期：201[illegible] 年 6 月 23 日</td></tr>
<tr><td colspan="4">14.备注</td></tr>
</table>

中华人民共和国天津出入境检验检疫局 检验检疫专用章 (4)

① 货物通关　　　　［2-2(2000.1.1)］

参考文献

[1] 报关水平测试教材编写委员会．报关水平测试教材［M］．北京：中国海关出版社，2016.

[2]“关务通·加贸系列”编委会．海关特殊监管区域和保税监管场所实务操作与技巧［M］．北京：中国海关出版社，2013.

[3]《中国海关报关实用手册》编写组．中国海关报关实用手册（2019）［M］．北京：中国海关出版社，2019.

[4] 罗兴武．进出口报关实务［M］．北京：中国人民大学出版社，2012.

[5] 朱江，刘阳威．进出口报关实务［M］．北京：教育科学出版社，2013.

[6] 王艳娜．报关实务［M］.3 版．大连：东北财经大学出版社，2019.

[7] 章艳华，张援越．报关综合实训［M］．北京：中国海关出版社，2014.

[8] 姚长佳．报关实务［M］.3 版．大连：大连理工大学出版社，2014.

[9] 刘庆珠，王瑞华．报关实务［M］．北京：中国海关出版社，2014.

[10] 严德成．进出口报关实务［M］．北京：清华大学出版社，2012.

[11] 武晋军．报关实务［M］.3 版．北京：电子工业出版社，2016.

[12] 徐沫扬．海关报关实务［M］．西安：西安交通大学出版社，2011.

[13] 张援越，张颖，张淑欣，等．报关操作实务［M］．北京：中国海关出版社，2011.

[14] 中国报关协会．报关员国家职业等级系列教材：助理报关师［M］．北京：中国海关出版社，2012.

[15] 苏州工业园区海关．报关实务一本通［M］.2 版．北京：中国海关出版社，2012.